E-Consulting – Entwicklung eines Rahmenkonzeptes

T0199996

Europäische Hochschulschriften

Publications Universitaires Européennes
European University Studies

Reihe V
Volks- und Betriebswirtschaft

Série V   Series V
Sciences économiques, gestion d'entreprise
Economics and Management

Bd./Vol. 2766

PETER LANG

Frankfurt am Main · Berlin · Bern · Bruxelles · New York · Oxford · Wien

Alexander Wurdack

E-Consulting – Entwicklung eines Rahmenkonzeptes

Aufbau und Darstellung einer E-Consulting-Lösung im Beratungsunternehmen der Zukunft

PETER LANG
Europäischer Verlag der Wissenschaften

Die Deutsche Bibliothek - CIP-Einheitsaufnahme

Wurdack, Alexander:

E-Consulting – Entwicklung eines Rahmenkonzeptes : Aufbau und Darstellung einer E-Consulting-Lösung im Beratungsunternehmen der Zukunft / Alexander Wurdack. - Frankfurt am Main ; Berlin ; Bern ; Bruxelles ; New York ; Oxford ; Wien : Lang, 2001
(Europäische Hochschulschriften : Reihe 5, Volks- und Betriebswirtschaft ; Bd. 2766)
Zugl.: Mannheim, Univ., Diss., 2000
ISBN 3-631-38007-0

Gedruckt auf alterungsbeständigem,
säurefreiem Papier.

D 180
ISSN 0531-7339
ISBN 978-3-631-38007-9

© Peter Lang GmbH
Europäischer Verlag der Wissenschaften
Frankfurt am Main 2001
Alle Rechte vorbehalten.

Printed in Germany 1 2 3 4   6 7

www.peterlang.de

V

Vorwort

Die vorliegende Arbeit wurde von der Fakultät für Betriebswirtschaftslehre der Universität Mannheim unter dem Titel „E-Consulting: Entwicklung eines Rahmenkonzeptes" im Oktober 2000 als Dissertation angenommen.

Mein besonderer Dank gilt zunächst meinem Doktorvater Herrn Prof. Dr. Dr. h.c. Joachim Niedereichholz, der durch Rat, Kritik und Ermutigung wesentlich zum Gelingen der Arbeit in konzeptioneller und inhaltlicher Sicht beigetragen hat. Herrn Prof. Dr. Steffens danke ich sehr sowohl für seine Tätigkeit als zweiter Gutachter als auch für seine fachlichen Denkanstöße zu meiner Arbeit. Mein Dank gilt auch Herrn Prof. Dr. Bungard, der als Vertreter meines Wahlfaches „Arbeits- und Organisationspsychologie" mir interessante Anregungen zur Interdisziplinarität meiner Arbeit gegeben hat. Ebenfalls danke ich Herrn Prof. Dr. Schneeweiß als Vorsitzenden des Prüfungsausschusses und Herrn Prof. Dr. Stahl als Vertreter der volkswirtschaftlichen Fakultät.

Dank gilt meinem Vater Prof. em. Dr. Ernst Wurdack, der mich in meinem Vorhaben weiterer wissenschaftlicher Qualifizierung bestärkte und förderte. Er ist und bleibt ein stetes Vorbild meiner wissenschaftlichen Arbeit. Meiner Mutter Elke Wurdack danke ich für ihr Verständnis und die Lösung von manch komplexen stilistischen Problemen.

Die vorliegende Arbeit habe ich neben meiner Tätigkeit als Business Development Consultant bei der Firma EDS Informationstechnologie und Service GmbH, Deutschland erstellt. Für das Gelingen war auch entscheidend, daß ich in der betrieblichen Praxis von EDS einem durch Offenheit und Hilfsbereitschaft geprägten Umfeld begegnete. Für diese Bedingungen bedanke ich mich herzlich bei den Kolleginnen und Kollegen, stellvertretend bei Herrn Dr. Detlef Purschke, Frau Doris Glasser und Herrn Thomas Weidner.

Außerdem danke ich Herrn Manfred Wünsche, der das Korrekturlesen der Arbeit besorgte, für seine kenntnisreichen Analysen der Problemstellungen der Arbeit, seine kritischen Fachdiskussionen und seine freundschaftliche Unterstützung.

Inhaltsverzeichnis

Abbildungsverzeichnis

Abkürzungsverzeichnis

A&K	Administration und Koordination
AGB	Allgemeine Geschäftsbedingungen
BCG	Boston Consulting Group
BDU	Bund Deutscher Unternehmensberater BDU e.V.
CAD	Computer-aided-design
CEO	Chief Executive Officer
CIM	Computer-integrated-manufacturing
CIS	Continuous Improvement System
CPM	Critical Path Method
ECIN	Electronic Commerce Info Net
ECR	Efficient Consumer Response
EIP	Enterprise Information Portal
ERP	Enterprise Resource Planning
EU	Europäische Union
IDC	International Data Corporation
IT	Informationstechnologie
MPM	Meta Potential Method
PERT	Program Evaluation and Review Technique
RFP	Request for Proposal
WWW	World Wide Web

XV

Zusammenfassung

Die Zusammenfassung der Arbeit stellt Ziele, Vorgehensweise und die wichtigsten Ergebnisse im Überblick dar und erlaubt so dem Leser einen schnellen Einblick in den Inhalt und die Ergebnisse der einzelnen Kapitel.

1. *Problemstellung* Hier wird die Relevanz und Aktualität der bearbeiteten Problemstellung begründet und der Aufbau der Arbeit erläutert.

2. *Electronic Business und Consulting:* In diesem Abschnitt erfolgt die theoretische Grundlegung der Arbeit. Dazu wird zunächst ein einheitliches Verständnis der Begriffe E-Commerce, E-Business und Consulting entwickelt und ihre charakteristischen Merkmale erläutert. Im Anschluß daran werden die Vorteile einer Zusammenführung des E-Business und des Consulting zum E-Consulting dargestellt. Den Abschluß bildet die Analyse der Wertkette des Consulting und die Darstellung der Auswirkungen sowie der kritischen Erfolgsfaktoren bei der Wandlung zum E-Consulting.

3. *Umbau des Beratungsunternehmens:* Die Vorstellung und Bewertung unterschiedlicher Zukunftsszenarien bilden den Ausgangspunkt. Als Ergebnis wird ein weiteres Vordringen des Internet als wahrscheinlich angenommen. Daraus wird die Notwendigkeit der Entwicklung zu einem elektronischen Beratungsunternehmen der Zukunft gefolgert. Das daraus resultierende Vorgehensmodell für das Beratungsunternehmen legt gleichzeitig die weitere Vorgehensweise der Arbeit fest. Beginnend mit Vision und Strategie wird die aktuelle Vision einer Beratungsgesellschaft exemplarisch auf ihre Zukunftstauglichkeit getestet und mögliche Änderungen sowie deren Vor- und Nachteile diskutiert.

4. *Machbarkeitsanalyse – Phasenmodell einer E-Consulting-Lösung:* In diesem Kapitel werden die Möglichkeiten zur Umsetzung der klassischen Beratungsleistungen in ein computerunterstütztes elektronisches Modell geprüft. Dazu wird der Beratungsprozeß in Phasen unterteilt, die einzeln analysiert werden. Neben den Umsetzungsmöglichkeiten werden auch Konzepte der Abwicklung dargestellt und Chancen und Risiken beim elektronischen Beratungsprozeß aufgezeigt. Als Ergebnis bleibt festzuhalten, daß sich die einzelnen Phasen unterschiedlich stark für eine Umsetzung in eine elektronische Lösung eignen und der „menschliche" Berater nach wie vor Teil der Bera-

tung sein muß. Trotzdem kann ein positives Fazit gezogen werden, da das elektronische Consulting erhebliche Vorteile gegenüber der traditionellen Lösung aufweist.

5. *Geschäftsmodell: Der Markt als Bestimmungsfaktor für Unternehmens-struktur und Inhalte:* Hier wird der Frage nachgegangen, wie sich das Beratungsunternehmen strukturell verändern muß, um alle Vorteile der E-Economy umsetzen zu können. Dabei wird ein neues Geschäftsmodell entwickelt. Da Klientenorientierung ein wichtiger Bestandteil des neuen Modells ist, wird das Handelsmodell für Klientenbetreuung (Efficient Consumer Response) für das Beratungsunternehmen adaptiert und analysiert. Als Ergebnis bleibt festzuhalten, daß der Umbau des Beratungsunternehmens und die Klientenzentrierung die kritischen Erfolgsfaktoren einer E-Consulting-Lösung sind.

6. *Der elektronische Markt:* Marketingkonzepte für das E-Consulting stellen die neuen Möglichkeiten des Marktauftritts für elektronische Beratungsunternehmen dar. Dabei werden insbesondere die Problematik des Branding als Übertragung von Erfolgsfaktoren der Dach- auf die Untermarke und die Darstellung der Klientenbindungsmaßnahmen analysiert. Das Internet bietet dabei neue Möglichkeiten und schafft so dem Beratungsunternehmen die Voraussetzung zu einer langfristigen Klientenbeziehung durch das Angebot von Mehrwert Services.

7. *Continuous Improvement System: Sicherung proaktiven Wandels:* Dieses Kapitel legt die Grundlage für zukünftige Konkurrenzfähigkeit. Die drei Konzepte Innovation-Management, Individual-Management und Knowledge-Management stellen dabei die Basis dar. Sie werden analysiert und ihre Chancen und Risiken herausgearbeitet.

8. *Implementierungsprozeß: Service-Portfolio und Allianzmanagement:* Hier werden die Konzepte zur Entwicklung des Service-Portfolios aufgezeigt. Vom Design über Development bis hin zum Management werden alle Phasen des Implementierungsprozesses analysiert und die dazu notwendigen Grundkonzepte entwickelt. Dabei liegt besonderes Augenmerk auf der klientenorientierten Mehrwertlösung. Dem Allianzmanagement, d.h. der Zusammenarbeit mit Business Partnern, wird dabei besondere Aufmerksamkeit gewidmet.

9. *Schlußbetrachtung:* Die Ergebnisse der Untersuchung und die Darstellung der Zukunftsperspektiven werden abschließend vorgestellt. Die Vorteile, die das E-Consulting sowohl für den Klienten als auch für das Beratungsunternehmen bietet, sind zusammengefaßt dargestellt. Für ein Beratungsunternehmen gilt es deshalb jetzt, zu Beginn der Epoche des E-Business, die Chance zu nutzen oder die zukünftigen Möglichkeiten zu verpassen.

1 Problemstellung

Wenn von den Herausforderungen für die Ökonomie der Zukunft gesprochen wird, werden stets auch die Begriffe Electronic Commerce (E-Commerce) und Electronic Business (E-Business) genannt. Immer mehr Unternehmen und andere User nutzen das Internet für vielfältige Aktivitäten, so z.B. in jüngster Zeit verstärkt auch zur Geschäftsabwicklung. Dabei bedroht das Internet traditionelle Unternehmensstrukturen und -kulturen. Der Grund für diese Entwicklung liegt nicht nur in der wachsenden Tendenz der Globalisierung, die eine Hypercompetition zur Folge hat, sondern auch in der Transformation der Wertschöpfungskette der Unternehmen.[1] Mit zunehmender Intensität der Internet-Nutzung wird das bisher bekannte und vertraute Unternehmensbild verschwinden. Neue, nur für den elektronischen Handel gegründete Unternehmen und verändertes Kundenverhalten, geprägt durch den schnellen Wechsel, machen den traditionellen Marktführern das Leben zunehmend schwerer.[2] In der jetzigen Situation gilt es also, diese neue elektronische Ökonomie anzunehmen und ihre Vorteile für das eigene Unternehmen zu nutzen.

Maßgeblichen Anteil an dieser Entwicklung haben Unternehmen der Beratungsbranche. Sie haben sich auf spezielle Problemstellungen von der Strategie bis hin zur praktischen Umsetzung spezialisiert, stehen dem Kunden in jeder Phase zur Seite (bzw. sollten dies) und treiben die Veränderung voran. Auffällig ist jedoch, daß die Beratungsunternehmen, die eine Vorreiterrolle für sich proklamieren, diese bei sich selbst nicht umsetzen. Dabei fordern die Begleitumstände der neuen elektronischen Ökonomie geradezu ein neues Beratungsmodell heraus. Die erfolgreiche Einführung einer elektronischen Beratungsleistung würde den Markt revolutionieren und dem Beratungsunternehmen, das diese Herausforderung als erstes löst, erhebliche Wettbewerbsvorteile sichern.

Die vorliegende Untersuchung entwickelt ein theoretisches Vorgehensmodell zur Umsetzung der neuen elektronischen Ökonomie in Beratungsunternehmen. Eine Adaption auf andere Serviceunternehmen ist mit geringfügigen Anpassungen möglich. Nach einer theoretischen Grundlegung und Begriffsklärung wird in einem Phasenkonzept die Machbarkeit eines elektronischen Beratungskonzeptes analysiert. Dies erfordert zunächst die Anpassung von Vision und Strategie. Die Umsetzbarkeit anhand der Wertschöpfungskette eines Beratungsunterneh-

---

[1] Zu Fabriken der New Economy (insbesondere neue elektronische Ökonomie) vgl. Böhmer (2000), S. 188ff.
[2] Zur Entwicklung vgl. Peters/Clement (1999), S. 20ff.

hmens, die Ableitung eines neuen Geschäftsmodells und die Übertragung der traditionellen Erfolgsfaktoren auf das neue Modell müssen ebenso untersucht werden wie die unterstützenden Konzepte des Wandels. Abschließend muß auch die Darstellung weiterer Zukunftsaussichten versucht werden.

2 Electronic Business und Consulting

2.1 Begriffsdefinition, Abgrenzung, Darstellung Electronic Business

Auf eine Definition der Begriffe „E-Commerce" und „E-Business" wird in vielen Publikationen trotz oder vielleicht gerade wegen ihrer vielfältigen Aspekte und der häufigen Verwendung verzichtet. Eine Definition ist indes notwendig, um Mißverständnisse zu vermeiden. Eine sehr allgemeine Definition und Abgrenzung der vorgenannten Begriffe findet sich bei *Clarke,*[3] der E-Business als „the conduct of business with the assistance of telecommunications and tele-communications-based tools" und E-Commerce als „the conduct of commerce in goods and services, with the assistance of telecommunications and telecommunications-based tools" beschreibt. Die OECD verwendet die folgende enger gefaßte Definition:[4] „The definition of electronic commerce ... is that of commercial transactions occuring over open networks, such as the Internet. Both business-to-business and business-to-customer transactions are included." Während erstere Definitionen die Abgrenzung der Begriffe von einander und von anderen Begriffen leisten, ist die OECD-Definition, als ein erster Ansatz zur Erfassung der charakteristischen Merkmale des E-Commerce zu sehen.

Der erste Teil der OECD-Definition kennzeichnet die besondere Bedeutung der Technik. Offene Netzwerke ermöglichen den uneingeschränkten Zugang zu Informationen, Waren und Dienstleistungen, um geschäftliche Transaktionen durchführen zu können. Obwohl dieser Teil umstritten ist, läßt er die Bedeutung der technischen Entwicklung erkennen. Der Wert eines Netzwerkes, gemessen an der Anzahl möglicher Verbindungen, steigt mit der Teilnehmerzahl nahezu in der zweiten Potenz.[5] Hinzu kommt die steigende Datenübertragungsgeschwindigkeit, die zunehmend die Verbreitung von bewegten Bildern und Ton in bester Qualität ermöglicht.

Der zweite Teil der OECD-Definition zeigt eines der hervorragendsten Merkmale des E-Commerce für den originären Handel. Die Kunden können direkt mit dem Hersteller eines Gutes in Verbindung treten und sind nicht auf die traditionellen Vertriebswege angewiesen.[6] Informationen über Produkte sind in der vernetzten Welt frei zugänglich und können deshalb ohne großen Aufwand eingesehen werden. Typische betriebswirtschaftliche Probleme, wie bspw. die

---

[3] Clarke (1999), S. 1.
[4] OECD (1997), S. 3.
[5] Vgl. Kelly (1998), S. 40f.
[6] Zur Analyse der Auswirkungen vgl. Krause/Somm (1998), S. 64 – 66.

Standortproblematik, verlieren in diesem Marktsegment völlig an Bedeutung. Die Marketingstrategien müssen dem neuen Medium entsprechend angepaßt werden.

Wie führende Unternehmen im Netz agieren und welche unternehmerische Philosophie ihr Handeln bestimmt, zeigen die Beispiele der drei wohl bekanntesten Anbieter. Der Leitgedanke des Online-Dienstes AOL ist „... to build a global medium as central to people's lives as the telephone or television ... and even more valuable."[7] Amazon als bekanntester elektronischer Buchhändler schreibt in seinem für das Geschäftsjahr 1998 veröffentlichten Jahresabschluß, daß zugunsten von Investitionen in künftiges Wachstum auf eine Gewinnausschüttung verzichtet wird. Diese könnte derzeit wahrscheinlich aber auch noch nicht erfolgen.[8] Das Beispiel der Beteiligung Amazons an dem Medikamentenvertrieb drugstore.com inc. zeigt, daß auch in neue Geschäftsfelder investiert wird.[9] Global, independent und visionary sind die drei Adjektive, die Yahoo!s Philosphie kennzeichnen.[10] In Deutschland ist Yahoo! z.Zt. der Marktführer der sog. Internetportale. Die Zahl der Anzeigenkunden, für Yahoo! ein Gradmesser des Erfolgs, hat sich von 2600 (1998) auf 3800 (1999) erhöht, die Werbeetats für das Medium Internet haben sich verdoppelt.[11] Die Zukunft wird zeigen ob diese rasanten Wachstumzahlen von Dauer sind und insbesondere auch zu wirtschaftlichem Erfolg führen.

Die Entscheidung über das Betreiben einer E-Commerce-Lösung im Sinne der Geschäftsfeldplanung ist Bestandteil der strategischen Planung. Sie wird durch die gesamtunternehmerische Vision bestimmt, aus der dann für einzelne Bereiche Missionen (Visionen der Geschäftsbereiche) abgeleitet werden, die ein Zielsystem ergeben. Die Umsetzung einer E-Commerce-Lösung erfolgt in einem operativen Implementierungsprozeß. Dabei darf nicht an einem traditionellen Zielsystem festgehalten werden, die Spielregeln des neuen Marktes müssen erkannt und beachtet werden. Für viele Unternehmen stellen der Wegfall der traditionellen Werte, wie Standort, Marktmacht und Marke sowie die schnellen Marktzyklen eine besondere Herausforderung dar, die nur durch eine angepaßte Vision als langfristige zukünftige Ausrichtung der Unternehmen weit vor jeder Planung bewältigt werden kann. Grundsätzlich sind dazu unterschiedliche Lösungsmodelle denkbar (vgl. Abb. 1).

---

[7] America Online (AOL) (1998), S. 2.
[8] Vgl. AMAZON.COM (1998), S. 14 – korrigiert nach zwei Aktiensplits.
[9] Vgl. AMAZON.COM (1998), S. 19.
[10] Vgl. Yahoo! Inc. (1998), S. 7.
[11] Vgl. Hahn (1996), S. 26, S. 14f.

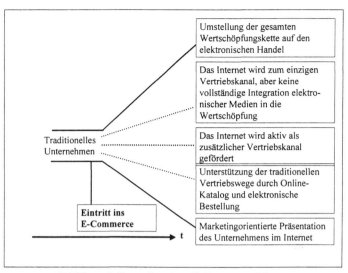

Abbildung 1: Szenarien einer E-Commerce-Lösung

Die Maximallösung erfordert eine komplette Vernetzung aller Teile des Unternehmens. Sie wird von speziell für das Internet gegründeten Unternehmen gewählt (bspw. AMAZON.COM). Von der Forschungsabteilung (CAD-Lösungen) über die Beschaffung der notwendigen Teile (E-Procurement) und die Produktion (CIM) bis hin zum Vertrieb der Güter mit dem eigentlichen E-Commerce sind alle Unternehmensbereiche elektronisch verbunden. Hinzu kommt die Vernetzung mit anderen Unternehmen, woraus sich die Dynamik einer solchen Maximallösung ergibt. Ein Forschungsnetz verbunden mit Zulieferern kann die Entwicklung neuer Produkte und Verfahren erheblich beschleunigen (Time-to-market) und gleichzeitig wertvolle Erkenntnisse aus den Reihen der Lieferanten und anderer Forschungsgruppen verfügbar machen.

Die Minimallösung ist ein marketing-gesteuerter Auftritt der Unternehmen, der lediglich Präsenzzwecken dient und dem aktuellen Trend folgt (me-too-Effekt). Ein derartiger Auftritt kann nicht im eigentlichen engeren Sinne als E-Commerce-Lösung bezeichnet werden.

Wer alle Vorteile des E-Business bzw. E-Commerce nutzen will, muß die Maximallösung als Ziel definieren, weil nur durch sie Kundenorientierung als Basis für den Unternehmenserfolg im Internet konsequent umsetzbar ist. Für den

6

Kunden bietet der elektronische Handel vielfältige Vorteile, wie bspw. Schnelligkeit, Information und Kosteneinsparung.

Welche Produkte und Dienstleistungen sich besonders für einen elektronischen Vertrieb eignen, läßt sich nicht pauschal bestimmen. Neben der Servicequalität determinieren insbesondere folgende zwei Aspekte Erfolg oder Mißerfolg beim E-Commerce:

1. Gelingt es, das Vertrauen der Konsumenten zu gewinnen?
2. Wird durch die Verschiebung des wirtschaftlichen Handelns vom traditionellen Umfeld (bspw. Ladengeschäft) in das Internet (z.B. elektronische Shopping Mall) ein erkennbarer Mehrwert für den Kunden generiert?

Das Vertrauen der Konsumenten in die ordnungsgemäße und schnelle Abwicklung aller Geschäftsprozesse ist der Grundstein für den Erfolg des E-Commerce. Dieses Vertrauen müßte um einiges höher sein als bei Käufen im traditionellen Handel. Bei Waren, die man nicht anfassen und nur auf dem Bildschirm sehen kann, muß auf die Lieferung einwandfreier Qualität vertraut werden können. Dies umso mehr, je höher der Wert und die Exklusivität der Waren oder Dienstleistungen ist. Jede E-Commerce-Aktivität muß also die Schaffung und Bewahrung von Vertrauen zum Ziel haben. Das Ausmaß, in dem es gelingt, eine Marke einzuführen und zu etablieren und die daraus entstehenden Wettbewerbsvorteile abzuleiten, stellt einen Gradmesser für die Einschätzung der Konsumenten dar.[12] Dabei geht es nicht nur um die schnelle und korrekte Lieferung. Schon der eigentliche Kaufvorgang, der die Übermittlung persönlicher Daten erfordert, ist als kritischer Erfolgsfaktor zu sehen. Ist der Konsument in dieser Phase nicht von der Vertrauenswürdigkeit des Händlers überzeugt, wird er keinerlei geschäftliche Transaktion tätigen. Zusammenfassend lassen sich also Marke, Präsentation und Auftragsausführung als Determinanten der Vertrauenswürdigkeit benennen.[13]

Während Zertifikate von anderen bekannten Marken wie Kreditkartenfirmen (Visa) oder Microsoft (Authenticode) oder auch die bekannte eigene Marke das Vertrauen des Konsumenten erhöhen, spiegeln die ansprechende Web-Präsentation, die Einfachheit der Bedienung und die schnelle und korrekte Verbindung die geschäftlichen Fähigkeiten des Anbieters wider. Ebenso erwartet der Kunde, daß der eigentliche Liefervorgang schnell und korrekt abläuft. Die bisherigen Erfahrungen mit dem elektronischen Handel zeigen, daß die Lösung

---

[12] Vgl. Cheskin Research/Studio Archetype/Sapient (1999), S. 3f.
[13] Vgl. Cheskin Research/Studio Archetype/Sapient (1999), S. 9.

der Logistikanforderungen erfolgsentscheidend für die Durchsetzung des E-Commerce ist. Abbildung 2 zeigt die angestrebte zeitliche Entwicklung des Kundenvertrauens.

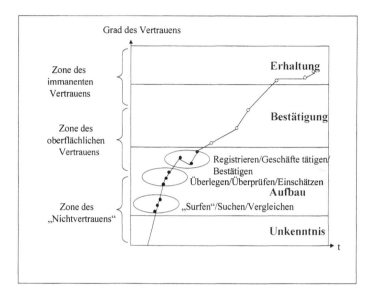

Abbildung 2: Veranschaulichung der Vertrauensbildung im E-Commerce

Für den Erfolg einer E-Commerce-Lösung reicht es nicht, Aufmerksamkeit zu erregen, sondern Kunden und Nutzer müssen so angesprochen werden, daß sie immer wieder zur Internetseite des Anbieters zurückkehren.[14] Vertrauen ist die notwendige Bedingung für Erfolg im E-Commerce, aber für dauerhaften Markterfolg nicht hinreichend.

Nur die Schaffung eines zusätzlichen Wertes für die Konsumenten läßt sie immer wieder zu der Internetseite zurückkehren. Quantität (= Anzahl der Aufrufe einer Internetseite) darf dabei nicht mit Erfolg gleichgesetzt werden. Kritischer Erfolgsfaktor ist die Kundenbindung. Ein Beispiel aus dem US-Mediensektor zeigt dies deutlich. Während die einzige nationale amerikanische Tageszeitung *USA today* ihre Printversion 1:1 ins Internet übersetzt und eine hohe Clickrate erzielt, bietet ein lokaler Konkurrent, der *San Jose Mercury*, gegen geringen Aufpreis Zusatzinformationen und lockt hauptsächlich erfahrene User an. Diese

---

[14] Vgl. Schwartz (1997), S.23.

Mehrwertorientierung der User wird für den jetzt noch kleinen „Informationsdienst" langfristig der Erfolgsfaktor sein und immer mehr User anziehen.

Ein weiterer Schritt zur Kundenbindung ist der Aufbau einer Gemeinschaft (community).[15] Der Kontakt zwischen den Nutzern wird durch einen entsprechenden Webauftritt des Unternehmens gefördert, die Interessen werden gebündelt und in Kanäle geleitet, die auch anderen Nutzern zu Gute kommen. Dadurch entsteht das soziale Gebilde der Community, das mit dem Namen des Unternehmens in Verbindung gebracht wird.

Insbesondere informationsintensive Produkte können von der Einführung einer E-Commerce-Lösung profitieren. Eine professionelle Umsetzung weckt das Interesse der Web-Nutzer und Mehrwert-Dienste lassen sie diese Seite wieder aufrufen. Dabei stellt die technische Ausgestaltung einen wesentlichen Erfolgsfaktor dar. Sie muß an die Geschäftsanforderungen angepaßt werden. Ein Projekt „Going Online" gliedert sich technisch in unterschiedliche Teilprojekte: Die Auswahl des Service Providers, die Anbindung an bestehende Systeme und das Design der Internetseite sind nur einige Problemstellungen.[16] Abschließend und zusammenfassend lassen sich aktuelle und angepaßte Technik, verknüpft mit einer optimalen Kundenbetreuung, als wesentliche Voraussetzungen einer dauerhaft erfolgreichen E-Commerce Lösung benennen.

2.2 Begriffsdefinition, Abgrenzung, Darstellung Consulting

Die Consultingbranche weist seit Jahren hohe Wachstumsraten auf. Ursprünglich in den USA entwickelt erreichte diese „neue" Branche auch in Deutschland stetig steigende Zuwachsraten. Sie erreichte 1998 ein Umsatzvolumen von 18,8 Mrd. DM. Auf dem globalen Markt geht man von einem Volumen in Höhe von 143 Mrd. DM aus.[17] Die Branche beschäftigte 1998 in Deutschland 62.500 Berater.

Eine amerikanische Definition des Consulting lautet: „Consulting is the process by which an individual or a firm assists a client to achieve a stated outcome. The assistance can come in the form of information, recommendations, or actual hands-on work."[18] Diese sehr weitgehende Definition zeigt wesentliche Charakteristika des Consulting auf. Consulting wird als Prozeß verstanden, bei dem

---

[15] Vgl. Paul/Runte (1999), S. 122ff.
[16] Vgl. Schick (1999), S. 39ff.
[17] Zu den Zahlen vgl. BDU (1999), S. 29f.
[18] Biech (1999), S. 2.

9

ein Unternehmen mit Hilfe Dritter ein vorher festgelegtes Ziel erreicht. Im zweiten, ergänzenden Satz wird dabei festgehalten, daß die Hilfe eines Consultants in Information, Beratung und direkter Mithilfe bestehen kann. Letzteres zeigt, daß der Begriff mehr umfaßt als Beratung im eigentlichen Sinne. Die Nachfrage nach wirklicher praktischer Hilfe und aktiver Umsetzung drängt die Nachfrage nach der ausschließlichen Beratung zurück.

Die deutschsprachige Definition beschreibt den eigentlichen Prozeß der Unternehmensberatung genauer. Dabei wird unter Unternehmensberatung eine Dienstleistung verstanden, „...die durch eine oder mehrere unabhängige und qualifizierte Person(en) erbracht wird."[19] Als Hauptaufgabe wird dabei die Identifikation, Definition und Analyse von Problemen betrachtet, deren Lösung zu erarbeiten, zu planen und beim Kunden zu realisieren ist.[20] Auch in diesem Fall wird die Unternehmensberatung als Prozeß gesehen, der über die eigentliche Beratung hinausgeht. Die Realisierungsphase wird auch hier eindeutig hervorgehoben. Interessant erscheinen aber zwei Unterschiede zur amerikanischen Definition. Zunächst wird der Einsatz von unabhängigen und qualifizierten Personen ausdrücklich als Teil der Beratungsleistung genannt. Da in der Bundesrepublik Deutschland die Berufsbezeichnung Unternehmensberater nicht geschützt ist, erscheint dies eine sinnvolle und wichtige Eingrenzung. Als weiterer Unterschied ist die in der amerikanischen Definition hervorgehobene Ergebnisorientierung zu nennen, die im Rahmen der deutschen nicht erwähnt wird, aber implizit als Voraussetzung angenommen werden kann. Als Ergebnis bleibt festzuhalten, daß die Definitionen ein gleiches Verständnis von Unternehmensberatung resp. Consulting beschreiben, so daß Consulting und Unternehmensberatung im folgenden synonym verwendet werden können.

Aus der Gleichartigkeit der Definitionen zu folgern, daß der Beratungsmarkt und die angebotenen Beratungsleistungen gleichartig sind, wäre allerdings ein Trugschluß. Insbesondere kleinere Unternehmensberatungen konzentrieren sich auf bestimmte Segmente des Marktes. Diese können entweder branchenspezifisch (Beratungsunternehmen der Verbände), themenspezifisch (z.B. Kienbaum & Partner – Personalberatung), nach regionalen Gesichtspunkten (z.B. Konzentration auf den deutschen Markt) oder nach der Größe der Unternehmen (z.B. Konzentration auf internationale Konzerne) ausgewählt werden.[21] Die Auswahl spezifischer Marktsegmente und damit die Konzentration auf ausgewählte Be-

[19] Niedereichholz (1997 I), S. 1.
[20] Vgl. Niedereichholz (1997 I), S. 1.
[21] Vgl. Niedereicholz (1997 I), S. 15ff.

reiche wird häufig mit der Sicherung der angebotenen Beratungsleistung begründet. Eine solche Marktsegmentierung muß nicht offen erfolgen. Einzelnen Unternehmen werden aufgrund ihrer bisherigen Tätigkeit besondere Fähigkeiten in bestimmten Bereichen zuerkannt. Während bspw. McKinsey & Company Stärken in den Bereichen Organisation & Prozeßmanagement und Kostenmanagement & Rationalisierung zuerkannt werden, wird bei der Boston Consulting Group (BCG) ihre Strategie- und Marketingkompetenz hervorgehoben.[22] Hat das Beratungsunternehmen diese grundsätzliche Positionierung festgelegt, muß es als nächstes die Auswahl der Projekte bei der Zielgruppe eingrenzen, denn eine generelle Annahme jedes Projektauftrages wird allgemein als nicht sinnvoll angesehen (vgl. Abbildung 3).

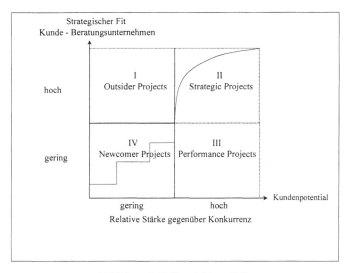

Abbildung 3: Teilprojektportfolio

Dem in Abbildung 3 dargestellten Modell liegen drei grundsätzliche Annahmen zugrunde:

1. Das Beratungsunternehmen ist in der Lage, jedes Kundenprojekt durchzuführen (keine Restriktionen im Bereich Fähigkeiten und bei der Anzahl der verfügbaren Mitarbeiter oder über Exklusivverträge mit Konkurrenten).

2. Die Menge der Projekte eines Kunden läßt sich als Portfolio von Teilprojekten verstehen und nach den Kriterien *Verbesserungspotential* und *internes Potential* gliedern.

---

[22] Vgl. Voss (1999), S. 64ff.

3. Die Beratungsfirma strebt eine langfristige, exklusive Stellung beim Kunden an.

Im Rahmen dieses Modelles wird in einer Vier-Felder-Matrix auf der Ordinate die strategische Übereinstimmung mit dem Kunden (paßt die Aufgabenstellung des Projektes zur Kompetenz und Ausrichtung des Beraters) und auf der Abzisse das Kundenpotential mit der Eigenschaft „Relative Stärke zur Konkurrenz" abgetragen. Dabei bemißt sich die relative Stärke des eigenen Beratungsunternehmens zur Konkurrenz an Stärke der eigenen Beratungsleistung und dem im Verhältnis besseren Zugang zu Entscheidungsträgern. Diese zwei Faktoren bestimmen das Kundenpotential, das heißt die Möglichkeit den Kunden langfristig zu binden. Für jeden Kunden ist damit eine Projektlinie definiert. Diese beschreibt die Mindestanforderung an jedes (Teil-)Projekt. Da das Kundenpotential (siehe auch Annahme 3) als bedeutungsvollster Faktor bewertet wird, sollten nur Projekte auf oder rechts der Projektlinie realisiert werden. Die Punkte auf der Projektlinie stellen also definitionsgemäß Kundenprojekte mit einer Mindestkorrelation der Eigenschaften dar, die es ermöglichen, eine langfristige Kundenbeziehung aufzubauen. Jeder eingehende Projektauftrag - durch ein Request-for-proposal (Rfp) oder andere Ausschreibungsformen - sollte innerhalb dieses Portfolios auf Machbarkeit geprüft werden. Projekte in *Quadrant I* werden als Outsider Projects bezeichnet - hoher strategischer Fit, aber keinerlei Potential diesen Kunden aufgrund der eingangs dargestellten Kriterien langfristig zu binden. Angesichts knapper Ressourcen ist von diesen Projekten eher abzuraten. Ziel einer jeden Beratung sind die auf oder rechts von der Projektlinie angeordneten Projekte in *Quadrant II* (für die übrigen gilt das für Quadrant I Gesagte). Hohe Übereinstimmung der Strategie und eine hohes Kundenpotential bieten bei erfolgreicher Durchführung dieser Projekte eine große Chance auf eine langfristige Zusammenarbeit. Dabei stellen die Projekte in Quadrant II häufig innovative Lösungsansätze dar. Charakteristisch sind dabei ein eher geringerer Gesamtumsatz bei über dem Marktdurchschnitt liegender Marge. Die in *Quadrant III* angeordneten Projekte sind die Performance Projekte zu bezeichnen. Margen im Branchendurchschnitt und hohe Umsätze lassen diese Projekte zu finanziellen Träger der Unternehmensberatung werden. Die Projekte in den Quadranten II und III lassen dabei ein hohes Kundenbindungspotential erkennen. Die Teilprojekte in *Quadrant IV* sind hauptsächlich Einstiegsprojekte (Newcomer projects), in der Regel werden diese von Kunden zum Test der Fähigkeiten eines Beratungsunternehmens im Verhältnis zur Konkurrenz genutzt. Wie die Linie in diesem Quadranten verläuft, hängt vom einzelnen Kunden ab. Besonders gewarnt werden muß vor der Auswahl von Projekten außerhalb des Projektsektors. Projekte dieser Art binden wertvolle Ressourcen, sind meistens unrentabel und können nicht zu einer langfristigen Kundenbeziehung ausgebaut werden (kein Investment).[23] Zudem können sie nicht als Referenz für zukünftige Auftraggeber genannt werden, da ihre Bedeutung zu gering ist (anders als bei Projekten in Quadrant I). Diese Visualisierung des Projektportfolios kann bei der Einordnung von Einzelprojekten helfen, obgleich sie komplexe Zusammenhänge stark vereinfacht.

Neben diesen wirtschaftlichen Kriterien nimmt aber die ethische Dimension im Beratungsgeschäft einen hohen Stellenwert ein. Gefälligkeitsgutachten und insbesondere Spionagetätigkeit bei Konkurrenten des eigentlichen Kunden sind zumindest deshalb abzulehnen, weil sie bei Aufdeckung zum unfreiwilligen Marktaustritt des Unternehmensberaters führen. Die gesamte Branche „lebt" von der strengsten Einhaltung der Vertraulichkeit. Diese ist nicht immer einfach, insbesondere wenn in großen Beratungsgesellschaften Teams in Projekten bei direkten Konkurrenten arbeiten. Hier soll die Einrichtung von sog. „Chinese walls" (Chinesischen Mauern) eine strikte Trennung der Teams erlauben und einen Informationsfluß strikt unterbinden. „Your reputation as a consultant will be created by thousands of actions, but may be lost by only one."[24]

Der Prozeß der Kundenansprache über die Angebotserstellung bis zur Nachbereitung sollte einem standardisierten Ablauf folgen, der sich als Phasenmodell darstellen läßt (Abbildung 4).

---

[23] Eine andere Einteilung der Kunden findet sich in: Niedereichholz (1997 I), S. 30ff.
[24] Biech (1999), S. 188.

13

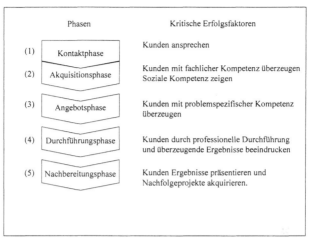

Abbildung 4: Phasenschema des Beratungsprozesses[25]

In der *Kontaktphase* (1) wird dabei das Ziel verfolgt, eine grundsätzliche Übereinstimmung mit dem gewünschten Zielkunden herzustellen. Neben einer Übersicht über die eigene Spezialisierung ist es ebenso notwendig, alle Informationen über den potentiellen Kunden und die entsprechende Branche (z.B. Trends, Bewegungen) zu ermitteln. Der Übergang zur direkten Akquisition ist dabei fließend. Während in der Kontaktaufnahmephase eine allgemeine Präsentation des Unternehmens erfolgt, werden in der *Akquisitionsphase* (2) potentielle Kunden gezielt angesprochen. Je nach kundenspezifischem Informationsstand zu diesem Zeitpunkt kann direkt eine problemspezifische Kundenansprache erfolgen. Typische Medien für die Kontaktphase sind Rundschreiben und Broschüren, in den USA häufiger als in Deutschland auch Bücher zu speziellen Fachthemen. Auch die in Deutschland eher unbeliebten cold calls sind in den USA durchaus üblich.[26]

In der *Angebotsphase* (3) reagiert das Beratungsunternehmen entweder auf eine Anfrage oder es wendet sich aktiv an ein Unternehmen mit einem konkreten Problemlösungsvorschlag für ein recherchiertes Problem. Die schriftliche Angebotserstellung stellt aus Sicht des Beraters einerseits ein Marketinginstrument dar, das seine Fähigkeiten zur Problemlösung demonstrieren soll, andererseits ist sie Grundlage für einen möglichen zukünftigen Vertrag.[27] Ferner werden mit ihr

---

[25] Vgl. Niedereichholz (1997 II), S. 4.
[26] Ratschläge dazu vgl. Salmon/Rosenblatt (1995), S. 45ff.
[27] Zu den Zielen und den Inhalten vgl. Niedereichholz (1997 I), S. 115ff.

Nebenziele wie der Ausschluß von Risiken verfolgt. Der Inhalt dieses formalen Angebots besteht aus einer Zusammenfassung des Kundenproblems, dem gewählten Problemlösungsansatz, einem Projektplan (inklusive Zeiten und Meilensteinen), der Projektstruktur, dem Lebenslauf des möglichen Projektleiters und einer auf den bisherigen Informationen aufbauenden Preisvorstellung. Dem Klienten erlaubt diese Phase einen umfassenden Vergleich verschiedener Angebote inklusive Preisvergleich. Da solche Angebote von den Beratungsunternehmen nicht kostenpflichtig abgegeben werden, nutzen einige Unternehmen dies als Ideensammlung zur Umsetzung eigener interner Projekte, zur Marktbeobachtung oder zum Preis-/Leistungsvergleich mit internen Abteilungen. Dies stellt für die Beratungsunternehmen aufgrund der Ressourcenbindung einen je nach Häufigkeit und Umfang erheblichen Kostenfaktor dar, der nicht unterschätzt werden darf. Am Ende der Angebotsphase steht dann der Vertragsabschluß. Häufig wird der eigentlichen Vertragsunterzeichnung eine Due-Diligence-Phase (Voruntersuchung) vorgeschaltet, die zu Beginn gemachte Annahmen verifiziert und die Risiken beider Vertragspartner minimieren soll.

In der *Durchführungsphase* (4) wird das Projekt gemäß vertraglicher Vereinbarung von der Unternehmensberatung durchgeführt, wobei der Kunde möglichst umfassend eingebunden wird. Dabei gestaltet sich der Projektverlauf je nach Projekt unterschiedlich. Ein Projektplan gibt Aufschluß über den Ist-Zustand und stellt Abweichungen vom Soll-Zustand dar.

Die Phase der *Nachbereitung* (5) stellt ebenfalls einen nicht zu unterschätzenden Erfolgsfaktor dar. Eine ordnungsgemäße Übergabe der Unterlagen (Handbücher, Zwischendokumente, etc.) ist für ein professionelles Auftreten unbedingt notwendig. Beratungsunternehmen neigen dazu, die Mitarbeiter zum Ende eines Projektes vorzeitig abzuziehen, um sie in neue prosperierende Projekte einzubinden, zumal die meisten Berater die Abschlußaufgaben unterschätzen. Kundenzufriedenheit ist das Maß allen geschäftlichen Handelns. Sie läßt sich mittels folgender sieben Kriterien messen:[28]

1. Qualität der geleisteten Arbeit: Sind die Kundenerwartungen erfüllt worden?

2. Zeit der Durchführung: Wurde der Projektplan eingehalten?

3. Kosten: Entsprechen die kalkulierten den tatsächlichen Kosten bzw wurde die Kostenabweichung mit dem Kunden abgesprochen?

---

[28] Vgl. Kishel/Kishel (1996), S. 108ff.

4. Kommunikation:	Besteht jederzeitige Erreichbarkeit?
5. Flexibilität:	Wie wird mit individuellen Problemstellungen umgegangen?
6. Zuverlässigkeit:	Ist die Bereitschaft zu erkennen, dem Klienten wirkungsvoll zu helfen?
7. Einstellung:	Besteht eine positive, partnerschaftliche Einstellung dem Klienten gegenüber?

Eine positive Einschätzung läßt eine gute Kundenbeziehung entstehen, die für die Consultingbranche einen besonderen Stellenwert hat. Eine enge Vernetzung bedeutet aber auch stets eine starke Abhängigkeit. Dabei muß die Dienstleistung „Beratung" immer wieder den Umweltbedingungen und aktuellen Problemen angepaßt werden. Es entsteht ein Wirkungszusammenhang zwischen Unternehmen, Beratern und der Gesellschaft (vgl. Abbildung 5).

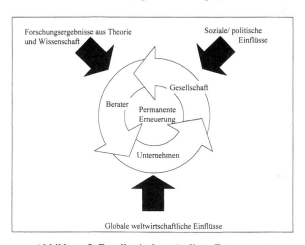

Abbildung 5: Regelkreis der ständigen Erneuerung

Der Regelkreis der ständigen Erneuerung stellt schematisch vereinfacht das Wirkungsgefüge zwischen Gesellschaft, Beratern und Unternehmen dar. Die von außen kommenden Einflüsse stoßen einen unendlichen Kreislauf an. Man kann sie in drei Kategorien einteilen, die jeweils unterschiedliche Gruppen innerhalb des Kreislaufs beeinflussen. Der Kreislauf an sich besteht aus den Unternehmen, der Gesellschaft und den Beratungsunternehmen. Die Unternehmen unterliegen einer globalen Konkurrenz und dem zunehmenden Wettbewerb mit kleinen und mittelständischen hochspezialisierten Unternehmen. Die zunehmende Akzeptanz des Internets in der Bevölkerung stößt den Kreislauf der permanenten Erneuerung im Gesellschaftssektor an. In der Regel läßt sich eine isolierte Einflußnahme konzentriert auf einen Sektor nur theoretisch darstellen. Die Entwicklung zum E-Business erreichte z.b. alle drei Gruppen, Gesellschaft, Unternehmen und Berater nahezu gleichzeitig. Eine derartige Entwicklung beschleunigt den Prozeß der Erneuerung.[29]

Durch die Verschärfung des Wettbewerbs in den letzten Jahren entstanden neue Anforderungen an die Consultingbranche, die nur zum Teil gelöst werden konnten. Einerseits nahmen der Beratungsbedarf und die Vielfalt der Problemstellungen stark zu, andererseits herrscht Mangel an qualifizierten Beratern. Zudem steht die Consultingbranche neuen Herausforderungen gegenüber, die aus dem durch die Globalisierung zunehmenden Wettbewerb und auch aus dem gesteigerten Anspruchsdenken der Klientel resultieren. Diese Herausforderungen lassen sich in acht wesentlichen Trends zusammenfassen:[30]

1. Neue Anbieter drängen auf den Beratungsmarkt
2. Mergers & Acquisitions Aktivitäten der Top-Beratungsgesellschaften
3. Expansion der etablierten Beratungsunternehmen
4. IT-Bezug in klassischen Beratungsfeldern
5. Diversifizierung der Servicelinien
6. Implementierung der Beratungsempfehlungen
7. Entwicklung von Kennziffern und Methoden zur Messung des Beratungserfolgs
8. Entwicklung neuer Beratungskonzepte, wie etwa des Internet Consulting

Abgeleitet aus diesen acht Trends wird von den Kunden eine andere Dimension der Beratungsleistungen gefordert: Meßbarkeit der Leistung, Fähigkeit zur Implementierung der entwickelten Lösung, Qualität und innovative Konzepte sind nur Auszüge aus den Anforderungen der Kunden und erfordern eine Anpassung des Service-Portfolios. Für die nächsten Jahre wird ein verstärkter Wettbewerb um qualifizierte Mitarbeiter („High-Potentials") erwartet. Eine Zunahme der IT-Beratung und das weitere Zusammenwachsen von IT-Beratung und Managementberatung wird ebenfalls als eine Entwicklungslinie gesehen. Die Herausforderungen anzunehmen und damit der Zukunft zu begegnen oder sie in einem weiteren Schritt aktiv zu gestalten, ist durch die Anwendung der neuen Technologien und ihre Übertragung auf das eigene Geschäft möglich. Das E-Consulting als Ansatz zur internetbasierten Beratung könnte dabei die Lösung sein.

---

[29] Vgl. Ulrich (1980), S. 196ff.
[30] Vgl. Gutberlet (1999), S. 30f.

2.3 E-Consulting: Definition, Wertkettenanalyse, Gründe für die Zusammenführung der Teilbereiche

Auf der Basis der im vorhergehenden Abschnitt 2.2 dargestellten Definitionen von E-Business läßt sich E-Consulting verstehen und definieren als: „... doing all parts of the consulting process occuring over open networks, such as the Internet." Diese Definition stellt einen Bruch mit der bisher üblichen traditionellen „vor Ort"-Vorgehensweise dar. Die technischen Grundvoraussetzungen einer E-Consulting-Lösung - hohe Übertragungsgeschwindigkeiten, Animationen und „intelligente" Data-Warehouse-Lösungen - sind bereits vorhanden.

Welche Vorteile eine internetbasierte E-Consulting-Lösung jedoch in den Phasen des klassischen Consultingprozesses bietet, soll anhand exemplarischer Beispiele im folgenden aufgezeigt werden. Diese müssen dem Klienten transparent dargestellt werden. In der Angebotsphase ist es aus Sicht des Unternehmens vorteilhaft, daß bei der Entscheidungsfindung die präsentierten Fakten, d.h. das Produktportfolio des Beraters und seine Referenzkunden, im Vordergrund stehen und nicht die Person des Beraters. Dies objektiviert die Entscheidung des Kunden. Zudem sinken die Kosten, weil kein formelles Angebot erstellt wird und Kosten für eine Präsentation nur einmal anfallen. Ferner entfällt die Verunsicherung der Belegschaft des Klienten durch die sich in der Angebotsphase häufenden Beraterbesuche. Offene Fragen können direkt über Kommunikation im Internet abgewickelt werden.

Der darauf folgenden Phase, der Durchführungsphase, kommt eine hohe Bedeutung innerhalb des Gesamtberatungsprozesses zu. Die Vorgehensweise in dieser Kernphase stellt das entscheidende Bewertungskriterium für Erfolg oder Mißerfolg eines Projektes aus Sicht des Kunden dar. Um die Möglichkeiten der internetbasierten E-Consulting-Lösung in der Durchführungsphase zu analysieren, wird diese in ihre einzelnen Unterphasen gegliedert: [31]

---

[31] Vgl. Niedereichholz (1997 II), S. 4.

18

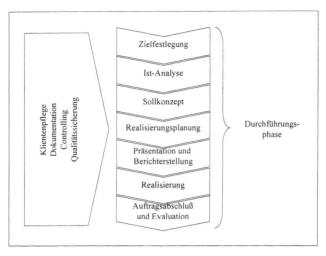

Abbildung 6: Durchführungsphase eines Beratungsauftrages

Eine elektronische Lösung bietet für beide Seiten auch in der Durchführungsphase Vorteile. Für die Unternehmen sind dies insbesondere:

1. *Keine Unruhe und Verunsicherung durch Consultants*: Wird eine Beratung mit Hilfe elektronischer Medien wie dem Internet vorgenommen, können Unternehmensleitung und das Team selber das Tempo und in gewissem Sinne die Vorgehensweise bestimmen. Dies betrifft insbesondere den Prozeß der Ist-Analyse während der Durchführungsphase. Diese Vorgehensweise einer „Beratung on demand" stellt eine wesentliche Flexibilisierung dar und bindet den Kunden nicht an einen Terminplan des Consultants. Allerdings darf eine Flexibilisierung nicht gleichbedeutend sein mit einer Verzögerung der notwendigen Untersuchung. Ein vorher festgelegter Zeitplan muß auch hier möglichst eingehalten werden.

2. *Objektivierung der Analyse:* Eine Analyse der Ist-Situation ist für Mitarbeiter in der Regel im Kollegenkreis einfacher als in der Diskussion mit einem „Fremden". Dieser nicht zu unterschätzende psychologische Faktor muß, damit er zum Tragen kommt, unbedingt von dem internen Projektleiter gefördert werden. Dies kann zu besseren Ergebnissen in allen Unterphasen der Durchführungsphase führen. Der von vielen Beratern gefürchtete „Scheuklappeneffekt" stellt bei einer Selbst-Analyse ein entscheidendes Kriterium dar. Kann er nicht überwunden werden, muß der Projektleiter externe Berater hinzuziehen.

3. *Zielgerichtete Projektarbeit:* In dem vom Berater festgelegten Rahmen führen die Mitarbeiter des Kunden die Ist-Analyse zielorientiert durch, die intensive und damit zeitraubende Einarbeitung des Beraters entfällt. Die Notwendigkeit von Zusatzprojekten wird nicht vom Berater vorgegeben, sondern kann in Eigenregie festgestellt werden.

4. *Psychologischer Vorteil für die Managementebenen:* Die Managementebenen können bei einem selbstgesteuerten Prozeß ihre Handlungsfähigkeit und ihren Willen zu Veränderungen unter Beweis stellen. Dabei können sie an Profil und Ansehen gewinnen. Eine gemeinsame Lösung von Management und Mitarbeitern wird dabei auch bei der Umsetzung wesentlich erfolgreicher sein, als eine Top-down-Lösung.

5. *Einbindung der Mitarbeiter während der Umsetzung:* Durch die starke Einbindung von Mitarbeitern im Rahmen der Ist-Analyse und je nach Kundenprojekt auch in weiteren Abschnitten der Durchführungsphase wird eine breite Akzeptanz erreicht. So scheitern beispielsweise viele Reorganisationsprojekte wegen mangelnder Einbindung wichtiger Mitarbeiter.[32]

Aus Sicht der Berater ergeben sich während der Durchführungsphase folgende Vorteile:

1. *Keine kostenintensive Betreuung von Kunden notwendig:* Die häufig problematische Ist-Analyse wird vom Kunden selbst vorgenommen. Damit entfällt der häufige Streitpunkt zwischen Kunden und Beratern über zu lange, zu teure und nicht zielgerichtete Analysen. Desweiteren können sich Berater auf „höherwertige" Tätigkeiten wie Moderation des Analyseprozesses, Entwicklung von Strategien konzentrieren. Diese Tätigkeiten senken zwar insgesamt das Stundenvolumen, ermöglichen aber eine Erhöhung des Beratungshonorars, da der Kunde für „höherwertige" Tätigkeiten auch mehr zu zahlen bereit ist. Die Beratungsfirma kann zudem ihr Ressourcenproblem lösen.

2. *Erschließung neuer Kundengruppen, Erschließung neuer Marktsegmente:* Die Entwicklung und Nutzung einer elektronischen Consulting-Lösung kann die Öffnung neuer Marktsegmente bedeuten und Hemmschwellen, die bei einigen Unternehmen noch bestehen, abbauen. Zusätzlich kann das Beratungsunternehmen auf einen erweiterten Datenbestand zurückgreifen. Es werden früher Trends einzelner Branchen erkannt und können in neue Services umgewandelt werden.

3. *Erweiterte Nutzung des Markennamens:* Das Anbieten einer E-Consulting-Lösung ist dabei Ausdruck eines innovativen und fortschrittlichen Denkens. Dabei leistet insbesondere der first mover advantage einen wesentlichen

---

[32] Vgl. Picot/Freudenberg/Gassner (1999), S. 46ff.

Beitrag zu einer erfolgreichen Vermarktung. Es ist davon auszugehen, daß
bei einer solch innovativen Lösung nicht nur die Fachpresse, sondern auch
Tageszeitungen und Wirtschaftszeitschriften berichten werden. Eine weitere
Werbung wird damit höchstens zur Erinnerung notwendig.

Nach der Beschreibung der Vorteile ist nun zu überlegen, welche Auswirkungen
die Einführung einer solchen E-Consulting-Lösung auf das Beratungsunternehmen hat. Hierzu soll zunächst die Wertkette, wie sie heute existiert, mit einem
„Zukunftsmodell" verglichen werden.

2.4 Die Wertkette im Wandel zum E-Consulting

Wird das Ziel der Überführung einer traditionellen Beratungsleistung in einen
elektronischen Service verfolgt, müssen sich auch die Abläufe im Beratungsunternehmen ändern. Bisher folgte ein Beratungsauftrag einem statischen Modell,
das mehr oder weniger unabänderlich erschien. Diese Vorstellung des Prozesses
muß allerdings im Rahmen eines elektronischen Ansatzes ergänzt werden. Dazu
ist es notwendig, die Wertkette zu analysieren und ihre Elemente genauestens
auf ihre Zukunftstauglichkeit zu untersuchen.[33] Die Porter'sche Wertkettenanalyse wird im folgenden für ein Unternehmen der Consultingbranche in Zusammenarbeit mit Beratern erarbeitet.[34] Porter weist dabei ausdrücklich auf die Ei-
genständigkeit der Wertkette eines jeden Unternehmens als Quelle von Wettbewerbsvorteilen hin.[35] Im Falle der Beratungsunternehmen sind jedoch nur mar-
ginale Unterschiede in den Wertketten der einzelnen Unternehmen feststellbar.
Da eine E-Consulting-Lösung lediglich auf einer allgemeinen branchenüblichen
Wertkette aufbaut und daraus neue Wettbewerbsvorteile durch die Verknüpfung
mit dem Internet erzielt, wird auf eine Darstellung der traditionellen Unterschei-
dungskriterien verzichtet. Dabei löst sich die in Abbildung 7 gezeigte Wertkette
insofern von der Porter'schen Vorstellung, als kein physisches Produkt herge-
stellt wird.[36] Eine Veranschaulichung des „Herstellungsprozesses" Dienstleistung ist aber mit dieser Methode trotzdem möglich. Sie dient als Basis für die
zuvor vorgenommene Darstellung der Wertaktivitäten. In einem traditionellen
Beratungsunternehmen sieht eine Wertkette wie folgt aus:

---

[33] Vgl. Wolfskeil (2000), S. 15f.
[34] Das Beratungsunternehmen wollte ungenannt bleiben.
[35] Vgl. Porter (1999 I), S. 65.
[36] Vgl. Porter (1999 I), S. 69.

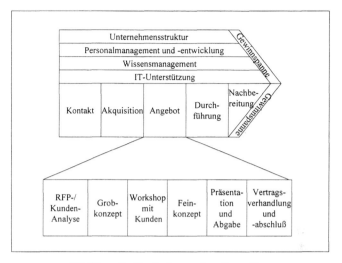

Abbildung 7: Wertkettenanalyse Consulting

Die Wertkettenanalyse ergibt damit die charakteristische Aufteilung in primäre und unterstützende Aktivitäten. Während der Beratungsprozeß bereits in Abbildung 4 als Phasenschema dargestellt wurde, wird hier kurz auf die besondere Bedeutung der unterstützenden Aktivitäten im Consultingprozeß eingegangen. Sie sind in der Porter'schen Klassifikation indirekte Aktivitäten, die „... die kontinuierliche Ausführung von direkten Aktivitäten ermöglichen."[37] Sie sind für die Consultingbranche in höchstem Maße erfolgskritisch.

Unternehmenstruktur: Sie schafft die notwendigen formalen Voraussetzungen zur Erledigung der Aufgaben. Die Verteilung von Macht und Aufgaben auf die Unternehmensorganisation und die marktgerechte Ausrichtung sichert einen optimierten Geschäftsprozeß. Auch die Einführung einer Projektkultur und Kundenorientierung sind notwendige Teile der Unternehmensstruktur.
Personalmanagement und –entwicklung: Die Förderung der Leistungsfähigkeit wird durch ein anspruchsvolles Weiterbildungsprogramm und Fortbildungsprogramm unterstützt. Entwicklungsmaßnahmen und die „Grow-or-go-Mentalität" verbunden mit starkem internen Wettbewerb sind essentieller Bestandteil aller Beratungsunternehmen. Hierzu gehören auch eigene interne Akademien, Kooperationen mit Universitäten und der Aufenthalt bei der Muttergesellschaft.

---

[37] Vgl. Porter (1999 I), S. 75f.

Wissensmanagement: Das Wissen der Berater ist der Grundstock aller Tätigkeiten im Beratungsunternehmen und das wichtigste Kapital. Die meisten Beratungsunternehmen versuchen das Wissen in einer Datenbank zu archivieren und so für spätere ähnliche Probleme nutzbar zu machen. Eine Standardisierung der Problemstellungen soll eine in ihrer Grundstruktur gleichartige Problemlösung erlauben.

IT-Unterstützung: Die IT-Unterstützung stellt ein wertvolles Instrument zur Kommunikation und Information der Berater dar, die besonders im Falle internationaler Beratungsunternehmen durch ein weltweites Datennetz mit dem Unternehmen an sich und den agierenden Kollegen verbunden sind.

Die Einführung einer E-Consulting-Lösung kann theoretisch auf zwei unterschiedliche Arten erfolgen. Weder eine rein technologiegetriebene noch eine rein geschäftsorientierte Lösung kann den Zielsetzungen gerecht werden. Nur eine Kombinationsstrategie aus beiden wird zum Erfolg führen. Die Unterstützung der auf Information bezogenen Wertschöpfungskette bezeichnet man als virtuellen Wertschöpfungsprozeß.[38] Die Entwicklung und Implementierung einer E-Consulting-Lösung innerhalb eines Beratungsunternehmens wird idealerweise wie folgt verlaufen:

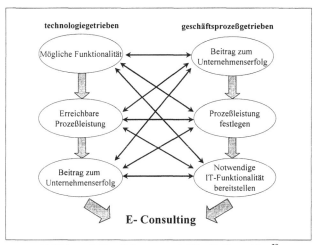

Abbildung 8: Das Sektorenmodell im E-Consulting[39]

---

[38] Vgl. Weiber/Kollmann (1999), S. 49ff.
[39] In Anlehnung an: Kempis/Ringbeck (1998), S. 27, Schaubild 1.8.

Bei der Umsetzung einer E-Consulting-Lösung müssen einerseits das technisch Machbare ermittelt, analysiert, bewertet und umgesetzt werden sowie andererseits eine optimale Strukturierung und Umsetzung der Geschäftsprozesse erfolgen. Dazu sind ständige Interaktionen notwendig, die eine Verschmelzung der beiden traditionell getrennten Verfahrensweisen zum Ziel haben. Je stärker sich die beiden Prozesse annähern, desto besser wird eine E-Consulting-Lösung sein. Es gilt also innerhalb des Beratungsunternehmens die Kräfte zu bündeln und eine entsprechende Lösung zu entwickeln. Eine derartige Projektgruppe stellt höchste Anforderungen an das interdisziplinäre Denken aller Beteiligten: IT-Spezialisten, Management Consultants und Prozeßspezialisten müssen gemeinsam eine Lösung entwickeln, die den eigenen Ansprüchen gerecht wird und den Kunden einen echten Mehrwert liefert.

Dabei kann sich die Entwicklung einer E-Consulting-Lösung an einer bereits in den achtziger Jahren für die traditionelle Beratung entwickelten Lösung orientieren. Schon zu diesem Zeitpunkt wurde unter den Schlagworten „Lean Consulting" und „ Papierlose Managementberatung in Sokratischen Dialogen" ein neuer Ansatz in der Beratung erarbeitet.[40] Die Verschlankung der Unternehmensberatung war das Ziel dieses Ansatzes. Ziel der Beratung in Sokratischen Dialogen ist es: „Betroffene zu Beteiligten machen und nur Helfer zur Selbsthilfe zu sein".[41] Anlaß waren bereits zu diesem Zeitpunkt der sich abzeichnende Mangel an qualifizierten und erfahrenen Beratern, sowie die Straffung des Gesamtberatungsprozesses. Die Projektphase der Ist-Aufnahme, die der Klient unter Anleitung des Beraters selbst durchführt und die Umwandlung der übrigen Problemstellungskomponenten in vernetzte Fragenkomplexe stellen die Kernelemente dieser Beratungsmethode dar. Ein Kernteam löst das Problem unter Anleitung eines erfahrenen Beraters, der hauptsächlich als Moderator fungiert und durch geschickte Fragestellungen das bestmögliche Ergebnis mit dem Klienten erarbeitet. In einem phasengestützten Vorgehensmodell, dessen kritische Erfolgsfaktoren drei Workshops unter Anleitung eines erfahrenen Sokratikers darstellen (Marktanalyse, Interne Analyse, Maßnahmen) wird das Ergebnis erarbeitet und verabschiedet.[42] Die Umsetzung erfolgt dann durch den Klienten selbst. Der Berater zieht sich zurück und führt nach drei bis vier Monaten eine Fortschrittskontrollsitzung und nach einem Jahr eine Aktualisierung des Konzeptes durch.

---

[40] Vgl. Niedereichholz (1993), S. 28ff.
[41] Niedereichholz (1993), S. 28.
[42] Zum Phasenkonzept vgl. Niedereichholz (1993), S. 30.

Obwohl das Konzept eine gelungene Verbindung aus Beratung und Eigenleistung des Klienten darstellt, konnte es sich auf dem Beratungsmarkt nicht entscheidend durchsetzen. Nach wie vor dominieren noch die „traditionellen" Vorgehensweisen. Große Projekte mit vielen Beratern einer angesehenen Beratungsgesellschaft gelten auch heute noch als Statussymbol in vielen Unternehmen. Die weite Verbreitung des Internets und die Entwicklung der technischen Möglichkeiten könnte jetzt zu einer Renaissance des „Sokratischen Konzeptes" und zu einer Umsetzung im Internet führen. Im folgenden wird ein Prozeß dargestellt, wie ein Beratungsunternehmen zu einem E-Consulting-Unternehmen umgewandelt werden kann. Von der Festlegung der Strategie bis hin zur operativen Umsetzung der einzelnen Bestandteile werden der Prozeß analysiert, Chancen und Risiken dargestellt und eine Bewertung vorgenommen.

3 Umbau des Beratungsunternehmens

3.1 Zukunftsszenarien: Ausgangspunkte für den Wandel

Der Einfluß der neuen elektronischen Ökonomie ist in allen Industrie- und Dienstleistungszweigen zu spüren. Vielfach von Beratungsunternehmen unterstützt, ergänzen bzw. verlassen die meisten Unternehmen ihre klassischen Geschäftsfelder und versuchen durch E-Business den Herausforderungen der Zukunft gerecht zu werden. Die Frage, ob dies nur ein momentaner Trend ist oder ein dauerhafter Wandel, wird im Augenblick von vielen Unternehmen gestellt. Dabei ist keine Branche mehr an einer Antwort interessiert als die Beratungsbranche. Die elektronische Ökonomie wird, wenn sie sich durchsetzt, den Beratungsmarkt radikal in allen Bereichen verändern. Dabei haben die daraus folgende Neuausrichtung des Service-Portfolios und die veränderten Klientenanforderungen auch eine völlige Neuorientierung des Beratungsunternehmens zur Folge. Als Lösungsalternative bietet sich die Einführung eines neuen Geschäftsfeldes "E-Consulting" als internetbasierte Beratungsleistung an. Es gilt, die einzigartige Stellung des Unternehmens ebenso in eine Strategie einzubringen wie die Evolution der Branche.[43] Bevor eine solche Lösung geprüft wird, muß allerdings in einem ersten Schritt die Eintrittswahrscheinlichkeit einer solchen Veränderung evaluiert werden. Dem Problem der Unsicherheit zukünftiger Entwicklungen wird durch den Einsatz der Szenario-Technik begegnet, die die Entscheidung für die richtige Alternative erleichtern soll.[44]

Es gilt daher unterschiedliche Perspektiven zu überprüfen und daraus Szenarien für die Zukunft zu entwickeln.[45] Der Prozeß der Szenario-Erstellung und die Entscheidungsvorbereitung zur Einführung des E-Consulting läßt sich in vier Prozeßschritte gliedern. Die ersten beiden Schritte, die Definition des Szenariofeldes sowie die Vernetzung und die Definition der Schlüsselfelder, stellt Abbildung 9 dar.[46]

---

[43] Vgl. Porter (1999 II), S. 945f.
[44] Zur Szenariotechnik vgl. Geschka (1999), S. 518ff.
[45] Vgl. zur Szenario Technik Hahn, D. (1996), S. 240f.
[46] Vgl. zum Prozeß der Szenarioerstellung Fink/Schlake/Siebe (2000), S. 36ff., insbes. Abb. 1.

26

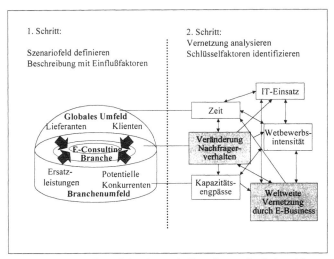

Abbildung 9: Prozeß der Szenario-Erstellung - Stufe 1 und 2

Bei der Nutzung der Szenariotechnik zur Entscheidung über die Implementierung des Geschäftsfeldes E-Consulting müssen zunächst vier Systemebenen untersucht werden. Das Geschäftsfeld E-Consulting an sich, die Branche, das Branchenumfeld (beide durch die Porter'schen Merkmale der Branchenstruktur bestimmt) und das globale Umfeld.[47] Während die Ergebnisse des eigentlichen Geschäftsfeldes in einem späteren Schritt detailliert aus der Realisierbarkeitstudie entwickelt werden, bestimmt die Marktuntersuchung die Ergebnisse für Branche, Branchenumfeld und globales Umfeld. Insbesondere für das wirtschaftliuche und das globale Umfeld dürften die meisten Ergebnisse beim Beratungsunternehmen vorliegen. Diese sind nur um spezielle Ergebnisse für das E-Business zu ergänzen. Aus diesen Untersuchungen sind die Schlüsselfaktoren zu identifizieren, die die weitere Entwicklung bestimmen. Dabei lassen sich für das E-Consulting folgende Aussagen treffen:

- Zeit: Die Notwendigkeit der Go-to-market-Zeiten für alle Produkte und Dienstleistungen der Klienten bestimmt auch die Zeitaufwände, die für interne Untersuchungen aufgebracht werden können.[48]
- Demographische Entwicklung: Altersstruktur und steigende Lebenserwartung erhöhen den Bedarf nach Dienstleistungen aller Art.[49]

---

[47] Vgl. Porter (1999 I), S. 32 Abb. 1-2.
[48] Vgl. Simon (1994), S. 62ff.
[49] Zum Zusammenhang der Faktoren vgl. Bruhn, M. (1996), S. 181, insbes. Abb. 3.

- Wettbewerbsintensitä: Die Wettbewerbsintensität nimmt durch die zunehmende Globalisierung in allen Branchen zu. Dies gilt auch für die Unternehmensberatung, deren Markt nicht nur von den reinen Beratungsunternehmen bestimmt wird, sondern zunehmend auch durch neue Wettbewerber, die für ihr Produkt oder ihre Dienstleistung einen speziellen Service anbieten.

- Weltweite Vernetzung durch E-Business: Die über alle Branchen gehende Anwendung von E-Business impliziert auch den aktiven Einsatz von E-Business durch das Beratungshaus, wenn es in diesem Markt tätig sein will.

- Kapazitäten: Die Knappheit der Ressourcen, insbesondere des Humanpotentials erfordert neue innovative Konzepte bei der Serviceerstellung, d.h. der Darstellung von Beratungsleistungen.

- IT-Einsatz: Der IT-Einsatz ist in allen Bereichen der Gesellschaft nicht mehr wegzudenken. Der effektive Einsatz bestimmt wesentlich Erfolg oder Mißerfolg der Unternehmen.

- Veränderung des Nachfrageverhaltens der Klienten: Das Kauf- und Nutzungsverhalten der Klienten ändert sich. Es werden immer höhere Anforderungen bezüglich Flexibilität, Service-Portfolio und Schnelligkeit der Abwicklung an die Unternehmensberatungen gestellt.

Es gilt nun die für ein E-Consulting ausschlaggebenden Schlüsselfaktoren zu extrahieren und für diese Zukunfts-Szenarien zu entwickeln.[50] Ein Schlüsselfaktor ist die Veränderung des Nachfrageverhaltens der Klienten. Die Orientierung an den Klientenbedürfnissen stellt besonders in diesem Fall einen wesentlichen Erfolgsfaktor dar. Ein weiterer Schlüsselfaktor ist aufgrund der weltweiten Vernetzung der Trend zum E-Business. Das E-Business wird als das Geschäftsmodell der Zukunft angesehen. Auf Basis dieser beiden Schlüsselfaktoren werden die nun folgenden Szenarien in ihren nächsten beiden Stufen entwickelt (vgl. Abbildung 10).

---

[50] Zu Erfolgsfaktoren der Zukunft Bierach/Saffo (2000), S. 128ff.

28

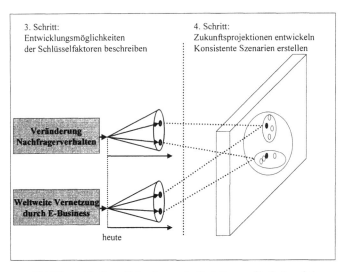

Abbildung 10: Prozeß der Szenario-Erstellung - Stufe 3 und 4

Um die Entwicklungsmöglichkeiten der Schlüsselfaktoren über einen längeren Zeithorizont hinweg einschätzen zu können, werden zunächst die beiden Extremausprägungen entwickelt, die die übrigen Möglichkeiten eingrenzen. Für den Schlüsselfaktor E-Business lassen sich zwischen dem einen Extremszenario, daß das E-Business nur ein momentaner Trend ist und die Unternehmen in ein bis zwei Jahren sich einem neuen Thema zuwenden, weil das Allheilmittel E-Business nicht funktioniert und dem anderen Extrem, daß alle Geschäfte nur noch via Internet getätigt werden, verschiedene Szenarien entwickeln. Für den Schlüsselfaktor Nachfrageverhalten ist das eine Extremszenario vorstellbar, daß das Nachfrageverhalten des Klienten sich so verändert, daß Loyalität nicht mehr vorhanden ist und der Klient sich nur noch an den flexibelsten und schnellsten Anbietern orientiert. Das andere Extremszenario ist das Zurückfallen des Klienten in eine Starrheit, da er mit dem Informationsangebot so sehr überfordert ist, daß er es ignoriert und bei seinen bisherigen Einkaufsgewohnheiten bleibt. Neuerungen werden strikt abgelehnt.

Es gilt nun konsistente realistische Zukunftsszenarien zu bilden, von denen im folgenden zwei kurz vorgestellt werden sollen, die eine mögliche Entscheidungshilfe für oder gegen das E-Consulting darstellen:

Szenario 1: Die Euphorie des E-Business ebbt ab, es tritt eine gesunde Konsolidierung der Erwartungen ein.[51] Das E-Business entwickelt sich weiter, allerdings schrumpfen die Wachstumsraten in den bisher erreichten Marktsegmenten. Neue Marktsegmente werden ebenfalls durchdrungen, so daß ein in etwa gleicher Anteil bei der Verwendung der elektronischen Lösungen herausgebildet wird. Der Verdrängungswettbewerb findet weiter statt und sowohl traditionelle wie innovative Unternehmen werden vom Markt verdrängt. Es tritt aber zunehmend eine Beruhigung ein. Die Kunden akzeptieren das E-Business als zusätzliche Möglichkeit der Informationsbeschaffung und des Vertriebes von Waren und Dienstleistungen. Sie passen ihr Kaufverhalten an, werden aber kritischer, nicht jeder Trend wird als positiv empfunden und mitgemacht. Die Loyalität der Klienten zu einzelnen Unternehmen und ihren Produkten und Dienstleistungen steigt wieder. Trotzdem sind die Anforderungen gestiegen und der Klient fordert flexible, traditionelle und auch elektronische Beratungsleistungen.

Szenario 2: Der Trend des E-Business bricht und es kommt zu einer Post-Internet-Renaissance der direkten Kommunikation und des direkten Shopping. Das Internet fällt zurück in den Status des Informationsnetzwerkes für Wissenschaftler und Computerfreaks. Der Klient kehrt zu seinen alten Präferenzen zurück und es erfolgt eine starke Orientierung an traditionellen Werten. Eine Einführung des E-Consulting ist unnötig. Es muß eine Konzentration auf das klassische Beratungsgeschäft erfolgen, um die Klienten für die Zeit nach dem E-Business-Hype wettbewerbsfähig zu machen.

Beide Szenarien sind denkbar und obwohl beide einen Rückgang des E-Business-Geschäftes voraussetzen, unterscheiden sie sich doch deutlich. Aufgrund dieser und ähnlicher Szenarien müssen nun die geschäftsführenden Gremien der Beratungsgesellschaft die Entscheidung über das E-Consulting treffen. Dabei bestimmt diese Grundsatzentscheidung auch Vision und Strategie des Unternehmens und damit den zukünftigen Erfolg. Es ist eine unternehmensindividuelle Entscheidung, ebenso abhängig von der Marktanalyse wie von internen Faktoren, die in Stufe 1 die Erstellung der Szenarien mitbestimmten. Orientiert die Beratungsgesellschaft sich an Szenario 1, gilt es alle Kräfte auf die Entwicklung einer E-Consulting-Lösung zu konzentrieren und diese in einem Prozeß zur Entwicklung eines E-Beratungsunternehmens zielorientiert einzusetzen.[52]

---

[51] Eine kritische Darstellung des E-Business findet sich in: Stetter/von den Hoff (2000), S. 39.
[52] Zu Strategieentwicklungsprozessen vgl. Rühli/Schmidt (1999), S. 268ff.

3.2 Darstellung der Vorgehensweise

Ausgehend von der zuvor getroffenen Entscheidung, daß Szenario 1 das Zukunftsszenario für die Wirtschaft der Zukunft wäre, müssen sich die Beratungsgesellschaften den sich daraus ergebenden Anforderungen der Zukunft stellen. Bisher hat die Branche den Trend zwar als lukratives Geschäftsfeld in der Beratung erkannt, aber diesen für sich nicht umgesetzt und schon gar nicht die den Klienten angepriesenen Vorteile im eigenen Unternehmen realisiert. Doch gerade für Beratungsunternehmen ist dieser Schritt von Bedeutung: Klienten die sich auf die neuen E-Business-Gesetze einstellen und sich diesen anpassen, entwickeln ein verändertes Anspruchsdenken in punkto Service, Verfügbarkeit und Time-to-market. Auch Beratungsunternehmen müssen sich dem evolutorischen oder sogar revolutionären Änderungsprozeß unterziehen, um den veränderten Anforderungen gerecht zu werden.

Die notwendigen Anpassungen erfordern einen Gestaltungsprozeß von insgesamt sechs Schritten:
1. Entwicklung von Vision, Mission und Zielsystem des E-Beratungsunternehmens
2. Grobe Festlegung von Inhalten und Funktionen in einer Machbarkeitsanalyse
3. Darstellung des Geschäftsmodells und Vorbereitung des Serviceportfolios
4. Übertragung und Anpassung der klassischen Erfolgsfaktoren auf das neue Modell
5. Implementierung von Konzepten zur Steuerung und Kontrolle des Systems (z.B. Definition von Performance-Indikatoren)
6. Entwicklung des Service Portfolios und Aufbau eines Allianznetzwerkes.

Dabei lassen sich diese sechs Schritte in einen strategischen und einen operativen Teil differenzieren. Letzerer wird noch um einen Realisierungsprozeß ergänzt, der die strategischen und operativen Planungen, Entscheidungen und Konzepte in ein elektronisches Modell umsetzt. Ein derartiger Prozeß könnte unter Darstellung aller Verknüpfungen wie folgt aussehen (vgl. Abbildung 11).

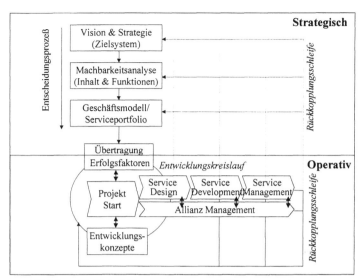

Abbildung 11: Entwicklungsprozess zum E-Beratungsunternehmen

Die Entwicklung der Prozeßschritte eins bis drei läuft in einem Phasenmodell ab. Es werden hier unabdingbare Voraussetzungen analysiert und Entscheidungen für die Realisierung getroffen. Die Ergebnisse bauen aufeinander auf und sind Voraussetzung und Bestimmungsfaktoren für den nächsten Schritt. Die Abhängigkeit der Schritte vier bis sechs ist dagegen unterschiedlich. Hier beschreibt kein Phasenmodell die Abhängigkeit, sondern ein Kreislaufmodell bei dem durch die jeweilige Annäherung an die Teilziele in Form eines iterativen Verfahrens die entsprechenden optimierten Umsetzungen erfolgen.

Als erster Schritt des Entwicklungsprozesses und erster strategischer Schritt erfolgt die Festlegung der Vision für das Beratungshaus. Diese wird in der Regel aus einer Idee abgeleitet. Es kann sich bei diesem Schritt um eine vollkommene Neudefinition oder nur um eine Korrektur handeln. Die Vision als genereller Richtungsweiser muß zuerst an die veränderten Rahmenbedingungen angepaßt werden, um daran im Anschluß erfolgreich die Geschäftspolitik ausrichten zu können. Es gilt also zu überprüfen, ob die im Augenblick verwendete Vision den Anforderungen der Zukunft noch gerecht wird. Selbst wenn diese Frage positiv beantwortet werden kann, bleibt trotzdem die Überlegung, ob eine Verstärkung der Vision oder Anpassung in Richtung der neuen elektronischen Möglichkeiten positive Effekte auf die interne Reorganisation oder externe Marktdarstellung haben kann.[53] Eine Anpassung der Vision stellt jedoch in bezug auf Klientenbeziehungen ein Risiko dar, da die Vision als langfristiger Orientierungspunkt dient und jede Veränderung zwangsläufig für Irritationen sorgt. Teil der ersten groben Planungsphase ist ebenfalls die Formulierung der Mission, die als „Vision" des Geschäftsfeldes der Vision des Beratungsunternehmens untergeordnet ist, aber aufgrund der Fokussierung einen besseren Orientierungspunkt für weitere Planungen bildet. Dabei ist zu beachten, daß Vision und Mission sich nicht widersprechen und damit konfliktäre Zielsetzungen bewirken dürfen. Vision und Mission werden aufgrund ihrer überragenden Bedeutung für das Gesamtunternehmen von den geschäftsführenden Partnern (je nach Organisationsmodell/Rechtsform) festgelegt. Dabei können zur Vorbereitung und Detaillierung noch Strategie- und Marketingexperten hinzugezogen werden. Aus Vision und Mission wird danach ein Zielsystem abgeleitet, an dem sich die Ergebnisse jeder einzelnen Maßnahme messen lassen müssen. Die Festlegung und die Verabschiedung eines Vorgehensmodells bildet den Abschluß dieser ersten Phase.

Je nach Vision und insbesondere Mission muß zunächst geprüft werden, ob die darin formulierten Ansprüche überhaupt in einer elektronischen Gesamtlösung abgebildet werden können. Das bedeutet konkret: Können beim heutigen Stand der Technik Beratungsleistungen als Kernprozesse der Beratungsunternehmen überhaupt im Internet abgebildet werden? Im Rahmen einer Machbarkeitsanalyse müssen die grundsätzlichen Möglichkeiten einer elektronischen Abwicklung von Beratungsleistungen geprüft werden. Dieser Schritt stellt eine unabdingbare Voraussetzung für die Umgestaltung des Beratungsunternehmens zu einem E-Business-Unternehmen dar. Sollte eine Umsetzung nicht möglich sein, müssen andere Wege gefunden werden, das E-Business zu nutzen.

Ist die Umsetzbarkeit zumindest theoretisch gesichert, dann müssen die organisatorischen (praktischen) Voraussetzungen für eine erfolgreiche Umsetzung des E-Business im Beratungsunternehmen geschaffen werden. Ausgerichtet an Vision und Strategie muß auch die Organisation und das Geschäftsmodell allen Herausforderungen des neuen Marktes gerecht werden. Zur Entwicklung und Implementierung eines neuen Geschäftsmodells gehören auch die Verteilung der Aufgaben und der Verantwortlichkeiten. Dies führt zu schwerwiegenden Umwälzungen im Gesamtunternehmen, die Neuverteilung von Aufgaben und Verantwortung bedeutet auch eine Verschiebung der Machtverhältnisse im Unternehmen. Das Risiko der Unzufriedenheit bei Mitarbeitern und des Verlustes von

---

[53] Zur Bedeutung einer fokussierten Strategie vgl. Clement/Peters/Preiß (1999), S. 56ff.

Spitzenkräften ist dabei genauso gegeben, wie Aufbruchstimmung und Enthusiasmus bei Nachwuchskräften.

Eine weitere Hauptaufgabe ist die Festlegung einer Konzeption zur Entwicklung der Services für die neuen, elektronischen Beratungsleistungen. Der Aufbau eines markt- und zukunftsorientierten Service-Portfolios gehört zu den wichtigsten und erfolgskritischsten Aufgaben innerhalb des Gesamtprozesses.

Der darauf folgende Schritt, die Übertragung der Erfolgsfaktoren des traditionellen Geschäfts, bedeutet den Übergang vom strategischen zum operativen Prozeßabschnitt. Die Definition und Auswahl der bisher für die Marktposition verantwortlichen Merkmale war und ist eine strategische Aufgabe, ebenso die Analyse auf Übertragbarkeit. Auf dieser Grundlage beginnt der operative Teil, d.h. die praktische Umsetzung. Gleichzeitig erfolgt der Eintritt in das Kreislaufsystem, das um den Anfang des eigentlichen Prozesses zur Implementierung des elektronischen Geschäftsmodells „kreist".[54] Innerhalb dieses Kreislaufs werden die Konzepte und Bestimmungsfaktoren für die praktische Implementierung ausgearbeitet und eingesetzt. Es handelt sich aufgrund der gegenseitigen Abhängigkeit und Einwirkung dieser zwei Prozeßeinheiten um ein Kreislaufmodell, das sich in einem iterativen Prozeß dem Optimum für die praktische Umsetzung annähert. Da grundlegende Arbeiten in der Start-up-Phase des Implementierungsprozesses bereits parallel zum Optimierungsprozeß beginnen, kann eine gegenseitige positive Beeinflussung erfolgen, was zudem die Implementierungszeit minimiert. Der praktische Implementierungsprozeß setzt sich dabei für den Bereich der elektronischen Beratungsleistungen aus den Prozeßschritten Service-Design, Service-Development und Service-Management zusammen. Neben dieser Umsetzung wird durch den Prozeß des Allianzmanagements die Kooperation mit anderen Unternehmen sichergestellt.

In einem Rückkopplungskreislauf werden Ergebnisse und Veränderungen gemeldet und daraufhin die entsprechenden Prozeßschritte entweder in der Planung (strategischer Abschnitt) oder bei der Umsetzung (operativer Abschnitt) angepaßt. Eine Rückkopplung auf die strategische Grundentscheidungen wird nur dann vorgenommen, wenn es fundamentale Abweichungen zwischen den Annahmen und der praktischen Implementierung gibt. Möglichkeiten hierfür könnten in einer Fehleinschätzung des Marktes oder mangelnder Umsetzbarkeit

---

[54] Vorgehensmodell zur Entwicklung von e-business-Projekten vgl. Brunner (1999), S. 182 ff., insbes. Abb. 1,2.

liegen. Ansonsten erfolgen operative Anpassungen durch Rückkopplung auf den Entwicklungskreislauf und sorgen für die erforderlichen Anpassungen.

Dieser Entwicklungsprozeß wird in der Regel von einem Budgetierungsprozeß begleitet, der die Kosten der einzelnen Phasen vor Durchführung festlegt und die zukünftigen Kosten und Erlöse evaluiert. Kennzahlen wie bspw. Return on Investment, Cash Flow und Break-Even-Zeitpunkt spielen in diesem Zusammenhang eine herausragende Rolle. Dabei muß sich das neue Geschäftsfeld - nach einer Anlaufphase - an den finanziellen Zielen der anderen Beratungsleistungen messen lassen. Da eine derartige Rentabilitätsberechnung sehr stark von unternehmensindividuellen Ergebnissen und Einschätzungen sowie von segmentspezifischen Marktuntersuchungen abhängig ist, wird im Rahmen dieser Untersuchung auf eine Darstellung verzichtet. Es ist jedoch darauf hinzuweisen, daß der Gesamtprozeß und insbesondere die Entscheidungen über eine Fortführung sehr stark von der Einschätzung der finanziellen Chancen und Risiken abhängig sind. Die Begleitung des Entwicklungsprozesses durch ein Controlling Tool, das die Ergebnisse der einzelnen Prozeßelemente des Entwicklungsprozesses in Kennzahlen umsetzt, ist daher unbedingt notwendig.

Die folgenden Kapitel vertiefen die in Abbildung 11 dargestellten Entwicklungsprozesse zum E-Beratungsunternehmen. Dabei werden die einzelnen Prozeßelemente analysiert, die Vorgehensweisen und Konzepte dargestellt und die besonderen Chancen durch das Internet im Einzelnen herausgearbeitet. Als Ergebnis wird neben einer grundsätzlichen Machbarkeitsanalyse ein Handlungsrahmen entstehen, der nicht nur Beratungsunternehmen als Orientierung dienen kann, sondern auch anderen Dienstleistungsunternehmen innovative Perspektiven öffnet.

3.3 Vision und Mission als Ausgangspunkt für Wandel

Die Vision charakterisiert den zukünftigen Zustand des Unternehmens.[55] Um ein Unternehmen umzugestalten, bedarf es zunächst einer Idee, die einen möglichen und anstrebenswerten zukünftigen Zustand des Unternehmens beschreibt bzw. den zu erwartenden zukünftigen Zustand der Unternehmen verändert. Hier bedeutet dies den Einsatz von Internet-Technologien zur Schaffung eines neuen Geschäftsfeldes, des E-Consulting. Das Internet und seine Vorteile sollen auch innerhalb des eigentlichen Beratungsprozesses genutzt werden, um den Anforderungen der Klienten zu genügen.

---

[55] Vgl. Hahn (1996), S. 19.

Die Festlegung der gesamtunternehmensbezogenen Vision und der geschäfts-
feldzentrierten Missionen ist eine unternehmensindividuelle Aufgabe und von
den unterschiedlichsten Rahmenbedingungen abhängig. Dazu zählen generelle
Ausrichtung, Positionierung auf dem Markt, Selbstverständnis und Kompetenz
der Berater. Trotzdem wird im folgenden die Ausgangssituation kurz dargestellt
und der Prozeß der Neuorientierung skizziert, da dieser erhebliche Bedeutung
für den weiteren Prozeßverlauf hat.

Zunächst gilt es die bisherige Vision kritisch zu untersuchen, ob sie den Anforderungen noch gerecht wird. Die Vision[56] der Boston Consulting Group (BCG)
lautet bspw.: „*The Boston Consulting Group is an international strategy and
general management consulting firm that helps leading corporations worldwide
create and sustain competitive advantage.*"[57] Ausgehend von diesem Beispiel
erscheint es nicht notwendig, eine Anpassung oder Veränderung vorzunehmen.
Die Vision der Klientenorientierung sowie Erschließung und Erhaltung von
Wettbewerbsvorteilen zielt in nahezu idealer Wiese auf die elektronischen
Märkte ab. Diese offen formulierte, auf den Klientennutzen orientierte Vision
entspricht den langfristigen Anforderungen und sichert damit die Identifikation
von Klienten und Mitarbeitern. Die Vision der Gesamtunternehmen gibt allerdings nur eine geringfügige Orientierung in bezug auf die Ausrichtung von einzelnen Geschäftsfeldern oder Services. Dort müssen konsequenterweise in de-
taillierterer Form individuell Missionen für den neuen Markt des E-Business
festgelegt werden, die im Rahmen eines strategischen Fits einerseits intern zu
Vision und dem Unternehmen an sich und andererseits extern zum Markt insgesamt und zu den Klienten passen müssen. Als Mission für den E-Business-
Bereich wäre dann bspw. folgendes denkbar: *Open new business dimensions
through the consequent usage of Electronic Business.* Diese Vision gibt eine
Orientierung für die Zukunft und fördert den schnellen Wandel in allen Bereichen des E-Business. Gleichzeitig ist durch die unternehmensbezogene Vision
die Orientierung auf die Klienten und die Schaffung von Mehrwert festgelegt.

Auf der Basis von Vision und Mission ist ein Zielsystem zu entwickeln bzw. das
bisherige Zielsystem entsprechend anzupassen. Sach-, Wert- und Sozialziele
sind die Kategorien, in die die einzelnen Ziele eingeteilt werden können. In bezug auf die einzelnen Kategorien sind für das Beratungsunternehmen folgende
Ziele vorstellbar:

---

[56] Lt. Terminologie der BCG wird die hier als Vision bezeichnete generelle Ausrichtung als
Mission bezeichnet.
[57] Vgl. http://www.bcg.com/mission/mission_splash.asp (Stand: 15.03.2000).

Sachziele: Die Entwicklung eines E-Consulting-Service-Portfolios zur Schaffung von Mehrwert beim Klienten und Nutzung der Vorteile der internetbasierten Beratung stellt das Oberziel für den Entwicklungsprozeß dar. Das bedeutet die Umsetzung der einzelnen traditionellen Beratungsleistungen auf eine elektronische Plattform in hoher Qualität. Im Rahmen der Klienten- und Mehrwertorientierung ist ebenfalls eine Entscheidung über zusätzliche Services zu treffen.

Wertziele: Soll eine neue Serviceleistung wie E-Consulting eingeführt werden, muß auch diese – nach einer gewissen Anlaufzeit – den Wertzielen entsprechen. Diese können als Durchschnittsrendite, als zu erreichendes Umsatzvolumen oder in Form anderer unternehmensindividueller Bewertungsmaßstäbe formuliert werden.

Sozialziele: Die Einführung des neuen Services soll die Flexibilität und Offenheit der Berater für die neuen ökonomischen Gegebenheiten fördern. Zusätzlich kann der neue Service als Anreizsystem genutzt werden, insbesondere für Nachwuchskräfte.

Das Zielsystem wird bestimmt durch die Interessengruppen, die entweder aktiv oder passiv mit dem Beratungsunternehmen in Kontakt stehen. Dies sind einerseits die Klienten, die wesentlich über die Ausrichtung des Portfolios bestimmen und andererseits die Berater, die wegen ihrer in der Branche üblichen Erfolgsbeteiligung insbesondere an der monetären Entwicklung interessiert sind, aber auch mögliche Partner und weitere Interessengruppen wie staatliche Stellen, Universitäten, etc. nehmen Einfluß auf das Unternehmen und beeinflussen die Zielbildung.

Mit Vision und Mission wird die grundsätzliche Zielrichtung für die Neugestaltung des Unternehmens vorgegeben. Die Ziele geben den Rahmen für die weiteren Schritte vor. An ihnen müssen sich allen weiteren strategischen Pläne messen lassen. Diese Strategien bestimmen die Vorgehensweise in den einzelnen Bereichen des Unternehmens und konkretisieren in Handlungsanweisungen Schritte, die zur Zielerreichung und damit letztendlich zur Vision führen. Ist Vision und Mission festgelegt und über den zunächst allgemeinen Vorgehensplan eine Einigung erzielt worden, muß im nächsten Schritt die theoretische Durchführbarkeit überprüft werden.

4 Phasenmodell einer E-Consulting-Lösung: Machbarkeitsanalyse

4.1 Einleitende Darstellung

Die Vision und Mission und das daraus abgeleitete Zielsystem seien nun festgelegt. Der Aufbau eines neuen Geschäftsfeldes gibt allerdings nur Sinn, wenn der eigentliche Kernprozeß – die Beratung – ebenfalls elektronisch umgesetzt werden kann. Dies muß vor Einleitung eines großen Changeprojektes, welches das Gesamtunternehmen dauerhaft verändert, zumindest so genau geprüft werden, daß eine Entscheidung über die Realisierung getroffen werden kann. Betrachtet man den bereits zuvor vorgestellten Prozeß der Beratung, dann gilt es zu prüfen, in welchem Umfang die erörterten fünf Phasen des Beratungsprozesses elektronisch umgesetzt werden können.

1. Kontaktphase
2. Akquisitionsphase
3. Angebotsphase
4. Vertragsgestaltung
5. Auftragsdurchführung und Qualitätssicherung

Im Rahmen einer Machbarkeitsstudie muß zuerst die Umsetzbarkeit der Beratungsleistung dargestellt werden. Dazu gehören theoretische Grundkonzepte zur Durchführung und Steuerung ebenso wie eine Bewertung der Chancen und Risiken. Eine derartige Studie sollte von einem kleinen, interdisziplinär besetzten Kreis von Beratern durchgeführt werden. Die Gruppe sollte aus IT- und Business-Experten bestehen. Dies verhindert sowohl eine Tendenz zu einer rein technischen als auch zu einer rein geschäftsorientierten Lösung. Dabei liegt das Hauptaugenmerk auf dem fünften Schritt des Prozesses, da dieser die eigentliche Dienstleistung beinhaltet und deshalb besonders genau analysiert werden muß. Eine Zeitdauer von ca. vier bis sechs Wochen erscheint dabei angemessen. Der Bericht wird direkt dem geschäftsführenden Organ der Beratungsgesellschaft vorgelegt, das dann eine Entscheidung über Fortsetzung oder Abbruch bzw. Neudefinition (z.B. Teilrealisierung) des Projektes trifft.

4.2 Kontakt- und Akquisitionsphase

4.2.1 Ziele, Bedeutung und theoretische Grundlegung

Der Kontakt mit dem Klienten ist der kritische Erfolgsfaktor in allen Phasen des Beratungsprozesses für das Beratungsunternehmen. Ohne greifbares Produkt

„verkauft" es seine Dienstleistungen zunächst nur über die Persönlichkeit des Beraters. Der Berater hat also die Aufgabe, „sein" Unternehmen und dessen Beratungsleistungen positiv darzustellen. Die Präsentation des Beraters wird durch die Internetseite ersetzt. In diesem Abschnitt wird skizziert wie im Rahmen der Kontakt- und Akquisitionsphase poptentielle Klienten durch die Internetseite des Beratungsunternehmens angesprochen werden können, dabei sind Kontakt und Akquisition untrennbar verbunden. Die Internetseite stellt jedoch nur einen wichtigen Teilaspekt im ganzheitlichen Marketingkonzept des Beratungsunternehmens dar. Dieses ist von herausragender Bedeutung für den Markterfolg der elektronischen Beratungsleistungen und macht es aus Sicht des Autors erforderlich, in einem späteren Abschnitt (6 Elektronischer Markt: Marketingkonzepte für das E-Consulting), eingehend die Instrumente des Marketing zu betrachten. Dabei werden diese im Rahmen einer Gesamtkonzeption dargestellt und ihre Wirkungsweise genauer analysiert.

4.2.2 Praktische Umsetzung

Das digitale Zeitalter eröffnet neue zusätzliche Möglichkeiten für die Kontakt- und Akquisitionsphase, diese müssen insbesondere für einen elektronischen Service genutzt werden. Dabei sollte jedoch auf einen Einsatz der klassischen Instrumente keineswegs verzichtet werden. So sprechen Anzeigen in Printmedien bspw. eine Zielgruppe an, die keine oder nur geringe Überlappungen mit reinen Internet-Marketing-Instrumenten aufweist. Diese weisen den potentiellen Klienten auf das internetbasierte Angebot des Beratungsunternehmens hin.

Drei Hauptzielsetzungen müssen im Mittelpunkt der Umsetzung einer E-Consulting-Lösung zur Erreichung des Kontakt- und Akquisitionsziels stehen:
1. Schaffung neuer Nachfrage durch Modifikation der bisherigen Dienstleistung, Akquisition neuer Klientengruppen sowie deren langfristige Bindung und Festlegung der Zielgruppe und des Marktes.[58]
2. Entlastung der eigenen Berater von „unproduktiven" Aufgaben wie Angebotserstellung, Präsentation etc.
3. Entwicklung der E-Consulting-Lösung zu einer echten, für den Klienten Mehrwert schaffenden Innovation und damit Positionierung als Technologieführer.

---

[58] Vgl. Kotler (1999), S. 46ff., insbes. Exhibit 3-6.

Grundvoraussetzung der erfolgreichen Einführung einer technischen Lösung stellt die professionelle Umsetzung im WWW dar. Im folgenden sind die kritischen Erfolgsfaktoren gesammelt und überblickartig dargestellt:

1. *Zuordnung der Webadresse:* Der Domain-Name muß mit dem Namen des Unternehmens korrespondieren,[59] in allen üblichen Suchmaschinen registriert sein und auch bei fehlerhafter Eingabe zur richtigen Homepage führen.

2. *Funktionalität der Internetseite:* Neben einer einwandfreien Funktionalität, sinnvollen Querverweisen und guten Suchmöglichkeiten müssen kurze Antwortzeiten garantiert sein. Hierzu ist ein entsprechend leistungsfähiger Server einzusetzen. Die Kompatibilität zu älteren Browserversionen und älterer Hardware muß bspw. durch Verwednung unterschiedlicher Präsentations- und Datenformate gegeben sein.

3. *Aufbereitung der Daten:* Eine klare Darstellung, die in einem Überblick das Unternehmen vorstellt, Vision und Strategie beschreibt sowie das angebotene Leistungsspektrum aufzeigt, ist aus Sicht des Klienten Voraussetzung für die Auswahl einer spezifischen Leistung des Beratungsunternehmens. Es ist in diesem Fall besonders wichtig, die Daten in einem Detaillierungsgrad zur Verfügung zu stellen, der es dem Kunden erlaubt, einen Überblick zu gewinnen und zudem das ihn interessierende Thema auszuwählen.

4. *Entwicklung intelligenter Suchsysteme:* Eine intelligente Suchlösung mit speziellen Suchfunktionen und Routinen helfen dem Kunden, die vom Beratungsunternehmen angebotenen Leistungen oder weitere Dienstleistungen zu finden. Die Verknüpfung der Begriffe untereinander im inhaltlichem Kontext gewährleistet, daß der potentielle Klient Zusammenhänge erkennt und auch Anregungen und weitere Hilfsmittel erhält. Eine derartige Realisierung bedeutet einen wirklichen Value-add-Service für den Klienten. Eine mögliche Ausgestaltung könnte folgendermaßen aussehen: Die Suchanfrage des Kunden lautet "Business Process Reengineering im Vertriebsbereich". Neben der Vorstellung tatsächlicher Projekte muß es dem Kunden offen stehen, weitere Problemstellungen abzufragen. Eine Baumstruktur, ähnlich wie in Abbildung 12, hilft ihm bei der Navigation in „verwandten" Themengebieten durch Nutzung von Hyperlinks, die der Kunde je nach Wunsch entsprechend auswählen kann, um vertiefende Informationen ansehen zu können.

---

[59] Vgl. Krause/Somm (1998), S. 115ff.

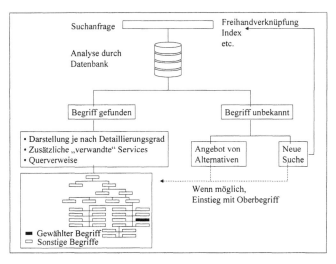

Abbildung 12: Struktur der Suchfunktionen

Eine derartige Baumstruktur könnte den Klienten als „Bild-in-Bild"-Funktion –
als eine virtuelle Landkarte des Beratungsunternehmens – „begleiten" und die
Themenbereiche, die bereits abgefragt worden sind, farbig markieren. Eine
weitere Möglichkeit zur Wertsteigerung als Value-add-Service wäre die Auswertung der Suchgewohnheiten anderer Nutzer: "Besucher dieser Seite haben
noch folgende Seiten gewählt" (Amazon hat dies für den Buchbereich umgesetzt) oder auch die automatische Darstellung themenverwandter Seiten.

Allgemein werden beim Webdesign noch folgende Eigenschaften als wesentliche Unterscheidungsmerkmale zur Konkurrenz angesehen:[60]

1. *Entwicklung eines eigenen individuellen Stils:* Jede Beratung muß ihren Stil
   bei der Präsentation schaffen und sich so vom Wettbewerb abheben. Dies
   darf allerdings nicht die zuvor genannten kritischen Erfolgsfaktoren gefährden. Die Schaffung eines Brandnames als wichtigster Wiedererkennungs-
   faktor muß oberste Priorität haben.

2. *Bildung von Communities:* Bereits zu einem frühen Zeitpunkt ist es erstre-
   benswert, mit dem potentiellen Klienten eine gemeinsame zukunftsorientierte
   Basis zu entwickeln. Ein Mitgliedskonto mit Grunddaten wie Branche, Größe, Verantwortliche, Geschäftsfelder ermöglicht dem Kunden jederzeit Zugriff auf aktuellste Informationen, den Bezug von Newslettern oder die Teil-

---

[60] Zu Beispielen vgl. Peters/Kabel (1999), S. 50ff.

nahme an Online Chats. Eine solche Segmentierung ermöglicht dem Berater auf den Klienten zugeschnittene Angebote und damit eine direkte und zielgerichtete Ansprache.[61] Dies sind echte Mehrwertlösungen für den Kunden und erlauben auch dem Beratungsunternehmen einen tiefen Einblick in die Branche. Auch der Vermögenswert und potentielle Beratungsvolumina des Kunden sind durch eine derartige Maßnahme erkennbar.[62]

Zusammenfassend ist festzuhalten, daß der Internetauftritt dem professionellen Anspruch des Consultingunternehmens gerecht werden muß. Der Umfang an Informationen über Unternehmen und Leistungsspektrum kann zum jetzigen Zeitpunkt nur abgeschätzt werden, da bisher Erfahrungswerte fehlen. So wird der Internetauftritt im Sinne eines ständigen Verbesserungsprozesses kontinuierlich überarbeitet werden müssen, um eine Balance zwischen Performance und Übersichtlichkeit auf der einen und Informationsgehalt als Verkaufsargument auf der anderen Seite zu finden.

Durch eine Marktanalyse gewonnene Kenntnisse erlauben eine optimale Ausrichtung der Internetseite auf das Kontakt- und Akquisitionsziel und dadurch eine gezielte Ausrichtung auf die Bedürfnisse der Entscheidungsträger. Beispielhaft werden zwei Marktformen vorgestellt, die in dieser oder ähnlicher Ausprägung auf den E-Consulting-Markt zutreffen werden: Ein Beratungsunternehmen öffnet den Markt, ist erster Anbieter und nutzt dabei den Vorteil des First Mover oder es trifft auf einen bereits entwickelten Markt, der mit Konkurrenten besetzt und durch Konkurrenzverhalten geprägt ist (Zwischenstufen sind vorstellbar). Im ersten Fall ist eine weitgehend unabhängige Gestaltung möglich, doch muß das Vertriebskonzept später eintretenden Konkurrenten den Markteintritt erschweren. Im zweiten Fall kann zwar eine Anlehnung an bestehende Lösungen erfolgen, aber ein deutlicher Mehrwert muß geschaffen werden, um sich im Markt zu behaupten.

4.2.3 Zusammenfassende Bewertung

Die Darlegungen haben gezeigt, daß die Umsetzung der ersten Phase im Beratungsprozeß in einer internet-basierten Lösung möglich ist. Durch eine sinnvolle Planung und Ausrichtung der Internetseite auf die Bedürfnisse der Entscheidungsträger wird ein positiver Eindruck des Unternehmens vermittelt und Kli-

---

[61] Vgl. Paul/Runte (1999), S. 158ff.
[62] Vgl. Krafft (1999), S. 166ff.

enten lassen sich akquirieren. Wie die Services dargestellt werden können und wie ein Vertragsabschluß zustande kommt, zeigt der folgende Abschnitt.

4.3 Angebotsphase

4.3.1 Angebotsstruktur von E-Beratungsleistungen

Wenn ein potentieller Klient von der Leistungsfähigkeit des Beratungsunternehmens einen grundsätzlich positiven Eindruck gewonnen hat, muß ihm dessen Leistungsspektrum so dargestellt werden, daß er zum Erwerb einer Beratungsleistung angeregt wird. Die Bedeutung einer ansprechenden, übersichtlichen Präsentation wurde bereits diskutiert. Auf sie ist in der Angebotsphase besonders zu achten. Wie für die späteren Phasen des Beratungsprozesses ist auch hier zu klären, welche Beratungsleistungen in eine elektronische Lösung umgesetzt werden können. Dazu muß zunächst ermittelt werden, welche Art der Angebotspräsentation den potentiellen Klienten anspricht. Grundsätzlich sind dabei zwei unterschiedliche Situationen bei Klienten zu unterschieden:

1. Der Klient hat das Problem erkannt und kann es auf einen Unternehmensbereich eingrenzen.
2. Der Klient hat ein Problem erkannt, kann aber die Ursache nicht identifizieren.

Es ist offensichtlich, daß diese zwei Ausgangssituationen unterschiedliche Angebotsstrukturen erfordern, hinter denen unterschiedliche Leistungen stehen.

Bei Ausgangssituation 1 muß der Klient zu einem spezifischen Lösungsansatz geführt werden. Die E-Consulting-Leistungen werden dem Klienten in Form eines Katalogs angeboten. Die Grundlage dieses Angebots bildet dabei das Service-Portfolio des Beratungsunternehmens; dies kann sich aus traditionellen (face-to-face) und elektronischen Beratungsleistungen zusammensetzen. Damit der Klient möglichst schnell Beratungsleistungen in dem von ihm bereits identifizierten Problemfeld findet, ist es notwendig, ihn direkt, schnell und zielgerichtet zu den für diese Problemstellung angebotenen Dienstleistungen zu führen. Dazu sollten einfache, übersichtliche und dem Nutzer bekannte Darstellungsweisen verwendet werden, z.B. die Porter'sche Wertkette, die aufgrund ihrer Verbreitung, Einfachheit und Übersichtlichkeit den angehenden Klienten zu „seinem" Problemkreis führen kann. Mausgesteuertes Anwählen einer Aktivität führt dann je nach Ausbaustufe der elektronischen Lösung zu verschiedenen Unterthemen, z.B. Beschaffung als primäre Aktivität in Porter's Wertkette mit den Unterthemen Supply Chain Management, E-Procurement oder Beschaffungskonzepte. Als weitere Möglichkeit sollte die direkte Anwahl per Stichwort in einer Suchfunktion gegeben sein. Das Angebot an Themen wird dabei auf Grundlage des Know-hows der Unternehmensberatung, der Umsetzungsmöglichkeiten oder auch der strategischen Bedeutung ausgewählt. Wesentliche Voraussetzung für diese Art eines elektronischen Angebotes ist, daß der Klient den Problembereich zumindest oberflächlich richtig identifiziert. Dies stellt den großen Schwachpunkt dieser Beratungsmethode dar. Im Rahmen einer Überprüfung der Auswahl kann in einem Kurzfragebogen überprüft werden, ob der ausgewählte Service wirklich in den angestrebten Problembereichen Lösungsansätze bietet. Es erfolgt eine Evaluierung der Auswahl. Mißverständnisse und falsche Selektionen sollen damit im Vorfeld ausgeschlossen werden. Eine weitere Problematik stellt die Einschränkung auf eine einzelne Aktivität in der Wertkette dar, die alle übergreifenden Probleme ausschließt.

Für die Lösung von Problemfeldern, die bspw. mehrere unterschiedliche Aspekte der Wertschöpfungskette berühren, muß neben den Einzellösungen im Rahmen eines Katalogprinzips ein Angebot bestehen, das die Identifikation des Problembereichs – die eigentliche Kernaufgabe eines Beraters - ermöglicht.

Durch Anwendung des Fragennetzwerkprinzips soll genau dies ermöglicht werden. Es wird, wie in Ausgangssituation 2, davon ausgegangen, daß der Klient zwar negative Erscheinungen erkennt (z.B. Umsatzrückgang, erhöhte Kosten im Vertriebsbereich), diese aber nicht eindeutig einem Unternehmensbereich zuordnen kann. Ein Fragennetzwerk (Identifikationsfragebogen) führt den Klienten schrittweise an die Quelle seines Problems heran und läßt ihn in einer zweiten, detaillierteren Befragung in dem entsprechenden Problembereich die Ursache identifizieren. Das eigentliche Problem wird dann mit einem Modul aus dem Bereich des Portfolios der Einzelservices gelöst. Es ist offensichtlich, daß ein Fragennetzwerk zur Identifikation der Problemfelder sehr komplex ist und die Baumstruktur sehr verzweigt sein muß, um das/die Problemfeld(er) einzugrenzen. Dabei muß (zumindest theoretisch) eine Analyse sämtlicher Unternehmensbereiche möglich sein, um den Problemgegenstand erfassen zu können. Eine interaktive und ausgearbeitete Fragetechnik muß andererseits dafür sorgen, daß der Klient nicht durch zu viele Fragen entmutigt wird. Die Fragenkomplexe werden dazu in Module gegliedert, so daß der betreuende Berater den Problem-Identifikations-Prozeß zielorientiert steuern kann. Diese Art der Analyse stellt erhebliche Anforderungen an das Beratungsunternehmen und an den einzelnen Berater bei seiner Ferndiagnose. Neben der Formulierung der Fragen muß eine komplexe Auswahlroutine dafür sorgen, daß die Fragen in der entsprechenden Reihenfolge gestellt werden, ohne daß ihre Auswahl willkürlich oder sprunghaft erscheint. Hohe Sachkompetenz und technisches Verständnis sind für die Realisierung notwendig. Die Positionierung als Innovationsführer und kompetenter Partner des Kunden dürfte damit auf jeden Fall gelingen.

Wie auch im „klassischen" Beratungsprozeß wird im E-Consulting das Angebot des Beratungsunternehmens stark durch die Nachfrage der Klienten bestimmt. Im traditionellen Beratungsprozeß steuert der Klient das Angebot des Beratungsunternehmens durch Ausschreibung und Workshops, in denen jeweils die Anforderungen definiert und ein gemeinsames Verständnis entwickelt wird. Beim E-Consulting steuert er es durch die Auswahl der entsprechenden definierten Beratungsleistung oder die Beantwortung der Fragen. Das feststehende Portfolio im Internet läßt dabei keine „Nachverhandlung" durch den Klienten zu. Eine spätere Veränderung des Umfanges oder des Zieles ist nur durch Aufnahme eines zweiten, neuen Projektes möglich. Das Internet führt also zu einer Deflexibilisierung jedenfalls für den Bereich elektronischer Dienstleistungen.

Neben der Darstellung des Angebotes spielt für den Klienten der Projektplan eine wichtige Rolle. Dabei muß vor Beantwortung eines, zunächst für den Klienten nicht vollständig überschaubaren Fragennetzwerks, feststehen, wie hoch die benötigten Kapazitäten sein müssen. Klarheit darüber schafft ein Übersichts-Projektplan unter Angabe von Soll-Zeitaufwänden für die Bearbeitung der einzelnen Teilbereiche der entsprechenden Beratungsleistung. Bei der Darstellung der Zeitaufwände wird es sich um Schätzungen des Beratungsunternehmens, basierend auf Erfahrungswerten, handeln. Dieser Zeitbedarf stellt dabei lediglich einen Anhaltspunkt dar, da es bei gruppendynamischen Prozessen zu erheblichen Abweichungen kommen kann. Ein striktes Zeitmanagement ist in diesen Fällen unbedingt notwendig. Es genügt daher nicht, einen Projektplan zur Verfügung zu stellen, er muß durch Bereitstellung von Projektsteuerungs- und –kontrollinstrumenten ergänzt werden.[63] Bei einer Internet- bzw. elektronischen Lösung muß dies sinnvollerweise ebenfalls elektronisch erfolgen und dient dem Klienten zur Selbststeuerung. Dabei sind an einen Projektplan folgende Anforderungen zu stellen:

- Eine übersichtliche graphische Darstellung mit einem frei wählbaren Detaillierungsgrad und Anzeige des aktuellen Projektstatus,
- Verwendung von bekannten netzplan-technischen Strukturdarstellungen wie bspw. Critical Path Method (CPM), Program Evaluation and Review

---

[63] Vgl. Hahn (1996), S. 600.

Technique (PERT) oder Metrapotential-Methode (MPM) zur Zeit-, Kapazitäts- und Kostenplanung,

- Vorausplanung der Inanspruchnahme weiterer Ressourcen, wie Mitarbeitern aus Fachabteilungen, Vorbereitung von Statistiken oder anderen Informationen,
- Definition von Meilensteinen und Einrichtung eines Frühwarnsystems zur Vermeidung von Projektabbrüchen durch Fehlsteuerungen.

Der Projektplan stellt ein wesentliches Element bei der Darstellung einer Beratungsleistung dar. Ein potentieller Klient wird sich nur für ein Angebot entscheiden, wenn er neben den Kosten, die das Beratungshaus verursacht, auch seine eigenen internen Kosten abschätzen kann. Diese Informationen erhält er zumindest näherungsweise aus dem Projektplan mit Ressourcenplanung.

4.3.2 Auftragsvergabe und Vertragsabschluß via Internet

Von entscheidender Bedeutung ist im E-Consulting die Auftragsvergabe. Das feststehende Service-Portfolio sorgt für eine schnelle Entscheidung. Nachverhandlungen, z.B. über den Leistungsumfang, sind nur stark eingeschränkt möglich. Der Klient kann den Service entweder annehmen oder ablehnen. Dies bedeutet für das Beratungsunternehmen, daß es sein Angebot, d.h. die Auswahl der Themenbereiche, die mit Hilfe des E-Consulting bearbeitet werden sollen, sehr sorgfältig gestalten muß. Markt und Bedürfnisse der (zukünftigen) Klienten müssen gedanklich vorweggenommen werden. Eine Korrektur ist, nachdem die Beratungsleistung auf dem Server implementiert ist, sowohl technisch, als auch aus Imagegründen nicht mehr ohne weiteres möglich. Der Kunde muß bereits zuvor vom Beratungs-Unternehmen und seinem Service überzeugt sein und wird sich dann schnell entscheiden.[64]

Juristisch gesehen stellt das Angebot der Unternehmensberatung inklusive des Projektplans eine Willenserklärung dar, die im Rahmen eines Vertrages vom Klienten angenommen werden kann.[65] Es sind also zwei übereinstimmende Willenserklärungen (Angebot und Annahme) notwendig, damit ein Vertrag zustande kommt.[66] Für die Rechtsverbindlichkeit des Vertrages ist es notwendig, daß die Willenserklärung einer bestimmten Person direkt zuzurechnen und im

---

[64] Zur Marketingfunktion des „klassischen" Proposals vgl. Shenson/Nicholas/Franklin (1997), S. 162ff.
[65] Überblick über die Gesamtproblematik, vgl. Gesmann-Nuissl (1999), S. 67ff.
[66] Vgl. Strömer/Roßenhövel (1999), S. 189.

Streitfalle auch nachweisbar ist.[67] Im Internet werden Willenserklärungen durch Betätigung einer Maus- oder Tastaturtaste abgegeben, damit wird unmittelbar klar, daß eine direkte Zuordnung zu einer bestimmten Person nicht ohne weiteres möglich ist. Problematisch erscheint auch, daß Ländergrenzen mit ihren unterschiedlichen Rechtssystemen überschritten werden können. Staatengemeinschaften wie die EU versuchen, rechtsverbindliche Regelungen aufzustellen, die die Rechtsunsicherheit beseitigen. Als problematisch stellt sich dabei insbesondere die Durchbrechung der Gesetzgebungs- und Rechtsprechungshoheit der einzelnen Staaten heraus. Gleichwohl herrscht weitgehende Übereinstimmung, daß aufgrund der Internationalität des Internets ein einheitlicher Rechtsrahmen geschaffen werden muß. Zudem gibt es nationale Initiativen, wie bspw. das „Informations- und Kommunikationsdienste-Gesetz" in der Bundesrepublik Deutschland. Die meisten Anbieter versuchen heute den „rechtsfreien" Raum durch Allgemeine Geschäftsbedingungen (AGB) zu füllen, ihre Rechtmäßigkeit ist allerdings umstritten.[68] Auf eine weitergehende Diskussion der rechtlichen Aspekte des E-Consulting soll im Rahmen dieser Arbeit, insbesondere im Hinblick auf die schwebenden Gesetzgebungsinitiativen, verzichtet werden. Vielmehr sollen drei aus Sicht des Autors wichtige Merkmale benannt werden, die bei einer Umsetzung beachtet werden sollten:

- *Datenschutz:* Die Datensicherheit und der Schutz der Klientendaten im Internet müssen gewährleistet sein .
- *Vertragssicherheit:* Der Vertragsabschluß zwischen dem Beratungsunternehmen und dem Klienten muß eindeutig und klar sein. Rechte und Pflichten der Vertragspartner müssen bewußt gestaltet werden und dürfen nicht in AGB „versteckt" sein.
- *Preistransparenz:* Die Preisgestaltung muß für den Kunden transparent und nachvollziehbar sein.

Insbesondere beim Merkmal Datenschutz sind jedoch Zweifel angebracht, da aktuelle Beispiele aus den USA belegen, daß Kundendaten und -profile frei zugänglich bzw. zwischen Händlern getauscht werden. Ist der Klient von der Leistungsfähigkeit des Consulting-Unternehmens überzeugt und deckt, nach seiner Meinung, das Leistungsspektrum das Problem seines Unternehmens ab, kann die Vorbereitung der eigentlichen Analysephase erfolgen. Als erstes muß ein rechtsverbindlicher Vertrag zwischen dem Beratungsunternehmen und dem Klienten geschlossen werden. Dieser muß im wesentlichen zwei Bestandteile enthalten:

---

[67] Vgl. Strömer/Roßenhövel, S. 189f. und 192f.
[68] Vgl. Krause (1998), S. 114.

1. Das Beratungsunternehmen verpflichtet sich zur Geheimhaltung aller ihm übermittelten Daten.

2. Der Klient verpflichtet sich, die Beratungsleistung nur für sein Unternehmen in Anspruch zu nehmen und erteilt gleichzeitig die Erlaubnis, daß die Auswertung und die Lösungskonzeption in anonymisierter Form in der Wissensdatenbank des Beratungsunternehmens gespeichert wird.

Der zweite Punkt erscheint - oberflächlich gesehen - als Verstoß gegen das Vertrauensverhältnis zwischen Berater und Klient, stellt jedoch keine wesentliche Abweichung gegenüber der heute allgemein akzeptierten Praxis dar. Das Wissen, das Berater bei Kunden sammeln, wird bei ähnlich gelagerten Problemen erneut eingesetzt. Dieses Wissen, der Erfahrungsschatz der Berater, ist das Kapital jeder Beratungsgesellschaft und wird schon jetzt in Datenbanken (Knowledge- und Skill-Systeme) gespeichert. Der abzuschließende Vertrag muß noch schriftlich fixiert werden, da bei der elektronischen Signatur derzeit noch eine erhebliche Rechtsunsicherheit besteht. Nach Abschluß des Vertrages erhält der Klient eine Legitimation und ein Paßwort. Für ihn wird auf dem Server ein eigener Arbeitsbereich eingerichtet. In diesem Bereich befindet sich der Teil der Datenbank, der die klientenspezifischen Angaben enthält, den Projektplan und eventuelle Auswertungen. Der Klient kann sich mit seiner Legitimation jederzeit über den aktuellen Status informieren. Gleichzeitig erhält er einen Berater als Ansprechpartner, den er bei fachlichen Problemen erreichen kann und die Nummer eines Call Centers, das ihm bei allgemeinen technischen und verständnisbezogenen Problemen hilft. Außerdem sind die technischen Voraussetzungen des Kunden zu überprüfen. Wichtigste Voraussetzung ist ein Internetanschluß mit einer hohen Übertragungsgeschwindigkeit, um auch größere Bilddateien oder Dokumente übertragen zu können. Auf der anderen Seite müssen die Datenbankserver des Beratungsunternehmens ebenfalls genügend leistungsstark sein, um die Antworten der Klienten schnell auswerten zu können.

4.3.3 Zusammenfassende Bewertung

Bei der Umsetzung des eigentlichen Beratungsprozesses sind zwei Varianten zu berücksichtigen: Die Zusammenfassende Bewertung Umsetzung von Einzelservices und der Identifikationsfragebogen, der es erlaubt die entsprechenden Einzelservices auszuwählen. Eine sorgfältige Auswahl nach vorheriger Marktanalyse und eine ansprechende Präsentation sind notwendig, damit das elektronische Beratungsportfolio von den Klienten angenommen wird. Evaluierungsverfahren bei der Auswahl von Einzelservices und ein strukturierter elektronischer Projektüberblick sorgen für Transparenz und schaffen Klientenzufriedenheit. Derzeit erscheint ein elektronischer Abschluß von Verträgen aus rechtlicher Sicht noch mit Unwägbarkeiten verbunden. Das E-Business wird aber in relativ kurzer Zeit auch Eingang in die Gesetzgebung und Rechtsprechung finden. Es gilt nun den eigentlichen Beratungsprozeß nach den gemachten Vorgaben umzusetzen. Wie dies aus theoretischer Sicht gelingen kann, zeigen die folgenden Abschnitte.

4.4 Auftragsdurchführung: Ist-Analyse

4.4.1 Ziele, Bedeutung, theoretische Grundlegung

Daß die Problem-Analyse durch den Klienten selbst durchgeführt werden soll, stellt einen wesentlichen Bestandteil des E-Consulting-Ansatzes dar. Dabei muß es gelingen, dem Klienten durch gezielte Fragestellungen eine Analyse zu ermöglichen, die aufbauend auf einer objektiven Selbsteinschätzung die Entwicklung eines professionellen Lösungsansatzes ermöglicht. Die Bedeutung der Selbstanalyse ist damit klar vorgegeben. Die Bewertung des Ist-Zustandes ist eine wesentliche und erfolgskritische Komponente des internetbasierten Beratungsprozesses und stellt eine wesentliche Erweiterung des bisher umgesetzten Online-Services dar.[69] Bevor auf das Grundkonzept des Fragennetzwerkes und seine Ausgestaltung mit Hilfe des Internets und weiterer elektronischer Medien eingegangen wird, sollen einige grundlegende Konzepte über Problemlösungs- und Entscheidungsmethoden dargestellt werden.

Bei der Entwicklung des Fragennetzwerkes muß der menschliche Denkprozeß, d.h. wie Informationen verarbeitet und wodurch Reaktionen beeinflußt werden, berücksichtigt werden. Dazu ist ein tiefergehendes Verständnis von gruppendynamischen Prozessen und der Einflußnahme von Einzelpersonen auf Gruppenentscheidungen unabdingbar. Insbesondere die unbewußten Bestandteile wie Gefühle, Emotionen und Motivation sind entscheidend für das Ergebnis des Analyseprozesses. Problemlösungen und die damit verbundenen Denkvorgänge bilden aus kognitivistischer Sicht eine Vorwegnahme und Steuerung problemlösenden Handelns.[70]

Betrachtet man die Aufgabenstellung des E-Consulting bei der Analyse des Ist-Zustandes, so lassen sich zwei Ansätze der betriebswirtschaftlichen Entschei-

---

[69] Vgl. Hünerberg/Mann (1999), S. 318ff.
[70] Vgl. Schönpflug/Schönpflug (1997), S. 261f.

dungslehre anwenden: Der sozialwissenschaftlich-empirische und der systemtheoretisch-kybernetische (vgl. Abbildung 13).

Ansatz / Charakterisierung	Sozialwissenschaftlich-empirisch	Systemtheoretisch-kybernetisch
Prämissen	Offenes Modell: Informationen über die Wirklichkeit müssen noch beschafft werden	Offenes Modell: Informationen über die Wirklichkeit müssen noch beschafft werden
Zentrale Frage	Wie entwickelt und verwendet ein Individuum/ eine Gruppe ein Modell?	Wie ist in sehr komplexen Problemsituationen vorzugehen?
Grundvorstellung	Problemlösung als geistiger Erhellungs- und Strukturierungsprozeß	Interpretation der Wirklichkeit als vermaschtes kybernetisches System und des Problemlösungsprozesses als Prozeß der Informations-Gewinnung und -Zerstörung
Beispiele von spezifischen Methoden	Kreativitäts-Techniken; Konferenzleitung	Systems Engineering

Abbildung 13: Ausgewählte betriebswirtschaftliche Entscheidungslehren[71]

Beide Modelle gehen von einer beim E-Consulting charakteristischen Situation aus. Die Prämisse, daß Informationen über die Wirklichkeit zwar verfügbar sind, aber beschafft werden müssen, trifft insbesondere auf die Phase der Ist-Analyse zu. Während der sozialwissenschaftlich-empirische Ansatz sich im wesentlichen mit dem Individual- bzw. Gruppenverhalten zur Problemlösung beschäftigt, entwickelt der systemtheoretisch-kybernetische Ansatz Lösungsmöglichkeiten als vernetztes Modell. Eine typische betriebswirtschaftliche Problemstellung ist i.d.R. ein komplexes, schlecht strukturiertes Problem, zu dessen Lösung nicht alle benötigten Informationen zur Verfügung stehen. Um einen E-Consulting-Ansatz wirkungsvoll durchführen zu können, wird jedoch die Annahme getroffen, daß ein Großteil der Probleme grundsätzlich repetitiv ist und sie sich nur in einigen Einzelheiten (innovativen Bestandteilen) unterscheiden. Das Modell des homo oeconomicus, von dem viele betriebswirtschaftliche Entscheidungsmodelle ausgehen, greift dabei zu kurz, da sich Handlungsweise und Motive der Beteiligten nicht auf dessen einfache Prämissen einschränken lassen. Die Verarbeitung und Lösung von komplexen Problemstellungen der Unternehmenspraxis durch die Zerlegung in (hierarchische) Teilprobleme schafft Abhilfe.[72] Ein kom-

---

[71] Vgl. Brauchlin/Heene(1995), S. 25 (abgeleitet aus Abb. 1).
[72] Vgl. Brauchlin/Heene (1995), S. 41f.

plexes Fragennetzwerk, wie es bei einem E-Consulting-Ansatz aufgebaut werden soll, muß die menschliche Denkweise nicht nur berücksichtigen, sondern auch das bestmögliche Ergebnis fördern. Es empfiehlt sich also eine hierarchische Aufteilung des Gesamtproblems, die es den bearbeitenden Mitarbeitern des Klienten erlaubt, auch komplexe Problemstellungen zu analysieren und zu ersten Teillösungsschritten zu kommen.

Für das E-Consulting-Fragennetzwerk wird deshalb die *einengende Problemzerlegung* gewählt. Sie dient der Lösung von komplexen Problemen und bedient sich hauptsächlich der folgenden Grundprinzipien:

1. Es wird bewußt zwischen verschiedenen Ebenen der Komplexität unterschieden.
2. Auf jeder Hierarchieebene werden Information gesammelt, ausgewertet (insbesondere verschiedene Alternativen) und dann wird durch Teilentscheidung zugunsten einer oder sehr weniger Alternativen das Entscheidungsfeld zunehmend vereinfacht.

Zudem erfolgt eine Unterteilung des Problems nach Sachaspekten. Diese wird allerdings nicht durch eine Zerlegung des Gesamtproblems in sachorientierte Teilkomplexe erreicht, sondern durch den Einsatz von Fach-Experten im Kliententeam. Suboptimierung des Gesamtproblems durch Optimierung von Teilproblemen wird durch die Wahl des Teamansatzes von vorneherein vermieden. Ein weiterer Vorteil des Teamansatzes liegt sowohl in der *sachlich-zweckrationalen* Komponente, mit der Wissen ergänzt werden kann, um dadurch bessere Ergebnisse zu erzielen, als auch in der *sozial-wertrationalen* Komponente, die die Einbindung von möglichst vielen Personen in den Entscheidungsprozeß fördert.[73] Die Auswahl der Personen, die für die Akzeptanz der Lösung und die Umsetzung als Multiplikatoren und Entscheidungspromotoren erfolgskritisch sind, zählt mit zu den wichtigsten Aufgaben während der Analysephase. Das Team, das eine formell zusammengestellte Gruppe bildet, muß folgende Voraussetzungen erfüllen, um die an sie gestellte Aufgabe effizient und bestmöglich erfüllen zu können:[74]

1. Unabhängigkeitsbedingung: Die Mitglieder des Kernteams sind voneinander unabhängig.
2. Mitteilungsbedingung: Der Wille zur Preisgabe des Einzelwissens muß gegeben sein bzw. geweckt werden.

---

[73] Vgl. Brauchlin/Heene (1995), S. 84f.
[74] Vgl. Brauchlin/Heene (1995) (erweitert), S. 97.

3. Akzeptanzbedingung: Die Akzeptanz von Lösungsbeiträgen anderer Mitglieder muß vorhanden sein.
4. Pooleffekt: Die Mitglieder und ihre Lösungsbeiträge ergänzen sich.
5. Individualeffekt: Individuelle Einzellösungen zur Vorbereitung der Gesamtlösung müssen von den Einzelpersonen entwickelt werden.
6. Wandelbedingung: Mitglieder müssen bereit sein, den Wandel zu unterstützen.

Eine der wichtigsten Voraussetzungen für die Teambildung ist das gemeinsame Ziel, beim E-Consulting also das Erkennen des Problems und der Wille, entsprechende Veränderungen zu bewirken. Damit diese Voraussetzung bei dem vom Klienten zusammengestellten Team erfüllt wird, empfiehlt es sich, einen (unabhängigen) Moderator einzusetzen, der den Prozeß steuert und Konfliktmanagement betreibt, zumal konstruktive Konflikte zur Optimierung der Ergebnisse beitragen. Zusammenfassend läßt sich also feststellen, daß der Entscheidungsprozeß rational, nicht von persönlichen Motiven beeinflußt, effektiv und effizient sein muß.[75]

Die Moderation des gruppengesteuerten Entscheidungsprozesses gehört damit zu den wichtigsten Aufgaben während der Problemidentifikation; sie ist Voraussetzung für die Erreichung der vorgenannten Ziele. Ob und in welchem Umfang dieser Prozeß durch den Computer übernommen werden kann, soll das folgende Szenario einer Problem-Analyse mit einer möglichen E-Consulting-Lösung zeigen.

4.4.2 Konzept zur praktischen Umsetzung

Vor Beginn der eigentlichen Analyse müssen in einem allgemeinen Fragebogen die wichtigsten Grunddaten des Klienten festgehalten werden. Name, Größe, Branche sowie Bilanzen sollten dabei in Standardformulare eingegeben werden. Die sich daraus ergebenden Bilanzkennzahlen lassen dann bereits erste mögliche Vergleiche mit Unternehmen derselben Branche zu. Der Fragenbogen sollte bereits in dieser frühen Phase auf einzelne Branchen zugeschnitten sein, um widersprüchliche bzw. überflüssige Fragen zu vermeiden. In einer weiteren Verfeinerungsstufe, wenn das Beratungsunternehmen die ersten Beratungsaufträge analysiert hat, sollte eine weitergehende Optimierung durch noch genauere Verfeinerung des einleitenden Fragebogens erfolgen, der dann auch branchenspezifische Besonderheiten erfassen kann. Als Beispiel kann die

---

[75] Vgl. Brauchlin/Heene (1995), S. 117.

Automobilzuliefererbranche genannt werden, die sich in Lieferanten elektronischer Komponenten, Lieferanten von Kunststoffteilen usw. differenzieren läßt.

Anschließend wird der Klient auf die Durchführung der Analyse vorbereitet. Diese unterscheidet sich je nach Ausgangsszenario: Sie beinhaltet eine (Direktauswahl) oder zwei (Gesamtanalyse) Stufen und sollte in Verbindung mit einem Fragennetzwerk dem Klienten erläutert werden. Das Fragennetzwerk wird, wie zuvor beschrieben, eine hierarchische Aufteilung der Problemstellung vornehmen. Eine Einführungsveranstaltung sollte dem Kliententeam Zielsetzung und Vorgehensweise darlegen und es mit der Technik vertraut machen. Denkbar für dieses eintägige Seminar wäre z.B. eine Videokonferenz oder sogar eine Übertragung über das Internet. Allerdings ist auch eine Präsenzveranstaltung des betreuenden Beraters denkbar, die dem Klienten und seinen Mitarbeitern das Gefühl gibt, in der Analysephase nicht allein zu sein und den persönlichen Kontakt herstellt. Es gilt dabei, ein partnerschaftliches Miteinander zu entwickeln und dieses über den Projektverlauf zu pflegen. Zudem kann der Berater einen ersten Eindruck von dem Unternehmen über die Fakten hinaus gewinnen und eine erste Einschätzung der handelnden Personen und ihrer Motive vornehmen.

Betrachtet man nun die einzelnen Ausgangssituationen, so entspricht die einstufige Analyse dem zweiten Teil der zweistufigen Analyse, da letzere lediglich die Vorschaltung eines weiteren Fragenbogens zur Problemidentifikation beinhaltet, um dann nach Extrahierung der eigentlichen Problemfelder diese in der zweiten Stufe nochmals genauer zu analysieren. Im folgenden wird die Analyse auf Basis von Ausgangssituation 2, d.h. der Klient kennt nicht die Ursache seines Problems, dargestellt. Auf die wichtigsten Unterscheidungsmerkmale zu der einfacheren Ausgangssituation 1 wird danach eingegangen.
Berücksichtigt man den Anspruch einer Gesamtunternehmensanalyse und setzt man die hierarchische Gliederung des Gesamtproblems beispielhaft für Produktionsunternehmen um, wird das Grundmodell eines hierarchischen Fragebogens folgenden Aufbau haben (vgl. Abbildung 14).

53

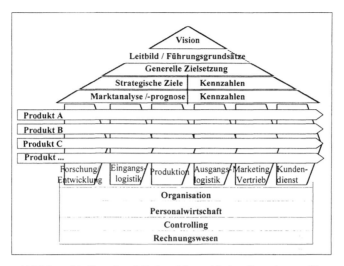

Abbildung 14: Grundmodell eines hierarchischen Fragebogens für
Produktionsunternehmen

Die Betonung der Zuordnung des Fragebogens zu einer Branche macht bereits
klar, daß bedingt durch die Individualität der Wertschöpfungsketten bei der
Befragung unterschiedliche Fragebögen verwendet werden müssen. Im
Dienstleistungssektor bspw. wird der eigentliche Prozeß der Produktherstellung
bzw. "Serviceherstellung" dann durch andere Aktivitäten bestimmt, der
Beschaffungsprozeß spielt nur eine untergeordnete Rolle und der Prozeß der
Produktion entfällt ganz.

Die theoretische Entwicklung eines Fragebogens bedeutet, daß in der *ersten*
Phase die grundsätzliche Ausrichtung der Unternehmen analysiert wird. Dabei
geht es darum, die Konsistenz von Vision, Führungsgrundsätzen und
strategischer Zielsetzung zu überprüfen (Dach der Pyramide). Bei
Ausgangssituation 2 folgt dann der Vergleich der internen Bereiche mit der
Marktanalyse. Zielsetzung ist es dabei, herauszufinden, ob die interne
Ausrichtung und die ermittelten Maßzahlen mit der Entwicklung des Marktes
übereinstimmen. Weiterhin ist die Evaluierung der Markteinschätzung des
Klienten notwendig. Die Darstellung von Trends und der Vergleich von Eigen-
und Fremdeinschätzung des Unternehmens können interessante Ergebnisse (mit
teilweise erheblichen Abweichungen) aufzeigen. Dieser erste Schritt der
Analysephase sollte sowohl im Rahmen einer Direktauswahl von
Beratungsleistungen (Situation 1) als auch im Rahmen der Generalanalyse

(Situation 2) erfolgen. Während bei der Ausgangssituation 1 die Ergebnisse des ersten Schrittes hauptsächlich dazu dienen, die Lösungskonzeption "Vision und Strategie" anzupassen und nach der ersten Phase der generellen Analyse direkt zu dem gewählten Problemfeld "gesprungen" wird, dient die Vision- und Strategie-Evaluierung bei Ausgangssituation 2 als Basis für die Analyse der weiteren Unternehmensbereiche.

In der *zweiten Phase* werden dann, in getrennten Arbeitsgruppen, parallel die einzelnen Produktprozesse über die Funktionsbereiche hinweg mit Hilfe des dynamischen Fragenetzwerkes analysiert. Eine auf diese Bereiche angepaßte Analyse wird bei den unterstützenden Prozessen vorgenommen. Die jeweiligen Experten sollen Stärken und Schwächen der einzelnen Prozesse herausarbeiten. Gibt es z.B. ein Problem bei der Eingangslogistik unterschiedlicher Produkte, so ist diese im Einzelfall zu überprüfen und einer genaueren Analyse zu unterziehen. In diesem zweiten Phasenabschnitt werden also Funktionsbereiche/Prozesse und Unterstützungseinheiten durch gemischte Expertenteams analysiert.

In der *dritten Phase* werden die bei einer Zusammenführung der Ergebnisse von Phase 1 und 2 aufgedeckten Problemfelder und Widersprüche nochmals diskutiert und auf Plausibilität geprüft. Hierzu sollten in mehreren Kleingruppen die Ergebnisse vorgestellt werden. Danach haben die Experten erneut die Möglichkeit, die Ergebnisse zu diskutieren und eventuell weitere, detailliertere Angaben zu machen. Es wird ebenfalls die Entscheidung getroffen, mit welchen Problemkreisen fortgefahren werden soll. Sinnvollerweise werden das diejenigen sein, die das Kliententeam als besonders erfolgskritisch einschätzt. Aus Sicht des Autors ist es dabei wichtig, sich zunächst auf maximal zwei Problemkreise zu beschränken und diese einer genaueren Analyse zu unterziehen. Eine weitere Aufspaltung würde die Effektivität vermindern und die internen Kräfte zu sehr in Anspruch nehmen.

Mit der Identifikation der Problemkreise wird Ausgangsituation 2 in Ausgangssituation 1 überführt. Die Identifikation der Problemkreise ist jeweils durch den Klienten vorgenommen worden, im ersten Fall vorab ohne Hilfestellung im zweiten Fall mit Hilfestellung durch das Fragenetzwerk. Die weitere Entwicklung verläuft parallel und kann deshalb für beide Ausgangssituationen zusammengefaßt dargestellt werden.

Sind zwei Problemkreise identifiziert und ausgewählt, werden erneut Spezialistenteams gebildet, die sie genauer mit Hilfe des dynamischen Fragennetzwerkes analysieren. In dieser *vierten Phase* sollten keine neuen Teammitglieder in das Analyseteam aufgenommen werden. Eine Hinzuziehung neuer Mitglieder bringt möglicherweise zwar den Vorteil, daß das Problem aus einem neuen Blickwinkel betrachtet wird, allerdings müssen bereits geklärte Probleme erneut diskutiert werden, damit die neuen Mitglieder den Anschluß gewinnen. Diese erneute Diskussion verzehrt Kraft und schwächt die Motivation, da sie den bislang beteiligten Mitgliedern überflüssig erscheint. Die Analyseergebnisse dieser vierten Phase gelten dann als Ausgangspunkt für die Lösungsentwicklung. Zusammengefaßt ergibt sich graphisch der folgende phasengesteuerte Projektplan (vgl. Abbildung 15):

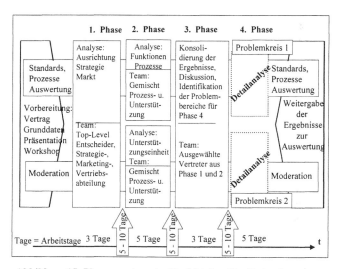

Abbildung 15: Phasengesteuerter Projektplan für die Analysephase

Zwischen den einzelnen Phasen liegen eine bis maximal zwei Wochen. Jeder der Workshops dauert maximal 3 bis 5 Tage. Diese Zeitvorgabe ist eine Sollvorgabe durch das Beratungsunternehmen. Sie ist hauptsächlich abhängig von zwei Variablen:

1. Der Beantwortung der Fragen: Da es sich beim Fragennetzwerk um eine intelligente, flexible Verkettung von Fragen handelt, variiert die Anzahl der Fragen von Klient zu Klient. Auch eingebaute Plausibilitätsprüfungen können bei Aufdeckung von Inkonsistenzen zu einem erhöhten Fragenbedarf führen, da die inkonsistenten Teile dann erneut abgefragt werden müssen.

2. Die Dauer bei der Beantwortung der Fragen: Das Fragennetzwerk, das via Internet und durch die Auswahl des betreuenden Beraters vorgegeben wird, legt für die Beantwortung jeder Frage eine Sollbearbeitungszeit fest. Diese Fragezeit richtet sich u.a. nach Komplexität und Bedeutung. Eine Überschreitung dieser Bearbeitungszeit sollte möglichst vermieden werden, um fruchtlose Diskussionen, die die Teammitglieder demotivieren, zu verhindern.

Das Team, insbesondere seine richtige Zusammensetzung, ist ein kritischer Erfolgsfaktor für die erfolgreiche Bewältigung der Aufgaben und muß von Workshop zu Workshop unterschiedlich sein. Zu Beginn ist durch die Verantwortlichen (Geschäftsführer, Vorstand), ein Kernteam – im folgenden "Strategieteam" genannt - zu benennen, das mindestens ein Mitglied aus dem obersten Führungsgremium enthalten sollte. Es hat neben dem eigentlichen Projektmanger auch unterschiedliche Rollen auszufüllen, wie bspw. Steuermann, Motor, Motivator.[76] Weitere Mitglieder könnten Vertreter der Stabsabteilungen (Strategie, Geschäftsentwicklung) sowie Produktmanager sein. Diese müssen während der ersten Phase eine kritische Analyse der Rahmenbedingungen vornehmen. Die maximale Gruppengröße sollte hier zehn Personen betragen. Die zweite Phase wird dann von zwei Expertenteams bestritten. Diese müssen aus Experten sowohl der Produktlinie (Prozeßorganisation) als auch der Unterstützungseinheiten bestehen, die wertvolle Arbeit bei der Bewertung von Funktionen und Prozessen leisten. So wird eine bessere Abstimmung erreicht und ein gemeinsames Verständnis entwickelt. Auch die gemeinsame Lösung einer bedeutenden Aufgabe wird die Motivation und Zusammenarbeit stärken und die informelle Gruppenbildung in positiver Weise beeinflussen; es entstehen Netzwerke und persönliche Beziehungen. Am Ende dieses Workshops werden die Team-Vertreter bestimmt, die in Phase 3 über die Ergebnisse diskutieren. In Phase 3 werden die Ergebnisse analysiert, dabei kommt es zu einer Gruppenentscheidung, die sowohl von den Führungsgremien als auch von den Experten getragen wird. Nach Auswahl der Problemkreise werden einzelne Experten bestimmt, die aber aufgrund der Detaillierung weitere Experten aus ihrer Abteilung hinzuziehen sollten. Um Scheuklappeneffekte zu vermeiden, sollten aber auch hier "externe" - d.h. abteilungsfremde – Spezialisten hinzugezogen werden. Ihre Ergebnisse bilden das Ende der Analysephase. Das Grundprinzip der Analyse liegt also in der interdisziplinären, aufgabenübergreifenden Erhebung und in der Interaktion der Experten, die das Unternehmen am besten kennen – den Experten vor Ort.

---

[76] Vgl. Vranken (1997), S. 219ff., insbes. Abb. 3

4.4.3 Modelle zur Unterstützung des Analyseprozesses

Nachdem Zielsetzung, Inhalt und Ablauf der Problemanalyse dargestellt wurden, bleibt abschließend die Frage offen, welche Funktionalität die Umsetzung eines derartigen Fragebogens in der Praxis haben muß, damit der Aufbau einer elektronischen Lösung für den Klienten unter dem Aspekt der Schaffung von Mehrwert sinnvoll ist. Dabei muß der Fragebogen während der Analysephase die Aufgaben des Beraters im "klassischen" Beratungsprozeß übernehmen und dazu außerdem noch Zusatzfunktionen bereithalten.

Neben der Basisfunktion der Informationsbeschaffung durch Frage-Antwort-Routinen muß eine Reihe von Zusatzfunktionen das Kliententeam bei der Umsetzung unterstützen. Dabei handelt es sich hauptsächlich um ein Kommunikationsmodell, das dem Klienten bei der Selbstanalyse die notwendigen Konzepte als Hilfestellung zur Verfügung stellt. Die Beziehungen sind in Abbildung 16 dargestellt.

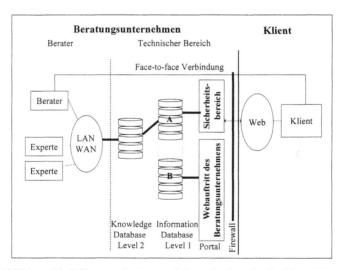

Abbildung 16: E-Kommunikationsmodell zur Analyse der Problemstellung

Der Klient kann sich nach Vertragsabschluß mit seiner persönlichen Identifikation über das Portal des Beratungsunternehmens in einen geschützten Internetbereich einloggen. Die Verbindung sollte für die Dauer der einzelnen Workshops ständig aufrecht erhalten werden. Er erlangt damit Zugriff auf die Anwendung, die den dynamischen Fragebogen enthält. Die Antworten des

Kliententeams werden online erfaßt und in die Datenbank eingespeist. Dabei nimmt das System einfache Plausibilitätsprüfungen vor. Das Kliententeam bearbeitet die in ihre hierarchischen Bestandteile aufgeteilten Fragekomplexe. Der Berater prüft fortlaufend die inhaltliche Plausibilität und verschafft sich einen erweiterten Überblick der Ist-Situation des Unternehmens. Er kann durch Modifikationen, z.b. durch Hinzufügen von Fragen in das Standardmodul, dieses kundenindividuell optimieren und durch Data Mining Tools Auswertungen vornehmen.[77] Voraussetzung ist, daß der Berater in Analysesitzungen die Arbeitsergebnisse zeitnah abruft, diese auswertet und die Modifikationen vornimmt. Sollten komplexere Problemstellungen auftreten, kann jederzeit zu dem Berater eine direkte Verbindung geschaffen werden (face-to-face Verbindung). Dies kann durch e-mail, Telefon oder Videokonferenz erfolgen.

Auch in der 2. Phase des Analyseprozesses (Analyse der Funktionen und Prozesse) kommen Standardfragenmodule zum Einsatz. In dieser Phase wird der betreuende Berater je nach Komplexität weitere Beratungsexperten für die einzelnen Problemstellungen hinzuziehen, um mögliche Problemfelder rechtzeitig zu erkennen, diese durch gezielte zusätzliche Fragestellungen detaillierter zu analysieren und Stärken und Schwächen des Klienten in bezug auf diese Problemfelder herauszuarbeiten. Diese Betreuung verläuft aus Sicht des Beratungsunternehmens wie zuvor auch über eine Netzverbindung, so daß die Berater nicht ortsgebunden sind. Notwendig ist hierfür nur der Zugang zum Datenbankserver der Beratungsgesellschaft und das entsprechende Auswertungsprogramm. Alle Modifikationen sollten allerdings unter Angabe von Gründen zunächst vom betreuenden Berater genehmigt werden. Diesem bleibt die letzte Entscheidung vorbehalten, um die Konsistenz der Gesamtanalyse zu wahren. Eine derartige Bearbeitung garantiert die optimale Nutzung von Know-how innerhalb der Beratungsgesellschaft. Am Ende der zweiten Phase werden die Ergebnisse aufbereitet und mögliche Problemfelder identifiziert und bewertet.

Diese Auswertung bildet die Diskussionsgrundlage für Phase 3, eine klienteninterne Diskussion über die erste Auswertung der Ergebnisse des Fragennetzwerkes. Der betreuende Berater sollte in dieser Phase erste Vorschläge machen, welche Problemfelder in Phase 4 analysiert werden sollten. Das Kliententeam konzentriert sich in der weiteren Diskussion auf diese

---

[77] Zum Prozeß vgl. Niedereichholz (2000), S. 6ff.

Problemfelder und übermittelt die Ergebnisse und Fragestellungen online an das Beratungsunternehmen.

Der betreuende Berater kann nun die Experten für die gewählten Problemkreise identifizieren und diese mit dem bisherigen Verlauf der Analyse vertraut machen. Die Experten haben dadurch Gelegenheit, die Standardfragemodule bereits im Vorfeld an den Klienten anzupassen. Auch hier ist natürlich eine dynamische Anpassung während der Bearbeitungsphase möglich und erwünscht. Das Ergebnis von Phase 4 wird dann erneut aufbereitet und in ein erstes Lösungskonzept integriert.

Zur Unterstützung des Pflichtanalyseprozesses werden nachfolgend einige Funktionalitäten beispielhaft genannt, die in einem Lastenheft aufgenommen und bei einer Umsetzung dargestellt werden müssen. Sie können erheblich zu einer Mehrwertlösung für den Klienten beitragen.

1. Via Internet können zur Erläuterung einiger Fragen Kurzfilme eingespielt werden, die entweder die Frage erläutern oder aber Praxisbeispiele geben.
2. Eine Online-Hilfefunktion ist jederzeit möglich. Auch hier können, wie dies auch bei Enzyklopädien in die Praxis umgesetzt ist, Schlagworte und Problemstellungen durch Bild und Tonmaterial anschaulich erläutert werden.
3. Die Zeitkontrolle kann klientenorientiert durchgeführt werden. Eine Gesamtübersicht gibt einen genauen Anhaltspunkt in welchem Bereich sich das Kliententeam zur Zeit bewegt und wie die weitere Aufgabenstellung aussieht.
4. Fragemethoden und –prozesse können im Internet genauer umgesetzt werden und erlauben eine konsequente und effiziente Vorgehensweise. Es entsteht dadurch eine Situation des konzentrierten Arbeitens ohne Ablenkung.
5. Vorausschau: Durch die Festlegung der Fragen ist es möglich, benötigte Unterlagen bereits vor den einzelnen Phasen bzw. während der Phasen vorab zu beschaffen. Dies spart Zeit und gestaltet den Frageprozeß effizient.
6. Eine optisch ansprechende Gestaltung der Seiten und eine Schritt-für-Schritt-Führung zum Ziel erlaubt selbstständiges Arbeiten unter "unsichtbarer" Anleitung und Steuerung. Dies sollte jedoch nicht in einen "Gestaltungsrausch" unter Ausnutzung aller Möglichkeiten zu jeder Zeit ausarten.[78]

---

[78] Vgl. Sucharewicz (1999), S. 37f.

7. Call-me-Back-Button: Direkte Verbindung via Internet zu einem Callcenter erlaubt direkte Hilfestellung, 24 Stunden am Tag und damit die direkte Kommunikation zwischen Kunde und Service-Center.

8. Modellierungstools: Graphische Unterstützung bei z.b. der Prozeßbeschreibung dienen der Visualisierung und Komplexitätsreduktion.

4.4.4 Zusammenfassende Bewertung

Eine Umsetzung der unterschiedlichen Module des Fragebogens in ein Fragennetzwerk ist nach dem heutigen Stand der Technik nahezu ohne Probleme möglich. Lediglich die Übertragungsgeschwindigkeit setzt der Umsetzung aller Gestaltungsmöglichkeiten noch Grenzen. Bei der Realisierung der Lösung müssen die Bedürfnisse der Nutzer durch ein spezielles Informationsdesign optimal befriedigt und die einzelnen Phasen des Beratungsprozesses optimal unterstützt werden.[79] Allerdings kann nicht der gesamte Analyseprozeß in einem Fragebogen abgebildet werden. Individualisierung, Analyse und Flexibilisierung müssen nach wie vor durch menschliche Berater vorgenommen werden. Die Dynamik und Flexibilität des Fragennetzwerkes ist also abhängig vom betreuenden Berater. Auch die psycho-sozialen Aspekte bei der Lösung von Problemen im Rahmen der Entscheidungsfindung in Gruppen können im Internet nicht zufriedenstellend gelöst werden. Die Beeinflussung der Gruppe durch einzelne Gruppenmitglieder wird bei Präsenzveranstaltungen in der Regel durch die Persönlichkeit des Beraters gemindert. Dies ist im Internet nicht möglich. Eine Verfälschung der Ergebnisse ist in einem solchen Fall möglich und kann durch Plausibilitätsprüfungen auch nicht immer durch den betreuenden Berater erkannt und korrigiert werden. Dieser Problemstellung kann nur durch vorherige Schulungen entgegengewirkt werden (möglicherweise durch Fernlehrgänge via Internet), vollständig beseitigt werden kann sie dadurch nicht. Als Hauptvorteil kann neben der standardisierten und damit effizienteren Analysephase auch die optimale Nutzung des Know-hows der Beratungsgesellschaft angesehen werden. Unabhängig vom Aufenthaltsort können die besten Experten des Beratungsunternehmens den Klienten bei der Analyse unterstützen und durch dynamische Anpassungen auf klientenindividuelle Gegebenheiten flexibel reagieren. Die Verfügbarkeit und der Einsatz dieser Top-Berater bestimmt die Qualität der Anpassung und der Beratung insgesamt. In diesem Aspekt unterscheidet sich die elektronische Beratung nicht von der traditionellen.

---

[79] Vgl. Sucharewicz (1999), S. 38., insbesondere Designfragen und Zehn Goldene Regeln.

4.5 Entwicklung eines Lösungskonzeptes

4.5.1 Ziele, Bedeutung und theoretische Grundlegung

Liegen die Ergebnisse der Analysephase vor, kann mit der Entwicklung des Lösungskonzeptes begonnen werden. Dabei setzt sich die Gesamtlösung aus mehreren Komponenten zusammen, die einen Lösungsraum bilden. Die Ergebnisse der Analysephase werden dabei zunächst mittels der Datenbank des Beratungsunternehmens elektronisch ausgewertet. Als Ergebnis dieser Auswertungsphase sollten einige grundlegende standardisierte Lösungsalternativen ausgegeben werden. Denkbar sind hier frühere (anonymisierte) Klientenlösungen. Hinzu kommen eventuell vom Klienten bereits in der Analysephase unterbreitete Lösungsvorschläge. Weiterere Bestandteile des Lösungsraums werden – zumindest bei komplexen Problemen –Lösungsvorschläge von Experten des Beratungshauses sein, die von dem für das Projekt verantwortlichen Berater zur Lösung von Spezialproblemen hinzugezogen wurden. Ferner stellen die im Beratungsunternehmen angewendeten Methoden und Prozesse Bestandteile des Lösungsraumes dar.

4.5.2 Konzept zur praktischen Umsetzung

Der Lösungsraum wird unter Leitung des für das Projekt verantwortlichen Beraters analysiert und zu einem ersten „Lösungsentwurf" zusammengefaßt. Dabei wird der Berater je nach Komplexität und Größe des Entwurfs Experten des Beratungsunternehmens hinzuziehen. Die Entwicklung des ersten Lösungsentwurfs sollte dabei - ebenfalls abhängig von der Komplexität - nicht länger als zwei bis maximal drei Wochen dauern, da eine längere Wartezeit Unzufriedenheit beim Kliententeam erzeugen und es so demotivieren kann. Der erste Entwurf einer Lösungskonzeption wird dem Klienten präsentiert und erläutert und - anders als im klassischen Beratungsprozeß - mit ihm unter Nutzung der bereits in den vorherigen Phasen des Beratungsprozesses eingesetzten Teams weiterentwickelt (vgl. Abbildung 17).

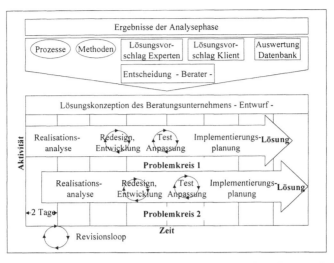

Abbildung 17: Entwicklung des Lösungsmodells und seiner Bestandteile

Der Lösungsentwurf wird im Rahmen einer Realisationsanalyse sowohl vom Kernteam der Analysephase als auch von dem betreuenden Berater unter Hinzuziehung von weiteren Experten des Beratungshauses, die schon bei der Analyse der Problemstellung die Problemkreise untersucht bzw. betreut haben, diskutiert. Dabei sollte eine Mischung aus Einzeldiskussionen, wobei Experten und Strategen getrennt arbeiten und einer gemeinsamen Diskussion zur Gesamtbewertung erfolgen. Ziel dieses Schrittes ist es, das Kliententeam einerseits mit einem innovativen „externen" Konzept zu einer Diskussion anzuregen und andererseits den häufig bei Projekten problematischen Übergang von der Konzeptphase zur Implementierung zu verbessern. Die Realisationsanalyse mit einer Fixierung von Stärken und Schwächen sollte ein bis höchstens zwei Tage dauern. In den folgenden zwei Phasen („Revisionsloop") sollen die Stärken weiter ausgebaut und die Schwächen beseitigt werden.

Die nächste Phase (Revisionsloop 1) nimmt eine Bewertung des Konzeptes vor. Eine Mischung aus Einzeldiskussionen von Experten und Strategieteams sowie gemischten Teams wird optimale Ergebnisse liefern. Der Fokus soll dabei nicht auf einer theoretischen Ebene liegen, sondern auf der praktischen Umsetzbarkeit des vorgelegten Lösungskonzeptes, wobei der Entwurf des Lösungskonzeptes bereits durch Experten der Beratungsgesellschaft auf seine generelle Umsetzbarkeit geprüft worden sein muß. Es geht also „nur" noch um Anpassungen und um die Weiterentwicklung von Teilen des Gesamtkonzeptes. Wird die Sinnhaftigkeit des Gesamtkonzeptes in Frage gestellt, so muß der Vorgang abgebrochen und eine neue Lösungskonzeption entwickelt werden. Diese Situation sollte jedoch durch eine optimale Vorbereitung durch das Beratungsunternehmen möglichst vermieden werden, da der Vertrauensverlust außerordentlich hoch und in der Regel nicht wiedergutzumachen ist. Der Prozeß der „Überarbeitung" sollte innerhalb von zwei bis drei Tagen abgeschlossen sein.

Während der erste Revisionsloop der Entwicklung und dem Redesign von einzelnen Bestandteilen des Konzeptes dient, erfolgt in dem zweiten der Test der Erweiterung mit nochmaliger Anpassung, die nur noch im Detail Verbesserungen vornimmt. Unter Test wird dabei ein Round-table-Meeting aller Beteiligten verstanden. Das überarbeitete Gesamtkonzept wird nochmals diskutiert, mögliche Probleme sollten dann bereits beseitigt oder aber gekennzeichnet sein. Ziel des zweiten Revisionsloops ist es, die Übereinstimmung des „theoretischen" Lösungskonzeptes mit einer praxisorientierten und unternehmensspezifischen Umsetzungsstrategie herzustellen. Für diese erneute Überarbeitung sind zwei Tage einzuplanen.

Im vierten und letzten Schritt entwickeln Praktiker aus dem Unternehmen gemeinsam mit Vertretern des Beraterteams einen Implementierungsplan. Die Methoden und Prozesse der Berater, ihre einschlägigen Projekterfahrungen und die praktischen Erfahrungen des Kliententeams in der Führung ihres Unternehmens garantieren einen praxisgerechten Projektplan. Die Beteiligung der "Betroffenen" während der gesamten Analyse und Konzeptphase und ihre Möglichkeit der Gestaltung und Einflußnahme läßt ein hohes Maß an Motivation und Umsetzungswillen erwarten. Aus diesem Grund sollten bei der Planung der Umsetzung nochmals verstärkt Vertreter der betroffenen Bereiche beteiligt werden. Aber auch die Unterstützung durch ranghohe Linienmanager sollte durch die Entsendung von einem bzw. mehreren Entscheidungsträgern, die mit den Experten das Implementierungsteam bilden, dem Gesamtunternehmen gegenüber offen dokumentiert werden. In Einzelfällen kann sogar die Entsendung eines Vertreters der Marketingabteilung sinnvoll sein, der das Projekt dann unternehmensintern „verkauft". Je nach Komplexität dauert die Planung der Implementierung eine bis maximal zwei Wochen.

Der Gesamtprozeß kann also an vier Meilensteinen gemessen werden:
1. Entwicklung Lösungskonzept – Entwurf –   10 bis maximal 15 Tage
2. Überarbeitung und Anpassung des Lösungskonzeptes   5 bis maximal 7 Tage

3. Zeiträume zwischen den Schritten des Lösunsgkonzeptes   3 bis maximal 6 Tage

4. Entwicklung des Implementierungsplans   5 bis maximal 10 Tage

4.5.3 Zusammenfassende Bewertung

Auch wenn der Prozeß der Lösungsentwicklung relativ einfach erscheint, können verschiedene kritische Faktoren zu seinem Scheitern beitragen. In der Regel sind Beratungsprojekte erfolgskritische Prozesse. Nicht wenige befassen sich z.B. mit Rationalisierung. Eine Verminderung des eigenen Machtbereiches oder die Entlassung von Mitarbeitern kann und wird sicherlich nicht in einer offenen Diskussion unter betroffen Managern und Mitarbeitern geregelt werden können. In diesem Bereich sind der hier vorgestellten Konzeption Grenzen gesetzt. Aufgrund der Bedeutung des Analysegegenstandes und der möglichen Auswirkungen des Lösungskonzeptes auf die einzelnen Mitarbeiter – es werden ja insbesondere diejenigen beteiligt, die betroffen sind – stellt sich das Problem in dieser Phase des Beratungsprozesses jedoch ungleich komplexer dar als in den Phasen zuvor. Die Analysephase mit einem dynamischen Fragebogen läßt das unmittelbare Analyseergebnis bis zum Schluß nicht in seinen vollständigen Auswirkungen offensichtlich werden. Bei der Diskussion der Lösungskonzeption und der konkreten Maßnahmen werden diese jedoch unmittelbar und direkt aufgedeckt. Derartige Projekte können sinnvollerweise nicht durch das Unternehmen und seine Mitarbeiter selbst durchgeführt werden. Hier sind einer elektronischen Lösung Grenzen gesetzt.

Letztlich entscheidet der Klient, in welchem Umfang seine Mitarbeiter das Lösungskonzept mitbestimmen. Es kann durchaus der Fall auftreten, daß die Initiative der Mitarbeiter in dieser Phase überhaupt nicht erwünscht ist, etwa wenn es sich um kritische (z.B. Personalabbau) oder vertrauliche (z.B. Produktneuentwicklung) Projekte handelt oder wenn bisherige Versuche dieser Art in dem Unternehmen scheiterten. Ebenso ist das Ausmaß der Einbettung solcher Projekte in die Organisation des Unternehmens abhängig von der Unternehmenskultur und dem Führungsstil. Handelt es sich um ein autoritär geführtes Unternehmen und eine ebensolche Entscheidungsbildung und –durchsetzung, so wird eine Beteiligung der Mitarbeiter nicht erwartet und ist in gewissem Sinne auch nicht erwünscht. Diskussionswürdig erscheint dabei die Frage, ob in einem solchen Fall überhaupt eine klientenorientierte Selbstanalyse im E-Consulting-Prozeß erfolgreich sein kann.

Der E-Consulting-Ansatz beschränkt sich in der Phase der Lösungsentwicklung auf reine Unterstützungsleistungen. Standardisierte Lösungskonzepte sind als „historische" Lösungen darzustellen und bei Kommunikation und Präsentation zu unterstützen. Die eigentliche kreative Gestaltungsaufgabe muß beim menschlichen Berater verbleiben und kann nicht elektronisch gelöst werden. Je größer das Standardisierungspotential einer elektronischen Leistung ist, desto größer sind auch die Chancen, daß eine „historische" Lösung, die aus der Datenbank entnommen wird, verwendet werden kann. Eine sinnvolle elektronische Unterstützung ist beispielsweise nur dann gegeben, wenn die Problemstellung durch einen 80:20-Ansatz erfolgt, d.h. 80 % Standardisierung und 20% klientenindividuelle Anpassung. Jede weitere Senkung des Standardanteils reduziert die Sinnhaftigkeit des Einsatzes eines elektronischen Problemlösers.

4.6 Realisierung und Qualitätssicherung

4.6.1 Ziele, Bedeutung und theoretische Grundlegung

Die Bedeutung der Umsetzung eines von Beratungsunternehmen erarbeiteten Konzeptes hat in den letzten Jahren einen ständig zunehmenden Stellenwert im Gesamtberatungsprozeß erfahren und ist heute nicht mehr aus dem Projektzyklus wegzudenken. Die Zeiten in denen ein Konzept erarbeitet wurde und dann der Klient mit der Umsetzung allein gelassen wurde, sind endgültig vorbei.

Das Ziel des E-Consulting muß es also sein, den Klienten bei der Umsetzung des gemeinsam erarbeiteten Konzeptes zu unterstützen und die dort entwickelten theoretischen Vorteile auch praktisch im Tagesgeschäft umzusetzen.[80] Im Rahmen der Implementierung, d.h. der Realisierung im engeren Sinne, spielt die Intensität des Einsatzes der Beratungsgesellschaft eine erhebliche Rolle. Sie wird im Rahmen der praktischen Umsetzung diskutiert. Auch für die Zeit danach gilt es die Qualität zu sichern bzw. den Standard weiter zu verbessern. Hier kann das E-Consulting neue Impulse geben.

4.6.2 Konzept zur praktischen Umsetzung

Auf die Genehmigung des Lösungskonzeptes durch die Entscheidungsträger des Klienten folgt die Realisierungsphase. Dabei sind in bezug auf die Beteiligung des Klienten drei Szenarien vorstellbar:

---

[80] Konzepte des Wandels vgl. Reiß (1997 V), S. 34ff.

1. Die Umsetzung erfolgt per „Anordnung" und wird von den Beratern durchgeführt und gesteuert.

2. Die Realisierung wird von gemischten Teams aus Beratern und betroffenen Mitarbeitern des Klienten durchgeführt, wobei den Mitarbeitern des Klienten mehr oder weniger Gestaltungsfreiheit und Selbständigkeit zugestanden werden kann.

3. Die Realisierung erfolgt durch Mitarbeiter des Klienten und wird von den Beratern beobachtet und überwacht. Ein Eingreifen der Berater erfolgt nur in Ausnahmesituationen.

Szenario 1 wird im folgenden nicht betrachtet, da es sich dabei um eine Form der „Beratung" handelt, die in der heutigen Praxis nur schwer durchzusetzen ist. Allein das Mitbestimmungsgesetz erfordert die Beteiligung des Betriebsrates. Auch ist bei Szenario 1 die Umsetzung einer elektronischen Lösung entbehrlich. Das zweite Szenario beschreibt den Implementierungsprozeß, wie er heute bei den meisten Projekten mit operativem Einfluß durchgeführt wird. Elektronische Hilfsmittel oder Tools unterstützen auch hier nur den Prozeß. Daher beschränkt sich die folgende Darstellung auf Szenario 3, das auf seine elektronische Umsetzbarkeit hin analysiert wird. Die Ergebnisse dieser Analyse zeigen dann auch Einsatzmöglichkeiten elektronischer Medien für Szenario 2 auf. Dieses geht mit zunehmender Selbständigkeit des Kliententeams in Szenario 3 über. Dies korrespondiert mit dem Ziel, den Klienten und seine Mitarbeiter soweit wie möglich zu beteiligen und darüber hinaus auch selbständig arbeiten zu lassen.

In Szenario 3 wird das zuvor entwickelte Lösungskonzept vom Klienten bzw. seinen Mitarbeitern eigenständig implementiert. Methoden und Prozesse, deren Anwendung bzw. Durchführung in einem Beratungsprojekt Aufgabe der Berater sind, müssen bei einer elektronischen Lösung im Internet abgebildet werden. Es muß ein elektronischer Leitfaden durch das Projekt führen und den Prozeß moderieren.[81] Die Hilfe der menschlichen Berater vor Ort darf nur eine absolute Notfall-Lösung darstellen, wenn unkalkulierbare Risiken auftreten.[82] Wie ein solches Projekt aufgebaut sein kann, um den Anforderungen gerecht zu werden, zeigt Abbildung 18.

---

[81] Vgl. von Rosenstil (1997 II), S. 226ff.
[82] Vgl. Reiß (1997 III), S. 112 ff.

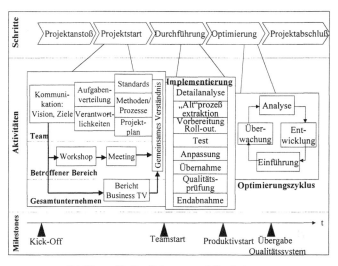

Abbildung 18: Realisierung und Optimierung

Die Durchführungsphase läßt sich dabei in fünf Schritte aufteilen (Fünf Schritte zum Ziel!). Diese Methodik erlaubt es Aktivitäten zuzuordnen, klare Verantwortlichkeiten zu schaffen und Schritt für Schritt vorzugehen. Zudem erlaubt die Definition von Milestones, wie in Abbildung 18 dargestellt, eine Projektfortschrittskontrolle und wenn nötig, eine Abweichungsanalyse und das Einleiten von Maßnahmenkorrekturen.[83]

Die Durchführungsphase beginnt mit dem *Projektanstoß*. In diesem Schritt wird durch den betreuenden Berater der Realisierungsprozeß mit den entscheidenden Gremien abgestimmt und ein Startdatum festgelegt. Es erfolgt ebenfalls die Teambildung für die Realisierung. Das Kernteam, das das Lösungskonzept entwickelt hat, sollte die Basis für das Realisierungsteam bilden. Allerdings benötigt dieses wegen der notwendigen praktischen Ausrichtung andere Fähigkeiten und Eigenschaften als das Analyse- und Entwicklungsteam mit seiner theoretisch-praktischen Ausrichtung. Es sei aber ausdrücklich vor einer kompletten Neubesetzung des Teams gewarnt. Dies würde aufgrund des mangelnden Verständnisses für den Lösungsprozeß den Projekterfolg ernsthaft gefährden. Ebenso muß die Auswahl der verantwortlichen Projekt- und Teilprojektleiter sehr sorgfältig erfolgen. Wie in den Phasen zuvor, stellt die Besetzung und Zusammenstellung des Teams einen kritischen Erfolgsfaktor dar. Die Möglichkeit der

---

[83] Zu Maßnahmenkorrekturen vgl. Niedereichholz (1997 II), S. 337 insbesondere Abb. 213.

Unterstützung durch eine elektronische Lösung während dieser Phase ist relativ gering. Es ist menschliche Interaktion notwendig, die nur von dem betreuenden Berater, seinem Team bzw. dem Kliententeam ausgeübt werden kann.

Wenn das Team zusammengestellt und der Startzeitpunkt festgelegt ist, werden die „übrigen" Mitarbeiter mittels einer offenen und gradlinigen Kommunikation auf allen Ebenen in das Geschehen einbezogen.[84] Der Schritt des *Projektstartes* ist also hauptsächlich eine Frage der Kommunikation und der Teambildung beim Projektteam. Die Aktivitäten zur Einbindung der Mitarbeiter orientieren sich dabei am „Beteiligungsgrad". Eine intensivere Kommunikation und Betreuung muß bei betroffenen Mitarbeitern erfolgen, während die übrigen nur über das Projekt selbst und über seinen Fortgang informiert werden. Zu diesem Zweck ist ein Kommunikationsplan aufzustellen, der vom Kernteam interaktiv, computerunterstützt durchgeführt werden kann. Das Kernteam teilt dabei die Mitarbeiter des Unternehmens in drei Gruppen ein (vgl. Abbildung 18), die einen unterschiedlichen Informationsstatus erhalten. Das Kernteam, das direkt am Projekt arbeitet, ist durch regelmäßige Jour-fix-Meetings, bspw. wöchentlich, über seinen eigentlichen Arbeitsbereich hinaus über das Gesamtprojekt und seinen Verlauf zu unterrichten (Kommunikationsstufe A). Der betroffene Bereich, der durch Umgestaltung verändert wird, ist durch Workshops und regelmäßige Meetings ebenfalls auf dem Laufenden zu halten. Der Fokus liegt dabei allerdings nicht auf der eigentlichen Realisierung, sondern auf der Vermittlung eines Verständnisses für das Gesamtprojekt und die aktuellen Aktivitäten (Kommunikationsstufe B). Die übrigen nur indirekt betroffenen Mitarbeiter werden zwar über den Verlauf des Projektes informiert, tiefergehende Details werden allerdings nicht mitgeteilt (Kommunikationsstufe C). Neben diesen rein inhaltlichen Themenbereichen gilt es auch persönliche Einstellungen, Strukturen und Kulturen als weitere Felder des Change-Managements zu beeinflussen.[85] Allen Einzelmaßnahmen ist eine allgemeine übergreifende Darstellung des Projektes vorangestellt, die Teamgeist und Einigkeit bewirken soll und mit den zusätzlich in regelmäßigen Abständen stattfindenden Veranstaltungen ein gemeinsames Verständnis bei allen Mitarbeitern entwickelt. Diese zunächst recht einfache Zuordnung wird durch assoziierte Mitglieder zu den einzelnen Stufen erschwert. So werden z.B. Mitglieder der Geschäftsleitung aufgrund ihres unterschiedlichen Informationsbedarfes unterschiedliche Kommunikationsanforderungen haben. Diese sollten bei der Aufstellung des Planes genau berücksichtigt werden, da

---

[84] Zum Spannungsfeld der Kommunikationspolitik vgl. Reiß (1997 IV), S. 124 ff., insbes. Abb. 1.
[85] Vgl. Jarmai (1997), S. 172ff., insbes. Abb. 3.

wichtige Funktionsträger im Unternehmen als Multiplikator dienen und einen wesentlichen Beitrag bei positiver Grundeinstellung zur Erreichung der Projektziele leisten können. Der Projektplan bildet dann die Grundlage für die einzelnen Maßnahmen, die von einem Mitarbeiter des Realisierungsteams koordiniert werden sollen. So ist es z.b. sehr leicht möglich, durch einen regelmäßigen Newsletter via unternehmensinternem Mailsystem den Bedarf der Kommunikationsstufe C zu decken. Bei den anderen Stufen muß diese Kommunikation allerdings durch regelmäßige Meetings ergänzt werden, um neben dem Informationsbedarf auch den persönlichen Bezug zu dem Projekt herzustellen. Wichtig ist die Beibehaltung der Kommunikation über das gesamte Projekt hinweg bis zum offiziellen Abschluß, der ebenfalls kommuniziert werden muß. Eine Kommunikationsstrategie, die viel verspricht und dann nach einigen wenigen Tagen nicht mehr beachtet wird, kann einem Projekt schweren Schaden zufügen. Dies liegt insbesondere an der speziellen Realisierungsmethodik, die sehr stark vom Klienten abhängig ist. Die Strategie, daß jeder Mitarbeiter einzeln für den Wandel gewonnen werden muß, ist Grundlage jedes Projekts und wichtigster Erfolgsfaktor über das einzelne Projekt hinaus.[86] Im Rahmen des E-Consulting können alle Kommunikationsmaßnahmen in einem Modul koordiniert werden.[87] Zeitplan, Einordnung der Mitarbeiter in Gruppen und Entwicklung der Informationen mit Hilfe vordefinierter Formulare erlauben eine effiziente und zielgerichtete Abwicklung der Kommunikation. Auch die Einbindung von Graphiken und automatisch ablaufenden Präsentationen, die über das Mailsystem verschickt werden können, lassen beim Projektstart erhebliche positive Effekte einer elektronischen Lösung erkennen.

Die Entwicklung eines Change spirits ist die größte Herausforderung in einem derartigen Prozeß. Das Unternehmen aus seiner Lethargie herauszureißen und eine positive Grundstimmung zu verbreiten („Aufbruch zu neuen Ufern") ist eine absolute Notwendigkeit und Voraussetzung für die Realisierung. Dabei kann es notwendig sein, all das zu ändern was das Unternehmen einst groß und erfolgreich gemacht hat.[88] Diese vollkommene Abwendung vom Althergebrachten, dieses „changing the mind of the corporation" kann ein sehr schmerzhafter und schwieriger Prozeß werden. Dieser ist ebenso mit hohen Risiken verbunden, da viele Veränderungsprojekte scheitern. Jeder Mitarbeiter müßte jedoch im Prinzip den Wandel unterstützen und wenn dies „nur" durch eine positive Grundeinstellung erfolgt, wobei er dabei natürlich seine Ziele verfolgt und mit

---

[86] Zur Bedeutung des einzelnen Mitarbeiters vgl. Duck (1998), S. 56.
[87] Zum Spektrum der Kommunikationsinstrumente vgl. Reiß (1997 II) S. 99, insbes. Abb. 3.
[88] Vgl. Martin (1993), S. 114f.

dem Unternehmen eine persönliche Vereinbarung eingeht. Wie seine Arbeit bewertet wird (heute und in Zukunft), ob es die Entlohnung wert ist, dafür zu arbeiten und wie der Vergleich zu anderen aussieht, sind nur ein Teil der Fragen die sich die Mitarbeiter stellen.[89] Diese Fragen müssen allezeit durch eine offene Kommunikation beantwortet werden. Dabei wird es aber sicherlich nicht möglich sein, alle Mitarbeiter positiv zu stimmen und im Unternehmen zu halten. Bei einer negativen Stimmung werden zunächst die am besten eingeschätzten Mitarbeiter das Unternehmen verlassen. Eine positive Stimmung und Entwicklung sollte neue Perspektiven für die Mitarbeiter schaffen und aktiv „ihr" Unternehmen umgestalten lassen.

Die Projekt*durchführung* – die eigentliche Implementierung – beginnt mit einer nochmaligen Detailanalyse. Dabei werden die Prämissen des Lösungskonzepts wiederum in ihre Bestandteile zerlegt und überprüft. Dies sollte allerdings in einem möglichst intensiven, kurzen Prozeß erfolgen, um die Analyse nicht unnötig auszudehnen. Der „Alt"-Prozeß ist zu extrahieren und für die Migration auf das neue Konzept vorzubereiten. Nach einer Vorbereitungsphase und dem Roll-out des „Neuprozesses" wird dieser getestet und eventuell nochmals in Details angepaßt. Daraufhin erfolgt die Übernahme in den Betrieb, der eine erneute Qualitätsüberprüfung im Rahmen des Produktivbetriebes folgt. Abschließend erfolgt die Endabnahme.

Wird dieser Prozeß von einem Kliententeam durchgeführt, kann das E-Consulting bei diesem Schritt nur insofern unterstützend wirken, als es geeignete elektronische Hilfsmittel zur Verfügung stellt. Diese sind nachfolgend kurz dargestellt:

1. Detailanalyse: Prozeßanalysetools, Visualiserungstools
2. „Alt"prozeßextraktion: Elektronischer Vergleich Implementierungskonzept – „Alt"Prozeß
3. Vorbereitung Roll-out: Projektplan im Internet
4. Test: Testszenarien, bei Computersystem automatische Testabläufe
5. Anpassung: Dokumentenmanagement (Historie der Entwicklung)
6. Übernahme: Je nach Projekt: Bspw. elektronische Verlagerung der Prozesse
7. Qualitätsprüfung: Falls möglich: Elektronischer Test, Messung der Verfügbarkeit

---

[89] Vgl. Strebel (1996), S. 142ff.

8. Endabnahme: Übergabe Dokumentation und Test- und Eskalationsverfahren

Elektronisches Consulting liefert bei diesem Schritt also lediglich eine Hilfestellung im Rahmen von administrativen und koordinierenden Tools.

Im Rahmen des *Optimierungsschrittes* erfolgt die Implementierung eines Systems, das auf der einen Seite eine fortschreitende Optimierung und auf der anderen Seite eine ständige Kontrolle des Gesamtprozesses erlaubt. Der Zyklus Analyse, Entwicklung, Einführung und Überwachung stellt einen wesentlichen Teil des Realisationsmodells dar, wobei die Einführung eine Überwachung des Prozesses sowie Bewertung und Vergleich mit anderen gleichartigen Prozessen ermöglicht.

Dazu sind zunächst in einer Analyse die geeigneten Parameter zu finden, die es erlauben, die Effizienz des Prozesses zu beurteilen. Dabei wird auf den bisherigen Analysen in der Problemstellungsphase, bei der Entwicklung des Lösungskonzeptes und bei der Realisierung aufgebaut. Diese Analyse kann in der Regel nur durch erfahrene Mitarbeiter oder durch einen Berater erfolgen, eine elektronische Unterstützung kann es nur geben, wenn Beispiele aus früheren Projekten analysiert und die dort entwickelten und zur Messung genutzten Parameter auf das aktuelle Modell übertragbar sind. Vor einer unkritischen Übernahme dieser Parameter sei jedoch gewarnt.

Als nächste Phase erfolgt die Entwicklung eines Meßmodells und einer Überwachungssystematik, was von dem betreuenden Berater durchgeführt werden muß, um ein optimales Ergebnis zu erzielen.[90] Nur seine Erfahrung und sein Methodenwissen erlauben eine effiziente praxisnahe Entwicklung, die selbstverständlich im Team mit dem Klienten erfolgen sollte. Sein Einsatz an diesem kritischen Punkt hat auch eine Politikfunktion zur Durchsetzung normalerweise ungeliebter „Überwachungsroutinen".[91] Am Ende der Entwicklungsphase sollte ein Testszenario stehen, das die Wirksamkeit der ausgewählten Parameter überprüft. Auch die entwickelten Eskalationsszenarien – die Reaktionen auf Parameterabweichungen festlegen – müssen gezielt getestet werden. Maßnahmen zur Auswertung einer Abweichungsanalyse müssen entwickelt, auf ihre Wirksamkeit überprüft und dokumentiert werden. Durch Manipulationen am Prozeß wird dabei das Kontrollsystem an sich überprüft und der Parameterausschlag bei Ab-

---

[90] Zu Instrumenten und Einsatzgebieten vgl. Grimmeisen (1997), S. 148ff.
[91] Vgl. Kieser, A. (1998), S. 198ff.

weichungen simuliert. Ist der Test zur Zufriedenheit abgeschlossen, erfolgt die Einführung. Eine Messung der Parameter kann technologisch erfolgen, z.b. Durchlaufzeit von Antrag über Bearbeitung bis Auslieferung (Flußmessung) oder durch eine subjektive Prüfung (Qualitätskontrolle, Kundenzufriedenheit, etc.) oder eine Kombination von beidem. Nach der Einführung erfolgt die regelmäßige Messung. Dabei kann ein ständiger Vergleich mit anderen Prozessen (Benchmarking) zu immer neuen Optimierungsanstrengungen führen. Ebenso ist eine rein interne Bewertung möglich. Erfolgt eine schrittweise Optimierung des Prozesses, ist es notwendig den Optimierungszyklus ebenfalls den neuen Gegebenheiten anzupassen. Dabei sind langfristige und dauerhafte Erfolge kurzfristigen, in der Regel schnell-lebigen Verbesserungen vorzuziehen.

Im Rahmen der Optimierung kann dieselbe Methodik angewandt werden, wie dies bereits bei der Entwicklung des Lösungskonzeptes für das Gesamtunternehmen dargestellt wurde. Kann das Optimierungssystem elektronisch abgebildet werden, ist zusätzlich ein ständiges Online-Benchmarking durch die Beratungsgesellschaft möglich.

Der Schritt Projektabschluß beendet die Aktivitäten des Kernteams und schließt das Projekt offiziell ab. Die Ergebnisse werden in einer Abschlußpräsentation vorgestellt und allen Kommunikationsebenen präsentiert. Die Dokumentation wird übergeben und die Mitarbeiter kehren wieder in ihre Linienpositionen zurück. Für den Berater liegt die Aufgabe in einer positiven Präsentation der Realisierung des Gesamtprojektes, der Übergabe der Dokumentation und der Akquisition von Folgeaufträgen. Eine elektronische Unterstützung dieser Phase ist nur sehr begrenzt möglich, z.B. kann die Dokumentation online im Intranet verfügbar gemacht werden, o.ä. Das Erreichen der Milestones und die gezielte Umsetzung in der letzten Phase des Beratungsprozesses sollen nochmals ein positives Bild beim Klienten abgeben, um durch ergänzende Marketingmaßnahmen den Kunden langfristig an das Beratungsunternehmen zu binden.

4.6.3 Zusammenfassende Bewertung

Die Darstellung und Untersuchung des Realisierungs- und Optimierungskonzeptes hat gezeigt, daß in den einzelnen Phasen der Einsatz der elektronischen Instrumente unterschiedliche Auswirkungen auf den Verlauf hat. Der Schritt des Projektstartes profitiert am stärksten von einer internet-basierten Lösung, während dies bei der Durchführung nur in unbefriedigender Weise der Fall ist. Die Implementierung des Optimierungszyklus kann bei Darstellung eines Entwicklungsplanes und von Grundkonzepten stark von einer elektronischen Lösung profitieren, der Schritt des Projektabschlusses dagegen nur im Sinne eines Dokumentenmanagementsystems bzw. bei der Erstellung eines Online Handbuches, das aber keinen wesentlichen Unterschied zu den traditionellen Vorgehensweisen darstellt.

4.7 Ergänzende Maßnahmen zum Aufbau einer dauerhaften Klientenbeziehung

4.7.1 Ziele, Bedeutung und theoretische Grundlegung

Auch nach Abschluß des Projektes sind geeignete Maßnahmen zur Klientenpflege, d.h. der Ausbau der Klientenbeziehung über das eigentliche Projekt hinaus, zu treffen. Kundenbindung zu den Klienten aufzubauen und zu sichern, stellt für das Beratungsunternehmen eine überlebenswichtige, erfolgskritische Aufgabe dar. Die weit verbreitete Grundthese des Marketing, daß Altkunden zu halten, wesentlich preiswerter ist, als Neukunden zu gewinnen, ist auch auf das Internet anwendbar. Im folgenden wird ein Bündel von Maßnahmen vorgestellt, das den Klienten nach Abschluß eines Projektes weiterhin an das Beratungsunternehmen bindet. Der Fokus liegt dabei auf der Bindung von Klienten, die bereits ein Projekt mit dem Beratungsunternehmen durchgeführt haben. Weitere Maßnahmen zur Klientenbindung werden gesondert dargestellt.

4.7.2 Konzept zur praktischen Umsetzung

Das abgeschlossene Projekt und ein zufriedener Klient bieten den idealen Anknüpfungspunkt für weitere Marketingmaßnahmen. Insbesondere wenn während des Projekts weitere Schwachstellen im Unternehmen aufgetreten sind, bietet sich die Möglichkeit eines proaktiven Angebotes für das Beratungsunternehmen. Dies gilt z.B. für in der Analysephase erkannte Problemfelder, die aber nicht alle gleichzeitig beseitigt werden können. Dabei ist bei einer weiteren Akquisition sensibel vorzugehen, um den Klienten nicht durch unbedachte Aktionen seitens des Beratungsunternehmens zu verärgern. Die Darstellung des Beratungsspektrums durch Übersendung von Beschreibungen und/oder Präsentationen, verbunden mit dem Angebot eines Beraterbesuches, bilden hier erste Anknüpfungspunkte. Lehnt der Klient weitere Projekte zunächst ab, so sollte den verantwortlichen Personen ein Online-Newsletter übersandt werden. Allerdings muß für diese Maßnahme das Einverständnis der Adressaten eingeholt werden.[92]

---

[92] Vgl. Green/et.al. (2000), S. 48ff.

In diesem Newsletter sollten die für den Klienten relevanten Themenbereiche explizit diskutiert werden. Wird dies durch ein regelmäßiges Nachfassen der Berater ergänzt, ist das Beratungsunternehmen beim Klienten präsent und eine enge Klientenbindung möglich.

Über diesen direkten Bereich hinaus sollte der Klient über das Internet-Angebot des Beratungsunternehmens informiert werden. Hier kann dieser dann aktiv Informationen aller Bereiche abrufen und weitere Services wie etwa Diskussionsforen nutzen. Das Beratungsunternehmen verhält sich passiv und kann über das Verhalten auf den Internetseiten weitere Themenbereiche identifizieren und diese dann entsprechend in Newslettern und Mailingaktionen berücksichtigen.

4.7.3 Zusammenfassende Bewertung

Zusammenfassend bleibt festzuhalten, daß eine elektronische Lösung den persönlichen Kontakt mit dem Berater zwar nicht ersetzen, aber doch wesentlich zu einer Verbesserung der Klientenbeziehung beitragen kann. Die Möglichkeiten zur Individualisierung von Informationen und die einfache und effiziente direkte Klientenansprache durch internet-basierte Marketing- und Kommunikationsmittel bedeuten eine neue Phase in der Klientenbeziehung. Eine intensive Nutzung der elektronischen Medien stellt einen erheblichen Wettbewerbsvorteil gegenüber der Konkurrenz dar, den diese natürlich aufholen wird.

4.8 Zusammenfassende Bewertung der einzelnen Phasen

Wie zuvor dargestellt, können nicht alle Phasen gleichermaßen einer elektronischen Lösung zugeführt werden. Trotzdem ergeben sich für alle Phasen interessante Ansatzpunkte. Im folgenden werden die wichtigsten Bausteine einer E-Consulting-Lösung und die Hauptbestandteile der Umsetzung sowie die sich ergebenden Nachteile komprimiert dargestellt. Ebenso erfolgt eine Bewertung des Mehrwertes gegenüber der traditionellen Lösung (vgl. Abbildung 19). Die Meßlatte stellt dabei das „traditionelle" Beratungssystem mit Beratern vor Ort dar. Es wird von einer optimalen elektronischen Umsetzung ausgegangen.

75

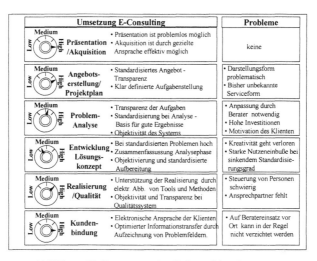

Umsetzung E-Consulting	Probleme
Medium **Präsentation /Akquisition** • Präsentation ist problemlos möglich • Akquisition ist durch gezielte Ansprache effektiv möglich	keine
Medium **Angebotserstellung/ Projektplan** • Standardisiertes Angebot - Transparenz • Klar definierte Aufgabenstellung	• Darstellungsform problematisch • Bisher unbekannte Serviceform
Medium **Problem- Analyse** • Transparenz der Aufgaben • Standardisierung bei Analyse - Basis für gute Ergebnisse • Objektivität des Systems	• Anpassung durch Berater notwendig • Hohe Investitionen • Motivation des Klienten
Medium **Entwicklung Lösungskonzept** • Bei standardisierten Problemen hoch • Zusammenfassung Analysephase • Objektivierung und standardisierte Aufbereitung	• Kreativität geht verloren • Starke Nutzeneinbuße bei sinkendem Standardisierungsgrad
Medium **Realisierung /Qualität** • Unterstützung der Realisierung durch elektr. Abb. von Tools und Methoden • Objektivität und Transparenz bei Qualitätssystem	• Steuerung von Personen schwierig • Ansprechpartner fehlt
Medium **Kundenbindung** • Elektronische Ansprache der Klienten • Optimierter Informationstransfer durch Aufzeichnung von Problemfeldern.	• Auf Beratereinsatz vor Ort kann in der Regel nicht verzichtet werden

Abbildung 19: Bewertung des E-Consulting-Prozesses

Die elektronische Umsetzbarkeit der ersten Phase im Beratungsprozeß – Präsentation des Unternehmens, Akquisition von Kunden –ist als hoch einzustufen. Allerdings genügen die heute vorliegenden Lösungen noch nicht den Ansprüchen einer E-Consulting-Lösung. Gerechterweise muß man jedoch festhalten, daß der Fokus der jetzigen Internetauftritte ein anderer ist. Sie dienen lediglich Präsenzzwecken und als oberflächliche Unternehmensvorstellung. Eine erhebliche Vertiefung der Informationen und eine dementsprechende Darstellung ist aber von technischer Seite leicht möglich. Auch die Akquisition von Kunden durch gezielte Schaltung von Werbebannern und Sponsoring über die traditionellen Wege hinaus – z.B. Anzeigen in Printmedien – stellt keinen Hinderungsgrund dar.

Bewertet man die Problematik der Angebotserstellung, Projektplanung und Vertragsgestaltung, so kommt man für diese Phase zu einer neutralen Einschätzung. Die mittlere Eignung dieser Phase ergibt sich dabei durch das Umfeld, so erlaubt die Rechtsunsicherheit z.B. noch keinen elektronischen Vertragsabschluß. Eine Umsetzung des Angebotes des Beratungsunternehmens, basierend auf den zwei vorgestellten Ausgangssituationen beim Klienten, in eine elektronische Form ist möglich. Problematisch sind dabei hauptsächlich zwei Aspekte. *Erstens*, wie muß das Angebot aufgebaut werden? Dabei ist zu klären, welche Informationen wie präsentiert werden müssen. Diese Informationen können bspw. durch Marktanalysen oder die Auswertung eigener Klientenbefragungen beschafft werden. *Zweitens*, wie erfolgt die Umsetzung und Darstellung bei heterogener technischer Ausstattung der Klienten? Die Problematik der Übertragungsgeschwindigkeit und Hardware läßt eine zielgerichtete und alle Möglichkeiten ausnutzende Umsetzung nicht praktikabel erscheinen. Hier kann nur eine automatische Überprüfung der Übertragungsgeschwindigkeit und Abfrage der Hardware des Klienten bei gleichzeitiger Entwicklung unterschiedlicher Versionen – vorstellbar sind rein textbasierte bis hin zu multimedialen Versionen – Abhilfe schaffen. Die Zuordnung der passenden Darstellung erlaubt eine zügige und motivierende Präsentation des Angebotes. Die Projektplanung und -darstellung beruht im wesentlichen auf denselben Prinzipien wie die Angebotspräsentation. Auch hier ist die Entwicklung einer elektronischen Version möglich.

Auch die Phase der Problem-Analyse ist in wesentlichen Teilen durch eine elektronische Lösung darstellbar. Geht man von einer Selbstanalyse des Klienten aus, kann diese durch ein optimales Fragennetzwerk sehr effizient und transparent gesteuert werden. Eine Kontrollübersicht erlaubt zudem die ständige Überwachung des Projektfortschritts. In dieser Phase muß die elektronische Fragestellung allerdings in starkem Maße durch den menschlichen Berater unterstützt werden. Dies gilt einerseits für die Modifikation des Fragebogens und andererseits für den Analyseprozeß selbst. Moderation und Steuerung können heute nicht bzw. nur in geringem Maße durch eine elektronische Lösung vorgenommen werden. Dies ist allerdings nicht nur ein Problem bei der elektronischen Lösung, sondern auch bei einer „traditionellen" Beratung. In letzterem Fall mildert die physische Anwesenheit des Beraters nur mögliches Fehlverhalten von Mitgliedern des Projektteams, andererseits kann diese auch durch die Anwesenheit des Beraters herausgefordert werden. Eine allgemeingültige Bewertung ist deshalb nicht möglich.

Die Möglichkeit der elektronischen Unterstützung bei der Entwicklung eines Lösungskonzeptes muß insgesamt als durchschnittlich bewertet werden. Komplexe Fragestellungen ohne standardisierte Antworten können beim heutigen Stand der Softwareentwicklung nicht ausgewertet werden. Die Auswertung muß vom Berater selbst vorgenommen werden. Die Möglichkeiten einer elektronischen Unterstützung steigen jedoch bei zunehmender Standardisierung des Problems. Bereits entwickelte Problemlösungen können bei einem entsprechend hohen Übereinstimmungsgrad mit nur geringfügigen Anpassungen übernommen werden. Die Entwicklung des endgültigen Lösungskonzeptes muß weiterhin von einem menschlichen Berater vorgenommen werden.

Auch in der Phase der Realisierung und Qualitätssicherung übernimmt das elektronische System nur unterstützende Aufgaben. Die elektronische Abbildung der Methoden und Prozesse des Beratungshauses, eine Unterstützung bei der Umsetzung mit Hilfe eines Projektplanes, automatischer Abweichungsanalyse und Verbesserungsvorschlägen ist heute schon problemlos möglich. Aber auch hier gilt das bereits für die Analysephase Gesagte: Zwischenmenschliche Probleme bei der Zusammenarbeit können durch eine elektronische Lösung nicht beseitigt werden. Fraglich bleibt aber auch hier, ob dies ein menschlicher Berater besser kann oder sogar können muß. Wenn Konflikte durch den Berater unterdrückt werden, mag dies bei der Umsetzung des Lösungskonzeptes helfen. Die Konflikte werden dabei oft nur verschoben, sie werden früher oder später wieder zur Lösung anstehen. Vielmehr ist die Beobachtung durch einen neutralen Mitarbeiter des Klienten zu empfehlen, der diese Konflikte vor ihrem Entstehen erkennt und rechtzeitig durch Gespräche oder andere Maßnahmen ausräumen kann.

Die Maßnahmen der Kundenbindung können durch eine elektronische Lösung in höchstem Maße effizient gestaltet werden. Eine Informationsgewinnung durch das Auswahlverfahren auf der Internetseite des Beraters eröffnet Möglichkeiten, die so bislang nur durch eine lange, vertrauensvolle Kundenbeziehung möglich waren. Trotz der sehr hohen Eignung einer elektronischen Lösung, ist auch hier die richtige Mischung zwischen persönlichem und elektronischem Kontakt der entscheidende Wettbewerbsvorteil vor der Konkurrenz und trägt wesentlich zur Zukunftssicherung des Beratungs-Unternehmens bei.

Abschließend bleibt festzuhalten, daß eine Umsetzung des E-Consulting-Ansatzes trotz der vorhandenen Lücken schon heute sinnvoll ist. Die Kombination aus elektronischer Lösung und menschlicher Kreativität bietet nach Ansicht des Autors eine optimale Kombination zur Lösung der komplexen Probleme. Bei einer Weiterentwicklung der technischen Möglichkeiten und einer zunehmenden Gewöhnung der Entscheidungsträger daran, wird eine elektronische Lösung im Internet für Standardprobleme zu einer ernsthaften Alternative gegenüber dem traditionellen Modell. Dabei gilt es in einem elektronischen Modell besonders die Erwartungen des Klienten umzusetzen, der von einem Berater bspw. Analysefähigkeit, Sachkompetenz, Erfahrung und Neutralität fordert.[93] Gelingt eine Umsetzung, kann die notwendige Akzeptanz beim Klienten problemlos erreicht werden.

---

[93] Vgl. Carqueville (1991), S. 261ff.

Auf Basis dieser Analyse muß das geschäftsführende Gremium über den weiteren Fortschritt des Projektes E-Consulting entscheiden. Die Machbarkeitsanalyse ergibt eine gute bis sehr gute Umsetzungsmöglichkeit im Kernprozeß der Beratung und eröffnet weitere Möglichkeiten der Nutzung elektronischer Medien. Die hier dargestellte Entscheidungsgrundlage läßt eine allgemeingültige Umsetzungsinitiative nicht zu. Im Rahmen einer unternehmensindividuellen Machbarkeitsstudie muß den Unternehmensspezifika wesentlich stärker Rechnung getragen werden. Je nach Umfang erfolgt in der Studie auch die Entwicklung eines Prototypen als „Beweis" für die Richtigkeit des theoretischen Konzeptes. Wie eine elektronische Lösung aussehen könnte, wurde in diesem Kapitel gezeigt, wie diese aktiv in einem Beratungsunternehmen umgesetzt werden kann, wird in den folgenden Kapiteln erläutert.

5 Geschäftsmodell: Der Markt als Bestimmungsfaktor für Unternehmensstruktur und Inhalte

5.1 Einführung

In diesem Kapitel wird thematisiert, welche Organisationsform maßgeblich zum Erfolg des Beratungsunternehmen der Zukunft beitragen kann. Die Einbindung des E-Consulting als neues Geschäftsfeld für die Erschließung neuer Marktsegmente spielt eine entscheidende Rolle. Die Weiterentwicklung des klassischen Beratungsmodells und Implementierung des Geschäftsmodells der Zukunft erlaubt die optimale Einbindung der neuen Services und Gestaltung der Herausforderungen der Zukunft (vgl. folgenden Abschnitt 5.2). Wie den Entwicklungen des Klienten im Rahmen der neuen elektronischen Ökonomie von Seiten der Beratungsgesellschaft zu begegnen ist und wie aus diesen Entwicklungen positive Effekte für das Beratungsunternehmen erzielt werden können, wird im folgenden gezeigt. Im folgenden findet sich eine Darstellung der wichtigsten Erfolgsfaktoren für die Organisation des Beratungsunternehmens der Zukunft. Es werden Entwicklungskonzepte, Visionen und praktische Hinweise gegeben, die sich aus den Erfahrungen in anderen Branchen ableiten lassen. Die Zusammenstellung erhebt keinen Anspruch auf Vollständigkeit und muß für jedes Beratungsunternehmen individualisiert und angepaßt werden. Es wird eine Skizze der Zukunft, ausgehend von den derzeitigen Ausgangspositionen, erstellt.

5.2 Geschäftsmodell der Zukunft und Efficient Client Response im E-Consulting

5.2.1 Service als Geschäftsmodell zur Gestaltung der Zukunft: Die neue Wertschöpfungskette

Mit dem „Phasenmodell einer E-Consulting-Lösung: Machbarkeitsanalyse" (Kapitel 4) wurde gezeigt, wie ein bestehendes Beratungsunternehmen die unmittelbaren Herausforderungen durch die Erweiterung seines Service-Portfolios mit Hilfe des E-Consulting annehmen kann. Eine Erweiterung der bisherigen Organisation und die Eingliederung des Geschäftsfeldes „E-Consulting" in eine Matrixorganisation erlaubt zunächst die formale Einbindung und effiziente Durchführung des E-Consulting. Auch eine schrittweise Anpassung an weitere Veränderungen ist auf diese Weise möglich. Die Frage, die sich ein Beratungsunternehmen stellen muß, ist, ob diese Art der passiven Veränderung ausreicht oder ob nicht vielmehr eine proaktive, stärker zukunftsorientierte Veränderung auch der Organisation vorgenommen werden muß, um die zukünftige Entwicklung zu bestimmen und Herausforderungen vorwegzunehmen. Den Wandlungsbedarf frühzeitig zu erkennen und vorwegzunehmen, muß das Modell der Zukunft sein, damit sich überhaupt noch Wettbewerbsvorteile sichern lassen.[94] Diese Alternative bestimmt das agressive Servicemodell der Zukunft, das für ein Beratungsunternehmen eine überragende Marktstellung bedeuten kann. Daß ein solches Modell massive Veränderungen erfordert und es dadurch wie jeder Wandel mit Risiken verbunden ist, muß allen Beteiligten klar sein. Die Risiken sind um so größer, je umfassender der Wandel des Unternehmens ist. Einige Beispiele scheinen den Weg aufzuzeigen, daß die oft durchaus erfolgreiche Gegenwart für eine zwar unsichere aber sehr vielversprechende Zukunft geopfert werden muß.[95] Dieser Ansatz fordert von den Verantwortlichen sehr viel Mut und zwar um so mehr, je erfolgreicher das Unternehmen in der Gegenwart ist. Es gilt das Bewährte in Frage zu stellen, denn viele Großunternehmen werden durch das, was sie einst groß gemacht hat, immer tiefer in die Krise gestoßen und schaffen nicht mehr den Turnaround.[96] Das Festhalten an Altem verhindert die rechtzeitige Ergreifung von Chancen in neuen Marktsegmenten. Die Forderung, das bestehende Unternehmen in regelmäßigen Zeitabständen „niederzubrennen" und danach komplett neu aufzubauen und alles zu überdenken, mag radikal, ja sogar irrsinnig klingen, führt aber in einigen Fällen zu spektakulären Erfolgen.[97] Dieser auch als „grüne Wiese" bekannte Ansatz macht die jungen Unternehmen im E-Business-Sektor so erfolgreich und läßt den Erfolg der Großkonzerne augenscheinlich gering erscheinen.

Obwohl sich viele Unternehmen derzeit von ihrer bisher erfolgreichen Unternehmensstrategie abwenden und versuchen, den Erfolg vieler E-Business-Unternehmen durch ähnliche Strategien nachzuvollziehen, ist dieser langfristig keineswegs sicher. Gerade die Vernachlässigung von eigenen Stärken und eine vollständige Neuausrichtung birgt höchste Risiken. Es sei also vor unüberlegten Aktionen gewarnt. Vielmehr ist eine Konzentration auf eigene Stärken und die Entwicklung einer eigenen, zum Unternehmen passenden Strategie anzuraten, die auch die Vorteile des E-Business nutzt. Auch für die jungen E-Business-Unternehmen wird die Konsolidierung noch folgen und dies nicht nur an den Technologiebörsen.

---

[94] Vgl. Krüger (1998), S. 229ff.
[95] Vgl. Goss/Pascale/Athos (1993), S. 84ff., das Beispiel Intel vgl. Reinhardt (2000), S. 56ff.
[96] Vgl. Martin (1996), S. 114ff.
[97] Vgl. Martin (1996), S.132.

Die bisherige Darstellung hat gezeigt, daß ein E-Consulting-Modul zwar eine sehr wertvolle Erweiterung des Service-Portfolios darstellt, die aber bei weitem für eine Zukunftssicherung nicht ausreicht. Das Hinzufügen von weiteren, insbesondere elektronischen Services sowie die Bereitschaft zu einer Zusammenarbeit mit gegenseitiger Vernetzung, die Entwicklung einer Win-win-Situation für alle Beteiligten erscheint heute mehr denn je möglich. Darauf muß sich das Geschäftsmodell der Zukunft ausrichten und kritisch die Frage stellen, ob und in welchem Umfang die traditionellen Services eine Zukunft haben. Im folgenden wird das aus Sicht des Autors wahrscheinlichste Geschäftsmodell für Beratungsunternehmen dargestellt. Es handelt sich dabei um ein Zukunftsszenario, das auf sechs zentralen Annahmen beruht, aus denen die Anforderungen an das Geschäftsmodell der Zukunft abgeleitet werden.

Zentrale Annahmen:

1. Das elektronische Geschäft wird sich weiter ausbreiten, aber es wird eine „Grenze" geben, die nach wie vor einen direkten Kontakt zum Klienten wünschenswert macht. Es wird zu einer Koexistenz aller Formen des Handels und Handelns kommen.

2. Es werden nur die Unternehmen überleben, die bei traditionellem wie elektronischem Handel dem Verbraucher einen echten Mehrwert bieten, flexibel sind und sich auf den Kunden einstellen.

3. Der Klient wird immer mehr im Mittelpunkt stehen und von der Beschaffung über die Gestaltung bis zur Produktion einen wesentlichen Einfluß auf das Produkt ausüben.

4. Die großen Marken und traditionellen Werte werden auch in Zukunft ein wesentlicher Wettbewerbsvorteil sein.

5. Der Faktor „Zeit" ist überbewertet. Nach einer weiteren Zunahme der Innovationsgeschwindigkeit wird es eine Tendenz zur Konsolidierung geben.

6. Die Internationalität wird weiter zunehmen. Trotzdem wird der Geschäftserfolg der Unternehmen wesentlich durch die Kenntnis der regionalen Unterschiede entschieden.

Anforderungen an das Geschäftsmodell der Zukunft:

- Flexible Reaktion auf Anforderungen der Klienten und neue Marktgegebenheiten auf allen Stufen des Wertschöpfungsprozesses.
- Der Klient steht im Mittelpunkt aller Bemühungen.
- Entwicklung einer mehrwertorientierten Servicekultur, die dem Klienten einen für seine Zwecke maßgeschneiderten Service liefert.

Die Anforderungen erscheinen zunächst recht harmlos und leicht zu erfüllen, aber bei näherer Untersuchung erweist sich eine Umsetzung mit den herkömmlichen Geschäftsmodellen als nur schwer möglich. Die Betreuung der gesamten Wertschöpfungskette durch ein Unternehmen, gegenwärtig noch die Regel, ist häufig gleichbedeutend mit Starrheit und Problemen bei der Anpassung auf sich verändernde Kundenwünsche. Nur selten gelingt es die gesamte Wertschöpfungskette jeweils schnell und flexibel auf den Markt auszurichten.

Es stellt sich nun die Frage, wie, basierend auf den genannten Anforderungen und Annahmen, die Beratungsgesellschaft der Zukunft aussehen sollte. Der hier dargestellte Ansatz geht wesentlich über das Business Reengineering hinaus und verändert das Beratungsunternehmen vollständig.[98] Er müßte dem Beratungsunternehmen jeweils individuell angepaßt werden und ist nicht standardisiert, obgleich er einige wesentliche Merkmale des Business Reengineering trägt:[99]

1. Veränderungen in großen Sprüngen, die für große Fortschritte sorgen
2. Tabulosigkeit.
3. Tragende Rolle der Informationstechnologie.

Wie ein derartiges Geschäftsmodell aussehen könnte zeigt Abbildung 20:

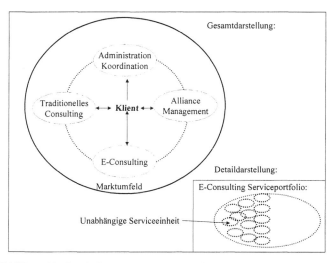

Abbildung 20: Geschäftsmodell der Zukunft für Unternehmensberatungen

---

[98] Zu Change-Methoden insbes. Business Reengineering vgl. Reiß (1997 V), S. 34ff.
[99] Zum Schema einer Organisationsentwicklung vgl. Comelli (1995), S. 600ff.

Ähnlich einem Atommodell steht der Klient im Mittelpunkt, aber anders als in einem klassischen Modell der Aufbauorganisation tritt das Beratungsunternehmen nicht als Einheit auf dem Markt auf, sondern ist in flexible, kleinere Organisationseinheiten (hier: Traditionelles Consulting, E-Consulting und Alliance Management) aufgeteilt, die wie eigenständige Unternehmen geführt werden. Sie „kreisen" um den Klienten und bewegen sich auf dem Markt. Diesen Organisationseinheiten sind Einzelberatungsleistungen zugeordnet. Die Zusammenfassung ist dabei keinesfalls als starr oder hierarchisch, sondern als lockerer offener Verbund, zu verstehen. Der Transfer aller Arten an Produktionsfaktoren ist erwünscht und wird gefördert. Dieser Transfer ist auch zwischen den vier Organisationseinheiten erwünscht, die im folgenden ausführlicher dargestellt werden. Diese Organisationsform weist Merkmale der virtuellen Organisation auf, dies gilt insbesondere für das Partnermodell und die unabhängigen Organisationseinheiten.[100] Dieser Wechsel zum neuen Geschäftsmodell wird Top-down initiiert, geplant und schnell durchgeführt, d.h. kein evolutorischer Prozeß, sondern große einschneidende Veränderungen.[101]

Die Organisationseinheit *traditionelles Consulting* faßt die Services zusammen, die in dem heute üblichen Geschäftsmodell angeboten werden. Es handelt sich in der Regel, um das Projektgeschäft, bei dem die Berater vor Ort mit dem Kunden zusammenarbeiten. Die Spezialisten sind dabei für jede einzelne Beratungsleistung zusammengefaßt und werden von einem Service Manager geführt, der für seinen Bereich bspw. Business Process Reengineering die im Rahmen des Portfolio-Managements dargestellten Aufgaben übernimmt.

Die Organisationseinheit *E-Consulting* ist das elektronische Pedant zu der Organisationseinheit traditionelles Consulting. Hier sind alle Beratungsleistungen zusammengefaßt, die elektronisch durchgeführt werden. Dabei muß wegen der Überlappung der beiden Serviceleistungen eine besonders enge Verzahnung zwischen dem traditionellen Consulting und dem E-Consulting stattfinden und zwar mit allen Produktionsfaktoren.

Die Organisationseinheit *Alliance Management* trägt den Herausforderungen der Zukunft Rechnung. Ein einzelnes Unternehmen kann nicht mehr allein die Kundenlösung anbieten. Es benötigt Allianzpartner und muß mit diesen die perfekte Klientenlösung maßschneidern. Eine geeignete Auswahl und variable Zusam-

---

[100] Vgl. Sieber (1999), S. 244ff.
[101] Zur Kategorisierung vgl. Reiß (1997 I), S. 13ff., insbes. Abb. 5, Kostenentwicklung vgl. Krüger (1996), S. 868ff., insbes. Abb.3

menfassung von Lösungen Dritter erlaubt eine hohe Flexibilisierung und eine Steigerung der Servicequalität. Dafür ist ein perfektes Management der Partner notwendig. Der Bedeutung dieser Aufgabe, die aus Sicht des Autors einen wesentlichen Erfolgsfaktor der Zukunft darstellt, kann nur eine eigene Organisationseinheit gerecht werden.

Betrachtet man die Organisationseinheit *Administration & Koordination,* so ist diese die einzige, die keine Serviceleistungen direkt für den Klienten erbringt. Sie stellt das Bindeglied zwischen den einzelnen Organisationseinheiten dar und sorgt für eine effiziente Klientenbearbeitung. Unter dieser eigenständigen Organisationseinheit sind einzelne übergreifende Dienstleistungen zusammengefaßt, die die übrigen Organisationseinheiten bei der Leistungserstellung unterstützen. Eine starke Marktorientierung ist auch hier sicherzustellen.

5.2.2 Planung und Aufgabenverteilung im neuen Geschäftsmodell

Nach dem Wegfall des hierarchischen Systems mit mehreren Stufen der Aufbauorganisation ist ein veränderter Planungs- und Abstimmungsprozeß notwendig, der dem neuen Geschäftsmodell gerecht wird. Dieser kann – will man die größtmögliche Selbständigkeit aller Einzelberatungsleistungen erhalten – nur aus einem Gegenstromverfahren mit partnerschaftlicher Interaktion und Abstimmung bestehen (vgl. Abbildung 21).

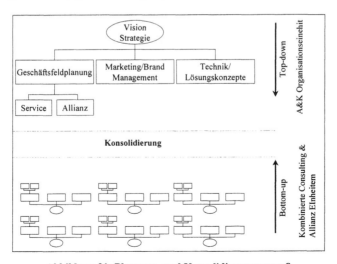

Abbildung 21: Planungs- und Konsolidierungsprozeß

Um eine gesamtunternehmensbezogene Planung vornehmen zu können, wird eine umfangreiche Koordination und Konsolidierung der Pläne jeder der einzelnen Serviceeinheiten erforderlich. Dies wird umso notwendiger, je unabhängiger die einzelnen Einheiten untereinander und gegenüber einer zentralen Stelle im Markt operieren. Die A&K-Organsiationseinheit sorgt für eine Abstimmung und Konsolidierung wenn nötig auch für eine Korrektur der Pläne der einzelnen Beratungseinheiten dafür, daß bspw. eine Corporate Identity auf dem Markt entsteht und ein abgestimmtes Vorgehen mit entsprechenden Service-Portfolios möglich wird. Der durch das Internet mögliche schnelle und direkte Informationsfluß ermöglicht ein ausgefeiltes Berichtswesen, daß eine jederzeitige Koordination durch die A&K-Einheit ermöglicht. Während diese Einheit gesamtunternehmerisch bspw. das Portfolio plant, optimieren die einzelnen Beratungseinheiten ihre Beratungsleistung. Damit der Koordinationsprozeß effizient funktioniert, müssen Unternehmenskultur und –philosophie in geeigneter Weise festgelegt sein.[102] So ist in der Planung ein starker Bottom-up-Einfluß zu installieren, da sonst die „Freiheiten" der Beratungseinheiten nur sehr beschränkt darstellbar wären.

Es lassen sich in der Aufbauorganisation mehrere hierarchische Ebenen definieren. Neben den Spezialisten (Service-Manager) für die einzelnen Beratungsleistungen, gibt es den Markt-Manager als nächst höhere organisatorische Einheit.[103] Auf die Darstellung der unterschiedlicheen und unternehmensindividuellen Untergliederung der Berater (Junior-Consultant, Senior-Consultant, Technical-Consultant) wird in diesem Zusammenhang verzichtet. Der Service-Manager verantwortet die Entwicklung seiner spezifischen Beratungsleistung. Er ist gegenüber dem Marktmanager der Organisationseinheit verantwortlich, also bspw. dem Marktmanager E-Consulting, der alle Einzelberatungsleistungen verantwortet. Die vier Marktmanager der Organisationseinheit können dann das geschäftsführende Gremium oder zumindest einen Teil davon bilden. Die Verteilung der Aufgaben zwischen den einzelnen Organisationseinheiten läßt sich modellhaft folgendermaßen darstellen:

---

[102] Positive Effekte der Unternehmenskultur, vgl. Scholz (2000), S. 783, Übersicht 9.3.
[103] Zum Service- und Marktmanager vgl. Darstellung Bühner (1996), S. 192f.

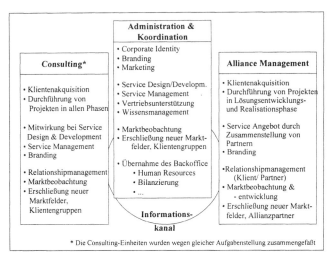

Abbildung 22: Aufgabenverteilung - Geschäftsmodell der Zukunft

Die in Abbildung 22 dargestellte Aufgabenteilung läßt eines ganz deutlich werden: Jede Einheit ist für die klientenorientierte Ausrichtung der Services verantwortlich. Trotz des aus Gründen der Flexibilisierung nur lockeren Verbundes ist es notwendig, die Beratungsleistung unabhängig von der Organisationseinheit als einen einheitlichen Service – eine Marke - zu etablieren, um sich von der Konkurrenz abzusetzen. Während für die Durchsetzung des Brandings auf dem Markt die einzelnen Einheiten verantwortlich sind, werden das Konzept und die Vorgaben der Corporate Identity von der A&K-Einheit zentral ausgearbeitet. Diese Vorgehensweise entspricht dem Franchising System. Auch die Lieferung von bestimmten Services, wie Backoffice-Leistungen und Reporting-Systemen, gleicht dem Franchising-System. Als wichtigste Aufgabe aller Einheiten und kritischer Erfolgsfaktor ist der Wissenstransfer durch alle Einheiten und das Wissensmanagement durch die A&K-Einheit zu sehen. Nur ein funktionierender Wissenstransfer über den Informationskanal garantiert die effiziente Marktbearbeitung, das rechtzeitige Erkennen von Marktchancen und kontinuierliche Serviceverbesserung. Der Einsatz von Spezialisten und die Zusammenstellung von interdisziplinären Teams machen ein effizientes Informationsmanagement notwendig. Eine Visualisierung der Ergebnisse, wie bei dem Change Ansatz Kaizen erlaubt, einen „Wettbewerb" zwischen den einzelnen Einheiten.[104] Dieser Wettbewerb ist grundsätzlich zu fördern darf aber nicht zu einer Suboptimierung des

---

[104] Vgl. zum Kaizen-Konzept Teufel (1996), S. 535f.

Gesamtergebnisses durch Optimierung der Einzelergebnisse führen. Eine derartige Entwicklung ist kontraproduktiv und muß durch geeignete Steuerungsinstrumente vermieden werden. Die Abstimmung der einzelnen Beratungsleistungen und die Entwicklung des Gesamtportfolios sowie die Verfolgung einer gemeinsamen Strategie und Vision, also die Entwicklung der Corporate Identity stellen eine schwer zu lösende Aufgabe dar. Die Koordination der einzelnen Einheiten gelingt nur durch ein optimales Informationsmanagement, was durch die Entwicklung des Internets in den letzten Jahren erst möglich geworden ist. Trotzdem müssen regelmäßige Treffen, wie bspw. Weiterbildungsveranstaltungen auch die zwischenmenschlichen Beziehungen ausbauen und pflegen. Die Interaktion zwischen den Einheiten und die wechselnde Zusammensetzung von Teams zur Optimierung der Klientenlösung auf dienstlicher Ebene reicht dabei nicht aus, um den optimalen Wissenstransfer zu gewährleisten. Neben den formellen Regelungen (z.B. Pflegen der Projektdatenbank) muß ein persönliches Netzwerk jedes Mitarbeiters hinzukommen, das einen optimalen Service beim Klienten erlaubt.

Dieses Modell fordert von den Mitarbeitern ein Höchstmaß an Verantwortung. Jeder Mitarbeiter muß unternehmerisch handeln und kann sich nicht mehr in einer großen Organisation verstecken. Ausgestaltungsmöglichkeiten wie eigene Budget- und Marktentwicklungsverantwortung tragen wesentlich zur Motivation der Mitarbeiter bei. Obgleich die Einheiten im Vergleich zu vorher zum Teil wesentlich kleiner sind, erlaubt die freie Entwicklung größere Entfaltungsmöglichkeiten für alle Mitarbeiter. Eine Top-down propagierte Umsetzung des Dienstleistungsprinzips wird bei diesem Modell nicht notwendig sein, da ein Fehlverhalten vom Markt sehr schnell „bestraft" wird.[105] Die kleinen marktorientierten dezentralen Organisationseinheiten fördern die Motivation der Mitarbeiter, setzen sie aber auch einem verstärkten Druck aus. Hier ist eine rechtzeitige Qualifizierung und Vorbereitung und ggf. die Unterstützung durch die Zentralbereiche notwendig. Dabei ist darauf zu achten, daß Mitarbeiter, um im Wettbewerb zu bestehen, nicht dauerhaft überlastet werden. Sollte dies der Fall sein, muß die Koordinationseinheit durch Einsatz von zusätzlichem Personal regulierend eingreifen. Auch die gruppendynamischen Effekte erfahren eine Verstärkung, da die Verkleinerung der Gruppen und ihre wachsende Abhängigkeit von Fremden höhere Anforderung an soziale Kompetenzen stellen. Bei der Zusammenstellung und dem Management aller Organisationseinheiten muß deshalb erhöhte Aufmerksamkeit auf die Gruppentwicklung gelegt werden.[106]

---

[105] Strategie zur Umsetzung des Dienstleistungsprinzips vgl. Stöger (1996), S. 379ff.
[106] Vgl. Staehle (1990), S. 252ff.

Die Trends, die dieses Geschäftsmodell der Zukunft bestimmen, heißen Dezentralisation in bezug auf Marktfunktionen, Maximierung des Kundennutzens und Verantwortung kombiniert mit Unternehmertum für jeden einzelnen Mitarbeiter. Der Berater wird zum Makler, der kundenindividuell von innen und außen Lösungsbausteine integriert und diese zusammenfaßt. Der Gewinn oder der Mehrwert des Beratungshauses wird dabei immer weniger davon abhängen, daß er Beratungsleistungen durchführt. Der Mehrwert wird sein, daß er als Makler Lösungsbausteine zu einem kundenindividuellen und optimalen Konzept zusammenstellt, diese aufeinander abstimmt und schon im Vorfeld auf ihre Gestaltung (im Sinne einer optimalen Marktausrichtung) Einfluß nimmt. Diese Frage der Innen- oder Außenbeschaffung hat selbstverständlich neben dem Service-Management auch erhebliche Implikationen auf Service-Design und Service-Development. Die internen Spezialisten müssen sich zu jedem Zeitpunkt dieses Prozesses dem Maßstab des Gesamtmarktes stellen, denn im Sinne des Klienten kann nur der Beste gewinnen, unabhängig davon, ob er Teil des Beratungsunternehmens ist oder externer Dienstleister.

Die prinzipiellen Maßnahmen der Dezentralisierung (ressourcen-orientiert, koordinations- und motivationsfördernd) lassen die Frage aufkommen, ob in Deutschland ein solcher Ansatz überhaupt möglich ist.[107] Die zunehmende Globalisierung läßt für diese Frage jedoch, trotz der Gesetzeslage (Arbeitsrecht, Mitspracherecht) in Deutschland, keinen Raum. Der Wettbewerb wird ein Zögern früher oder später mit der Liquidierung des Unternehmens bestrafen. Konsequente klientenzentrierte Serviceorientierung ist der Weg der Zukunft. Ein Konzept, wie dieser Weg konsequent im Gesamtunternehmen umgesetzt werden kann, bietet der Handel: Efficient Consumer Response wird im folgenden für das Beratungsunternehmen adaptiert.

5.2.3 Efficient Client Response als Antwort auf die Herausforderungen der neuen Ökonomie

5.2.3.1 Überblick und Zusammensetzung

Efficient Consumer Response d.h. die effiziente Antwort auf die Kundennachfrage ist seit Anfang der 90er Jahre ein wesentlicher Bestandteil modernen Managements im Handelsumfeld. Efficient Consumer Response stellt eine Weiterentwicklung der Bestandteile der traditionellen Wertschöpfungskette dar, vereinigt kostenminimierende und wachstumsgenerierende Strategien und Techniken

---

[107] Vgl. zu den Maßnahmen der Dezentralisierung Braun (1996), S. 122ff, Übersicht Abb. 4.

und dient der Entschärfung der Schnittstelle zwischen Industrie und Handel.[108] Grundlage ist eine partnerschaftliche Kooperation zwischen Hersteller und Händler zur Optimierung der Kundenzufriedenheit und Entwicklung einer Winwin-Situation zwischen allen Beteiligten, die sich nur gemeinschaftlich erreichen lassen können. Diese Vorstellung der Kooperation zwischen Hersteller und Händler läßt sich in idealer Weise auch auf Beratungsunternehmen übertragen. Insbesondere die Vorstellung, daß nicht mehr alle Fähigkeiten allein und exklusiv beim Beratungsunternehmen liegen, sondern in Zukunft verteilt sein müssen, läßt dieses Modell auch für den Beratungsmarkt zunehmend interessant erscheinen. Die Kooperation des Beratungsunternehmens z.B. mit Softwareentwicklungshäusern wurde im vorhergehenden Abschnitt 5.2.1 durch Darstellung der Organisationseinheit Allianzmanagement Rechnung getragen. Das Beratungsunternehmen wird in Zukunft noch stärker als bisher Händler oder Makler von Leistungspaketen mit der Aufgabe der Integration von Leistungs- bzw. Servicepaketen zur optimalen Klientenlösung sein müssen. Zudem fordert das neue Geschäftsmodell durch die Separation der einzelnen Beratungsleistungen bei jedem Klientenangebot eine neuerliche Integration von Einzelberatungsleistungen, die auch intern entsprechend durch definierte Prozesse unterstützt werden müssen und damit eine hohe Qualität sichern können. Damit wird sich ein großer Teil der Aufgaben - und dies sind die Aufgaben der Zukunftsmärkte - nicht von denen des traditionellen Handels unterscheiden. Es gilt also die dort entwickelten Konzepte auf das Beratungsunternehmen zu übertragen und entsprechend anzupassen.

Das Efficient Consumer Response-System des Handels beruht auf der Vision, durch eine Kooperation zwischen Handel und Hersteller „das richtige Produkt, zum richtigen Zeitpunkt am rechten Ort" anbieten zu können.[109] Es besteht aus vier Basisstrategien, die in ihrer Ausprägung für den Handel zunächst einleitend kurz erläutert und dann im folgenden für das E-Consulting angepaßt werden:

Efficient Replenishment (ERP): Strategie der Supply Side zur effizienten Warenversorgung und für optimierten Kommunikationsfluß, mit der Hauptzielsetzung Kostenreduktion.

Efficient Assortment (EA): Strategie der effizienten Sortimentsgestaltung, die eine Erhöhung der Sortimentsproduktivität anstrebt (bspw. durch Verkaufsflächenoptimierung – Space Management). Bestandteil der Demand Side und marketingorientiert.

---

[108] Vgl. van der Heydt (1999), S. 5 Abb. 1-1.
[109] Vgl. van der Heydt (1999), S. 4ff.

Efficient Promotion (EP): Strategie von Promotion und Verkaufsförderungsaktionen mit dem Ziel der schnelleren und effektiveren Reaktion auf Kundennachfragen. Strategie zur Verbesserung der Demand Side.
Efficient Product Introduction (EPI): Strategie der effizienten Neuproduktentwicklung, mit dem Fokus auf erfolgreichere und kostengünstigere Vermarktung der Produkte. Auch diese Strategie ist Bestandteil der Demand Side.

Im Rahmen einer übergreifenden Strategie werden die Warengruppen als strategische Geschäftseinheiten betrachtet, für die Handel und Hersteller gemeinsam Strategien entwickeln. Das Category Management ist der strategische Rahmen, der Geschäftsprozeß und die organisatorische Struktur, innerhalb derer die angestrebte Zusammenarbeit stattfindet. Das Category Management bestimmt wesentlich die Gestaltung und Implementierung der vier Basisstrategien. Es setzt die einzelnen Komponenten von Efficient Consumer Response in ein integriertes Gesamtkonzept um.

Betrachtet man die Erfolgsfaktoren des Efficient Consumer Replenishment, kann man zwischen harten und weichen Faktoren unterscheiden.[110] Da die harten Faktoren als weniger problematisch angesehen werden, werden nur die weichen Faktoren dargestellt. Die Fähigkeit den Wandel zu antizipieren und im Bewußtsein der Mitarbeiter zu verankern, wird im Rahmen des Change Managements als wesentliche Voraussetzung genannt. Nahezu untrennbar damit verbunden sind das Commitment und Leadership, die einen partizipativen Führungsstil und Planungen im Gegenstromverfahren für eine Umsetzung benötigen.

Betrachtet man den Prozeß der Entwicklung eines Efficient Consumer Reponse-Systems wird dieses Projekt idealtypisch in folgender Weise ablaufen:[111]
1. Vision und Strategiefestlegung
2. Prozeßanalyse (Ist)
3. Definition der Soll-Prozesse
4. Abweichungsanalyse
5. Festlegung der Veränderungsaktivitäten
6. Implementierungsplan
7. Implementierung und Kommunikation
8. Regelmäßige Überprüfung und Anpassung an neue Marktgegebenheiten

---

[110] Vgl. zu den Erfolgsfaktoren van der Heydt, S. 14ff.
[111] Vgl. Schulte/Hoppe (1999), S. 67ff., erweitert.

Es entsteht dabei ein Zyklus regelmäßiger Erneuerung. Damit unterscheidet sich dieses Projekt vom Ablauf her zunächst nicht von Business Process Reengineering-Projekten. Die Erweiterung der Wertschöpfungskette auf die Kunden (Customer Development) und auf die Lieferanten (Supplier Development) erhöht die Komplexität eines solchen Projektes um ein Vielfaches und sollte nicht unterschätzt werden.

Eine Standardisierung des Efficient Consumer Response ist für den Handel nur in Teilbereichen, wie beim Electronic Data Interchange, gelungen. Projekte im Handel haben gezeigt, daß Individualität der Lösung und innovative Ideen das entscheidende Lösungsmerkmal sind.[112] Die Erfahrung zeigt, daß eine Einzellösung für jeden Händler und „seine" Hersteller die besten Ergebnisse liefert. Trotzdem läßt sich ein Grobkonzept für Beratungsgesellschaften ableiten, das im folgenden für die vier Basisstrategien und das Category Management dargestellt wird.

5.2.3.2 Efficient Replenishment

Der im Handel und auch bei Produktionsbetrieben übliche Begriff der „Supply chain", also die Beschreibung derjenigen Prozesse, die der Beschaffung von Roh-, Hilfs- und Betriebsstoffen bzw. beim Handel von Handelsgütern dienen, erscheint auf den ersten Blick nicht angebracht. Dieser wird jedoch bedeutsam, wenn man die spezifischen Eigenschaften von Dienstleistungen, hier Beratungsleistungen, betrachtet. Die fehlende Lagerfähigkeit und die starke Orientierung an Personen und ihren Fähigkeiten stellt besonders hohe Anforderungen an die Logistik. Zusätzlich muß die Beschaffung von Produkten, d.h. Serviceleistungen, optimiert werden.

Betrachtet man die Klientenanforderungen im Beratungsgeschäft, so werden Aufträge entweder auf dem Wege der Ausschreibung (Request for Proposal) oder im Rahmen von aktiven direkten Klientenakquisitionen vergeben. Beim E-Consulting erfolgt die Auftragsvergabe per Click. Bei beiden Formen der Beratung stellt der Starttermin des Projektes einen kritischen Erfolgsfaktor dar. Das Beratungsunternehmen hat in seiner internen Personaldisposition für einen optimalen Einsatz der Berater zu sorgen, so daß möglichst alle Klientenwünsche befriedigt werden können. Die interne Beschaffung und die Besetzung des Teams durch Mitglieder der einzelnen Beratungsleistungen muß schnell und effizient durchgeführt werden. Neben dieser internen Dimension treten im Ge-

---

[112] Vgl. Zeiner/Ring (1999), S. 242ff.

schäftsmodell der Zukunft noch weitere neue Partner hinzu, ein umfassender Informationsfluß und der Austausch von Personal und Produkten stellt eine Optimierung der Wertschöpfungskette im Sinne des Klienten dar. Daß ein solches Geschäftsmodell nur funktionieren kann, wenn die einzelnen Einheiten perfekt aufeinander abgestimmt sind und unbedingtes Vertrauen herrscht, versteht sich von selbst. In einem idealisierten Modell herrschen unendlich kurze Vorlaufzeiten, so daß alle in- und externen Glieder der Wertschöpfungskette entsprechend der Nachfrage das jeweils nächste Glied mit den entsprechenden Ressourcen versorgen.[113] Es erfolgt dadurch der Aufbau einer Wertschöpfungspartnerschaft, die bei allen Beteiligten auf den gleichen Visionen und Strategien beruht.[114] Die Problematik der Logistik im Sinne des Transports stellt für ein Dienstleistungsunternehmen wie eine Beratungsgesellschaft in der Regel eher ein geringfügiges Problem dar.[115] Von Seiten des Beratungsunternehmens muß neben der Auswahl des Allianzpartners (Service-Management) auch die weitere Pflege bzw. Weiterentwicklung vorangetrieben werden (Service-Design, Service-Development). Hierzu gilt es, aufgrund von Marktbeobachtungen zukünftige Trends zu antizipieren und durch das Service-Design und -Development Produkte und Dienstleistungen für die zukünftigen Anforderungen zu entwickeln. Das Portfolio-Management hat also die Aufgabe, die richtigen Produkte und Dienstleistungen für den zukünftigen Markt zusammenstellen. Trotzdem müssen die Beratungsgesellschaft und ihre Allianzpartner flexibel auf neue Klientenanforderungen reagieren können.

Kommunikation und ein unbeschränkter Informationsfluß zwischen den Partnern erlaubt die Entwicklung eines Vertrauensverhältnisses als wesentliche Voraussetzung für ein Efficient Replenishment. Bei Beratungsunternehmen liegt der Fokus allerdings eindeutig mehr bei der Erweiterung der Märkte als bei der Kostensenkung. In diesem Bereich sind lediglich Kostensenkungen durch zielgerichtete Planung auf die „richtigen" Marktfelder (keine teuren Fehlplanungen) und Senkung der Informationskosten zu erwarten. Der Mehrwert liegt bei der besseren Umsetzung von Klientenwünschen und damit bei einer Erschließung erweiterter Ertragspotentiale.

---

[113] Vgl. für den Handel Schulte/Hoppe (1999), S. 75.
[114] Vgl. Wertschöpfungspartnerschaft für den Handel Rodens-Friedrich (1999), S. 206ff.
[115] Zu Logistikkonzepten vgl. Hausmann (1999), S. 114ff.

5.2.3.3 Efficient Assortment

Die effiziente Sortimentsgestaltung beschäftigt sich mit der optimalen Flächen- und Regalausnutzung. Weiterhin spielen die effektive Produktplazierung, die Kontaktstrecke und die Preisfindung eine wesentliche Rolle.[116] Im Handel konnten wesentliche Verbesserungen der Kundenzufriedenheit bei der Zusammenarbeit von Hersteller und Handel festgestellt werden. Das Besondere in diesem Bereich ist das später erörterte übergreifende Category Management (vgl. dazu Kapitel 5.2.3.6).

Für das Beratungsunternehmen stellt sich die Frage der Sortimentsgestaltung sehr viel komplexer als im Handel. Je nach angebotener Beratungsleistung und Klientenansprache ergeben sich unterschiedliche Möglichkeiten der Optimierung der Klientenansprache (nichts anderes stellt eine Regal- und Flächenoptimierung dar). Die Präsentation beim E-Consulting läßt sich am ehesten noch mit einem Supermarkt vergleichen. Die Problematik der Anordnung der Beratungsleistungen und die Frage, welcher Service auf der Portalseite steht und welcher aktiv durch einen „guten" Platz in der Webhierarchie des Internetauftritts vertreten sein muß, stellt das Beratungshaus vor die gleichen Probleme wie den traditionellen Handel. Auch hier kann eine Zusammenarbeit zwischen dem Allianzpartner und dem Beratungsunternehmen eine Fokussierung des Services auf Klientengruppen bzw. Marktsegmente (z.B. Kostenreduktion im Vertrieb) ermöglichen und damit ein optimale Klientenansprache erlauben. Das Regal ist dann optimal gefüllt, wenn der Klient diejenigen Services findet, die er braucht. Das Internet bietet die Möglichkeit klientenindividuelle „Regale" mit Services zu füllen, d.h. spezielle Internetseiten für Klientengruppen oder sogar einzelne Klienten zu entwickeln. Der Klient müßte dann nicht die ermüdende und frustrierende Suche nach den richtigen Leistungen durchführen. Aufgrund seines Profils wird ihm bereits beim Einstieg die „richtige" Auswahl vorgelegt.

Der traditionelle Berater hat es beim Klientengespräch wesentlich schwerer. Er kann neben der eigentlichen Thematik in der Regel nur auf einige, wenige weitere Services verweisen ohne daß der Klient seine Zeit als verschwendet betrachtet. Diese müssen den Geschmack des Klienten treffen und bedürfen der sorgfältigen Auswahl und Recherche. Eine Marktanalyse und bisherige Gespräche sowie Trends verschaffen dem Berater die notwendigen Informationen. Nur wenn zumindest ein Großteil der Themen stimmt, wird der Berater als kompetent eingestuft und hat die Chance bei dem Klienten weitere Aufträge zu akqui-

---

[116] Vgl. van der Heydt (1999), S. 8ff.

rieren. Die entsprechenden Daten müssen das Beratungsunternehmen und die Allianzpartner gemeinsam sammeln.

5.2.3.4 Efficient Promotion

Preise und Promotions gelten als wesentliches Element der Zusammenarbeit zwischen Handel und Hersteller. Promotions werden dabei als strategisches Element gesehen, das die Umsätze und die Wertschöpfung erhöht.[117] Neben dieser Frage stellt die Bindung der Klienten an Marke und Geschäft einen wesentlichen Ansatz dar. Loyale Käufer sind die wesentliche Grundlage für Umsatz und langfristigen Geschäftserfolg. Studien haben ergeben, daß zuviele Promotions, verbunden mit Sonderangeboten, kontraproduktiv sind und die Loyalität der Käufer gegenüber einer Marke senken. Es gilt also intelligente und kreative Promotions zu entwickeln, die auf das Produkt zugeschnitten sind und den Spaß am Einkaufen erhöhen. Wird dies durch eine sinnvolle Preisstellung unterstützt, kann ein guter Effekt erzielt werden.

Für das Consultingangebot lassen sich die folgenden Implikationen ableiten:
1. Promotions sind auch für das Consulting notwendig und dienen auch hier zur Ausdehnung des Marktanteils und der Erschließung neuer Klientenschichten.
2. Eine zielorientierte Ausrichtung auf Klienten und Abstimmung der Promotions mit dem Service lassen eine Optimierung der Wirkungsweise vermuten. So sollte z.B. die Werbung für E-Consulting-Beratungsleistungen im Medium Internet geschaltet werden. Eine Promotion-Maßnahme kann darin bestehen, neue Klienten zunächst durch einen attraktiven Internetauftritt „anzulocken" und dann für das Angebot an Beratungsleistungen entweder in elektronischer oder traditioneller Form zu „begeistern". Eine Ansprache von Klienten auf Messen, durch Vorträge oder durch Klientenbesuche muß insbesondere für den „traditionellen" Service weiterhin erfolgen. Eine Verknüpfung aller Servicegruppen durch wechselseitige Promotions läßt eine gezielte Ansprache der Klienten zu.
3. Die Problematik der Preisfindung stellt sich bei den Beratungsleistungen des Consulting nicht in dem Maße wie bei Konsumgütern. Die Vergleichbarkeit und Transparenz der Leistungen ist beim Consulting weniger gegeben, so daß ein direkter Preisvergleich kaum möglich ist. Außerdem haben Sonderangebote in diesem Bereich immer einen negativen Beigeschmack und sind unüblich. Eine Preisvariation kann nur durch eine Variation der Beratungsleistungen und durch attraktive Preismodelle dargestellt werden. Eine Verknüp-

---

[117] Vgl. Figgen (1999), S. 181ff.

fung des Projekterfolges mit der Bezahlung (sog. Risk-and-reward-Sharing) sind dagegen durchaus üblich und entwickeln loyale Klienten.

Eine Optimierung des Service-Portfolios und kreative und innovative Promotions werden neue Klientensegmente erschließen und den Markterfolg dauerhaft sichern. Dabei ist es notwendig, mit den Promotions einen seriösen Auftritt zu erzielen, um den Markenerfolg des Beratungsunternehmens und der Einzelservices nicht zu gefährden. Die Entwicklung zum Top Brand kann nur durch Promotion erfolgen.[118] Das Wertesystem des Klienten muß gezielt im Sinne des Beratungsunternehmens beeinflußt werden. Kundenbindung ist dabei kein eigentliches Ziel des Efficient Consumer Response-Gedankens, sondern eher ein Nebeneffekt. Es ersetzt in keinster Weise ein Klientenbindungssystem.[119]

5.2.3.5 Efficient Service Introduction

Der Handel setzt das Efficient Product Introduction System ein, um eine möglichst effiziente Produkteinführung zu gewährleisten. Eine intensive Kooperation von Handel und Herstellern im gesamten Produktentwicklungs- und Produkteinführungsprozess stellt dafür die Basis dar.[120] Der Handel dient dabei als Schnittstelle zum Endkunden und kann wesentliche Impulse für die Bedürfnisse der Verbraucher liefern. Im Rahmen der Produkteinführung ist möglichst frühzeitig eine breite Distribution im Handel zu erreichen.

Eine Übertragung auf die Entwicklung von Services läßt sich in diesem Zusammenhang leicht vorstellen. Die Ideenfindung für den Service kann entweder durch das Beratungshaus, den Allianzpartner (als Hersteller) oder durch die Ergebnisse eines Marktforschungsprojektes erfolgen. Eine Analyse der Service-Ideen sollte dann durch gemeinsame Workshops der Beteiligten erfolgen, die über eine weitere Verfolgung der Idee oder deren Ablehnung entscheiden. Die Kombination der Marktkenntnis aller Beteiligten erlaubt eine ziemlich genaue Prognose, weil insbesondere die Betrachtung aus unterschiedlichen Blickwinkeln die Voreingenommenheit einer Partei verhindert. Die Planungssicherheit nimmt damit zu und verhindert finanziell belastende Fehlschläge. Zudem erhöht eine gemeinsame Planung und Entwicklung eines Servicekonzeptes die Verbundenheit der Partner und läßt später erhebliche positive Auswirkungen (z.B. keine Schuldzuweisungen, kooperatives Arbeiten) erwarten, wenn es sich um nachfol-

---

[118] Zur Krise der Marken im Handel vgl. Michael (1999), S. 422ff.
[119] Vgl. Böckem/Kiel (1999), S. 394ff.
[120] Vgl. Mei (1999), S. 142.

gende Serviceanpassungen handelt. Die sich im Handel darstellende Problematik der breiten Verfügbarkeit, ist – wenn auch in abgewandelter Form – ebenso für Beratungsleistungen gegeben. Die besonderen Eigenschaften des Gutes Dienstleistung machen es notwendig, rechtzeitig für ein genügend großes Potential an Humanressourcen zu sorgen und das evtl. dahinter stehende Produkt (z.B. Softwarepaket) in ausreichend großer Menge verfügbar zu haben. Es gilt also nach Schätzung der Nachfrage in einem Ausbildungsplan die Berater rechtzeitig und in ausreichender Quantität auf die neuen Aufgaben vorzubereiten. Es sei aber vor einer einseitigen Orientierung an Bedürfnissen gewarnt. Kein Unternehmen wird auf Dauer erfolgreich sein, wenn es wahllos jeden Klientenwunsch erfüllt.[121] Die unternehmensindividuelle Strategie der Klientenansprache ist der kritische Erfolgsfaktor.

Eine Optimierung der Qualität und die Ausrichtung auf Kundenbedürfnisse ist also nur möglich, wenn alle beteiligten Unternehmen gemeinsam agieren. Es ist jedoch unbestritten, daß eine derartig enge Zusammenarbeit kreative Freiräume beschränken kann und deshalb und wegen möglicher Abhängigkeiten von vielen Unternehmen abgelehnt wird. Sie wird daher nur in einem evolutorischen Prozeß erreichbar sein, der Schritt für Schritt die Vorteile der Zusammenarbeit erarbeitet und auf dem gewonnenen Vertrauen der vorherigen Stufe aufbaut.

5.2.3.6 Category Management

Das Category Management des Handels stellt das Gegenstück zum Service-Management bei der Beratungsgesellschaft dar. Diese Position faßt die vier zuvor geschilderten Basisstrategien zusammen und setzt diese für jeden einzelnen Service um. Betrachtet man den „Service als Geschäftsmodell zur Gestaltung der   Zukunft:
Die neue Wertschöpfungskette" (Kapitel 5.2.1), erscheint es unwahrscheinlich, daß der Servicemanager sich neben dem laufenden Geschäft auch noch um die Umsetzung der Basisstrategien kümmern kann. Er sollte dabei, auch aus Gründen der Koordination mit den anderen Services und wegen der Entwicklung und Durchsetzung einer Corporate Identity, durch zentrale Einrichtungen unterstützt werden.

Neben dem Service Manager muß also im Rahmen der Organisationseinheit A&K eine zentrale organisatorische Einheit geschaffen werden, die den Service Manager in allen Bereichen der Entwicklung der Basisstrategien unterstützt.

---

[121] Vgl. Hinterhuber/Friedrich (1999), S. 332ff.

Dabei sollte insbesondere der Erfahrungs- und Wissenstransfer bei der Entwicklung und Umsetzung von Basisstrategien zwischen den Services unter Einbeziehung von Allianzen entwickelt und gefördert werden. Trotzdem ist eine Beteiligung des Service Managers bei der Entwicklung der Strategie und den grundsätzlichen Entscheidungen notwendig, da nur er bzw. sein Vertreter das notwendige Klienten- und Marktwissen in diesem Marktsegment hat.[122] Die Prozesse der Definition und Entwicklung sowie des Managements des Service-Portfolios ist eingangs bereits ausführlich beschrieben worden. Er muß um die Basisstrategien des Efficient Customer-Response ergänzt werden und kann so nachhaltigen Nutzen für alle Beteiligten erzielen.[123] Eine ausgereifte und standardisierte Informationstechnologie stellt dafür eine wesentliche Voraussetzung dar. Diese wird für den Efficient Consumer Response Ansatz im Handel als notwendige Voraussetzung für den Erfolg angesehen.[124] Der Wissenstransfer im Geschäftsmodell der Beratungsunternehmen zwischen Servicemanager, zentraler ECR-Einheit und Allianzpartnern muß gewährleistet sein. Problematisch erscheint die Entwicklung eines Kooperationsmodells im Rahmen des neuen Geschäftsmodells. In der Praxis ist es notwendig, Ineffizienzen bei der Zusammenarbeit und Reibungsverluste zu vermeiden, damit die positiven Effekte der Kooperation, die ja auch das Ziel der Kostensenkung verfolgen, nicht durch die Erhöhung von Transaktionskosten (insbesondere Informations- und Abstimmungskosten) gefährdet werden. Eine konsequente Ausrichtung auf die gesamtunternehmensbezogene Vision und Strategie sowie die Verfolgung der Strategien der einzelnen Servicefelder geben den Rahmen für das Servicemanagement und damit auch für Allianzen vor.

5.2.3.7 Zusammenfassende Darstellung

Das Efficient Consumer Response-Konzept des Handels stellt ein Modell dar, das eine ganzheitliche Fokussierung auf den Klienten bzw. den Markt ermöglicht. Es wurde gezeigt, daß wesentliche Elemente direkt auf die Beratungsunternehmen übertragen werden können. Ein Efficient Client Response System stellt dabei aber keine Neuerung dar, sondern faßt nur die Fokussierung auf den Klienten in einem ganzheitlichen Konzept zusammen. Auch das in Abschnitt 5.2.1 dargestellte Geschäftsmodell unterstützt die Forderungen des ECR-Ansatzes. Seine Kernelemente des ECR-Ansatzes und ihre Übertragung auf die

---

[122] Zu der Bedeutung von Verbraucherdaten im Handel vgl. Speer (1999), S. 222ff.
[123] Vgl. Stefanescu (1999), S. 256, insbes. Abb 20–1.
[124] Vgl. Guenther/Vossebein (1999), S. 170ff.

Beratungsunternehmen lassen sich damit, wie folgt, zusammenfassend kennzeichnen:

Der E-Commerce-Ansatz läßt erstmals die technologischen Möglichkeiten für intensive und direkte Zusammenarbeit zwischen den Allianzpartnern und dem Beratungshaus möglich werden. Dabei spielen Kostensenkungen nicht die Hauptrolle, sondern die Erweiterung des Marktsegmentes, sowie die Effizienzsteigerung von der Serviceentwicklung bis hin zur Servicelieferung.

Im gleichen Maße wie die Vernetzung steigt, ist es notwendig, daß sich die Mitarbeiter weiterentwickeln. Die Entwicklung des Arbeitsumfeldes macht es notwendig, flexible und dem Wandel aufgeschlossene Mitarbeiter zu haben.[125] Der Mensch wird damit zum primären Erfolgsfaktor für das Gelingen eines klientenzentrierten Unternehmens.

Die Implementierung des ECR-Konzeptes im Unternehmen bedeutet damit auch für den einzelnen Mitarbeiter eine radikale Veränderung. Das neue Geschäftsmodell zu implementieren heißt damit, den Wandel zu gestalten.[126] Die Implementierung bedeutet eine neue Form des Relationship Managements, das vom rein klientenorientierten Ansatz auf den Partneransatz erweitert werden muß. Die Allianzpartner müssen genauso intensiv gepflegt werden wie der Kunde, damit am Ende eine markt- und konkurrenzfähige Lösung entstehen kann. Es lassen sich somit drei Formen des Relationship Management unterscheiden, die nach dem neuen Geschäftsmodell von unterschiedlichen Organisationseinheiten wahrgenommen werden:[127]

- Client Relationship: Endkunden werden von den Organisationseinheiten *E-Consulting* und *Traditionelles Consulting* betreut.
- Partner Relationship: Partner zur gemeinsamen Serviceerstellung werden von den Organisationseinheiten *Alliance Management* und den Consulting Einheiten betreut
- Supply Management: Lieferanten, werden von der Organisationseinheit *Administration und Koordination* betreut.

Die Faktoren Marke und Klientenbindung sind wesentliche Bestandteile des ECR und müssen konzeptionell weiterentwickelt werden. Die Marke und der damit verbundene Added Value führen die Konzepte des ECR erst zum Er-

---

[125] Praxisbeispiel vgl. Creischer (1999), S. 302ff.
[126] Vgl. Spalink (1999), S. 297ff.
[127] Vgl. Puhlmann/Heinemann (1999), S. 312ff.

folg.[128] Die Einführung und Entwicklung einer Marke sind also notwendig, um den gewünschten Erfolg zu erzielen.

5.3 Inhalte in Gegenwart und Zukunft des elektronischen Beratungsunternehmens

5.3.1 Der Status quo: Das Internetangebot ausgewählter Beratungsunternehmen heute

Der folgende Abschnitt stellt kurz den derzeitigen Status quo bei den Internetseiten dreier exemplarisch ausgewählter Beratungsunternehmen dar, beschreibt deren Informationsgehalt und analysiert die Zielsetzung des Angebotes.

Andersen Consulting stellt auf seiner Homepage (andersenconsulting.com), von der es nur eine internationale, englischsprachige Version gibt, eine Vielzahl von Informationen zur Verfügung. Der Aufbau ist als klassisch zu bezeichnen und überzeugt durch seine Übersichtlichkeit (vgl. Abbildung 23).

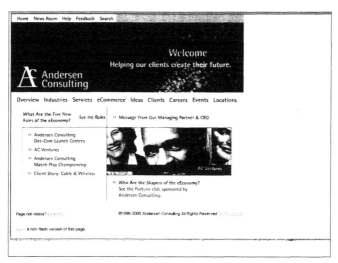

Abbildung 23: Internetseite von Andersen Consulting[129]

Graphische Effekte wie im oberen (im Original) farbigen Bereich, sich verändernde Visionen und wechselnde Bilder im Mittelbereich der Seite lockern das

---

[128] Vgl. Michael (1999), S. 422ff.
[129] Vgl. andersenconsulting.com (Stand: 07.03.2000).

Gesamtbild auf, trotzdem wirkt die Seite sehr seriös und hat einen hohen Informationsgehalt. Die Informationsleiste unter dem farblich abgesetzten oberen
Drittel erlaubt einen zielgerichteten Zugriff auf Struktur und Tätigkeitsgebiete
des Beratungsunternehmens. Dieser Bereich ist als feststehend und für alle Seiten durchgängig anzusehen.

Im mittleren Drittel der Internetseite liegt eine Unterteilung vor. Das wechselnde
Bild auf der rechten Seite dient als Blickfänger für die aktuellen Themen, wie
eCommerce, auf der linken Bildhälfte.[130] Diese werden ergänzt durch aktuelle
Klientenprojekte und generelle Überlegungen zum Themenbereich eCommerce.

Das untere Drittel der Seite ist frei, ermöglicht so dem Betrachter eine Orientierung auf das Wesentliche und läßt nicht den Eindruck entstehen, daß die Seite
mit Informationen überfrachtet wäre. Zudem gibt es für geringere Übertragungsgeschwindigkeiten auch eine "Textversion" der Homepage. Auch ein
„Troubleshooting" für Probleme bei der Darstellung wird angeboten.

Die dahinterstehende Verzweigung ist klar, logisch und konsequent durchdacht.
Eine einfache Übersicht und eine Vielzahl von Informationen hilft bei der Auswahl der richtigen Verzweigung. Der aktuelle Status (Loading-Zeichen) wird
ebenfalls angezeigt. Innovative Darstellungskonzepte unterstützen die Motivation bei der Suche. Die Übersichtlichkeit bleibt auf jeder der Seiten gewahrt, da
die Grundstruktur beibehalten wird und immer im oberen Drittel der Informationsbalken erscheint. Allerdings erfolgt in weiteren Verzweigungen eine Aufteilung des Bildschirms nach der 80/20-Regel – 80% Information und 20% Navigation.

Die Homepage von Andersen Consulting verbindet auf fast ideale Weise den
Mix aus Information und Kommunikation. Der Fokus liegt eindeutig auf der
Darstellung des Unternehmens und der Akquisition von Neukunden. Ergänzt
wird das Konzept durch eine allerdings im Verhältnis geringe Anzahl von Zusatzservices (Ideen, Regeln für eCommerce etc.). Der Mehrwert für den Klienten gegenüber traditionellen Broschüren liegt in der ständigen Verfügbarkeit und
Aktualität der Informationen sowie in einer Erhöhung des Informationsangebotes. Die Zielrichtung dieser Internetseite ist hauptsächlich Information, weniger
Interaktion.

---

[130] Notation von eCommerce gem. Andersen consulting.

Die Boston Consulting Group (BCG) stellt im Gegensatz zu ihrem Konkurrenten Andersen Consulting auch eine deutsche Version ihrer Hompage vor. Diese wird im folgenden nur kurz dargestellt, da aus Gründen der Vergleichbarkeit nur die englischsprachigen internationalen Homepages relevant sind. Die deutsche Homepage (bcg.de) läßt sich in vier Gliederungspunkte unterteilen. Aus Sicht einer Internetlösung für das Consulting ist lediglich der erste interessant. „Wer wir sind" beinhaltet die Unternehmensdarstellung und die Kompetenzen. Die Untergliederung erfolgt in „Strategieberatung" und „Wie wir handeln". Strategieberatung wird allgemein in lehrbuchhafter Form entwickelt. Der BCG-Projektansatz wird ebenfalls nur oberflächlich dargestellt. Die internationale Homepage von BCG ist dagegen umfangreicher und bietet wesentlich mehr Informationen (vgl. Abbildung 24).

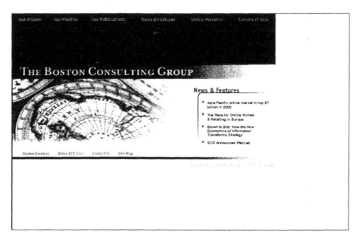

Abbildung 24: Internetseite der Boston Consulting Group[131]

Die Farben der Boston Consulting Group weiß und grün bestimmen das Bild. Die Informationsleiste befindet sich bei der BCG am obersten Rand des Bildschirms. Die Benutzerfreundlichkeit ist als sehr hoch einzustufen, wobei graphische Elemente und Animationen völlig fehlen. Die Seiten lassen sich auch hier direkt anwählen. Während die Informationsleiste fester Bestandteil ist, stehen aktuelle News im mittleren Drittel der Seite. Das untere Drittel wird durch Möglichkeiten der Kommunikation und Navigation bestimmt. In einer Site Map sind die verfügbaren Seiten in Gruppen gegliedert übersichtlich dargestellt und können direkt aus der Übersicht heraus angewählt werden. Die Anwendbarkeit

---

[131] Vgl. bcg.com (Stand: 07.03.2000).

dieses Konzeptes dürfte allerdings relativ beschränkt sein, da die Übersichtlichkeit bei einem stärkeren Informationsgehalt bzw. höherer Seitenzahl verloren geht.

Der Informationsgehalt erscheint insgesamt geringer als bei Andersen Consulting, auch die graphische Aufmachung fällt etwas ab. Navigation und Inhalt sowie die Konsistenz der Seiten, sind insgesamt als gut gelungen zu bewerten. Auch hier gilt das zuvor Gesagte: Der Fokus liegt eindeutig auf Information und nicht auf Interaktion. Akquisition von Klienten, angereichert mit einigen aktuellen Informationen, stellen auch bei dieser Lösung den Kern dar und bestimmen die Darstellung.

Die Unternehmensberatung McKinsey & Company geht – zumindest in Deutschland – einen ganz anderen Weg (mckinsey.de). Eine schwarz gehaltene Seite mit einer großformatigen klein geschriebenen Frage (unsere profession lebt von entscheidungen, wie entscheiden sie?) als Blickfang und der Möglichkeit zwischen drei Hauptpunkten und einem kurzen aktuellen Schlagwortverzeichnis auszuwählen, stellt den Unternehmensauftritt im Internet dar. Unter dem Hauptpunkt „Ich brauche Informationen zum Unternehmen" bietet McKinsey in drei Punkten, fast versteckt, die Möglichkeiten der Abfrage von „News" und einem „Short-Cut" (Unternehmensgeschichte mit weiteren Detaillierungsmöglichkeiten) auch die Möglichkeit, per Mail Kontakt aufzunehmen. Unter dem Hauptpunkt „Ich interessiere mich für Produkte und Unternehmen" zeigt McKinsey sein jährliches Treffen aller deutschen Berater (academia III), den Zusammenbau eines Autos und, unter dem Punkt Qualitysearch, das Angebot, Literatur und wissenschaftliche Texte zu suchen. Die internationale Internetseite von McKinsey (mckinsey.com) ist ebenfalls in Schwarz gehalten. Neben der für McKinsey charakteristischen Ausprägung der Einstreuung von Zitaten ehemaliger oder noch tätiger Partner werden hier, durch den Einsatz von mehreren Verzweigungen, deutlich mehr Information geboten als in der deutschsprachigen Version.

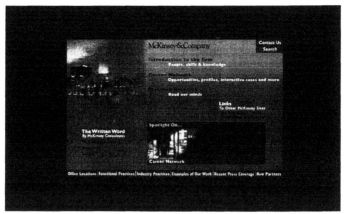

Abbildung 25: Internationale Internetseite von McKinsey[132]

Es läßt sich eine Aufteilung erkennen zwischen einem eher strategisch-visionären Überblick, bestehend aus den drei Punkten „Introduction to the firm", „Career Network" und „Featured Research" und eBusiness Themen. Im Rahmen des Hauptpunktes „Introduction to the firm" werden nach einer Zitatseite auf einer weiteren Ebene insgesamt vier Seiten (aufgeteilt in „overview", „people & values", „skills" und „knowledge") als Überblick angeboten, die lediglich eine Kurzbeschreibung der Themen darstellen. Neuigkeiten werden in Bildform dargestellt und können direkt angewählt werden. In einem Balken im unteren Randbereich des Bildschirmes werden detaillierte Informationen für den Benutzer bereitgestellt und weitere Internetseiten geben einen Überblick über die Organisation und das Service-Portfolio (vgl. Abbildung 25). Dabei bietet insbesondere die Auswahl der aktuellen Projekte eine gute Unterstützung für den Besucher, um über das Leistungsspektrum informiert zu werden. Eine Übersicht über aktuelle Forschungen von McKinsey-Mitarbeitern rundet das Leistungsspektrum ab. Eine ansehnliche graphische Aufmachung und die direkte Anwahl erleichtert das Navigieren. Allerdings sind die Seiten hier nicht so konsistent gestaltet, der Informationsbalken „wandert" in diesem Beispiel von der unteren Bildschirmseite zur oberen. Die Übersichtlichkeit bleibt jedoch problemlos gewahrt. Der Zugriff auf das Wissensnetzwerk wird in Teilbereiche aufgespalten („The Written Word"). Neben der reinen Information und Akquisition von Neuklienten werden auch Value Add Services angeboten, wie Artikelsuche und der umfangreiche Informationsgehalt.

---

[132] Vgl. www.mckinsey.com (Stand: 07.03.2000).

Die Analyse der Webpräsenz dieser führenden Beratungsunternehmen zeigt, daß der Schwerpunkt heutiger Internetauftritte auf der Darstellung des Unternehmens liegt und der Akquisition dient. Die Möglichkeiten des Internets, insbesondere die der Interaktion, werden nur in sehr geringem Maße genutzt. Auch das Fehlen von Value Add Services läßt am Erfolg des Webauftrittes zweifeln. Soll eine Internetpräsenz dauerhaft der Ausweitung des Serviceangebots dienen, muß sie entsprechend aufgebaut sein. Die derzeit auf dem Markt befindlichen Systeme sind nicht ausreichend auf die Präsentation von Value Add Services ausgerichtet.

5.3.2 Das Beratungsportal: Öffnung für die Zukunft des Beratungsmarktes

Die Herausforderungen der Zukunft werden sich bald zu Anforderungen der Klienten an „ihr" Beratungsunternehmen wandeln und dafür sorgen, daß nur die Unternehmen überleben, die dafür gerüstet sind. Ausgehend von der Vorstellung, daß das elektronische Geschäft weiter Einfluß gewinnt, ohne das traditionelle Geschäft vollständig zu verdrängen, gilt es beide in möglichst idealer Weise zu verknüpfen. Der Anspruch, über das Internet Geschäfte abzuwickeln und Klientenbeziehungen aufzubauen oder zu festigen, benötigt einen professionellen und wohlüberlegten Auftritt. Dieser muß, um den steigenden Anforderungen gerecht zu werden, weit über das hinausgehen, was zur Zeit von den Beratungsunternehmen angeboten wird: Die Einrichtung eines Portals, das für den Klienten einerseits die Welt des Beratungsunternehmens selbst öffnet und andererseits eine Verbindung zu den Partnern herstellt.[133] Geht man von der üblichen Klassifizierung der Portale aus, so handelt es sich dabei um ein End-to-end-Portal von den Partern des Beratungsunternehmens bis hin zum Klienten. Die Informationen sollten integriert zur Verfügung gestellt werden, wobei man dann von einem Enterprise Information Portal (EIP) spricht.

Das Beratungsportal öffnet das Tor zu drei mit dem Beratungsunternehmen eng verbundenen Gruppen und hat sowohl eine interne wie auch externe Dimension:[134]

1. ClientNet: Die Verbindung mit den Klienten, aufgeteilt in einen geschützten Bereich, z.B. für Projekte und Communities, und in einen ungeschützten Bereich, der Informationen und die Beratungsleistungen zur Distribution anbietet.

[133] Übersicht über die Leader der Portaltechnik vgl. Rahlenbeck (2000), S. 44ff.
[134] Grundstruktur vgl. Mougayar (1998), S. 90f., insbes. Figure 5-6.

2. PartnerNet: Es dient für die (externen) Partner als Netz zur Kommunikation mit dem Beratungsunternehmen und dem Austausch von Daten, z.b. von virtuellen Projektplänen, Konfigurationen und Anforderungskatalogen für Services etc.. Gleichzeitig muß es für Klienten möglich sein, durch Links auf diese direkt zugreifen zu können.

3. SupplierNet: Die Verbindung der internen Organisationseinheiten untereinander zu Partnern und auch zu Klienten z.B. während des Ablaufs von Projekten und bei der Klientenbetreuung. In diesem Netz ist eine interne und externe Dimension enthalten, die klar getrennt werden muß.

Betrachtet man die Geschäftsmodelle im Internet, so muß das Beratungsportal die Funktionen eines Shops (Verkauf von Beratungsleistungen), eines Marktplatzes (Verkauf von gemeinsam mit Partnern erstellten Services), einer virtuellen Gemeinschaft (Beziehungspflege zu Partnern und Klienten), eines Dienstleisters (Auftragsabwicklung), eines Integrierers (End-to-end-Lösung), Teamorganisators (Verknüpfung von internen Beratungseinheiten und Partnerorganisationen) sowie eines Informationsvermittlers (Wissensdatenbank) haben.

Es sind also insgesamt sieben getrennte Bereiche des Portals vorzusehen, die unterschiedliche Anforderungen insbesondere an Inhalt, Sicherheit und Gestaltung stellen. Im folgenden wird das Webportal zunächst aus dem Blickwinkel des Inhalts genauer untersucht. Das Portal hat die Aufgabe, allen Gruppen einen deutlichen Mehrwert gegenüber der traditionellen Zusammenarbeit zu bieten. Je mehr Teilnehmer an diesem Netz partizipieren, desto größer wird der Nutzen für den Einzelnen und damit insbesondere für die Beratungsgesellschaft.

Stellt man zusammenfassend einen Anforderungskatalog für ein Portal zusammen, das auf die Belange der Beratungsunternehmen zugeschnitten ist, so lassen sich die bereits zuvor postulierten allgemeinen Anforderungen, wie
- schnelle, jederzeit zugängliche Information
- benutzerfreundliche Navigation
- echte Mehrwertorientierung gegenüber dem Klienten
- individuelle Best-in-Class Lösungen für den Klienten
- verstärkte Nutzung des Mediums Internet zur Kostensenkung

bei einer Internetlösung für Beratungsunternehmen in folgende sechs Kernelemente zusammenfassen:

1. Entwicklung neuer Services: *E-Consulting*

2. Adaption der „traditionellen" Beratungsleistungen (Darstellung des Service-Portfolios im Internet, Verknüpfung mit neuen Dienstleistungen): *Traditionelle Beratungsleistungen*

3. Ausbau des Informationsangebotes und der Möglichkeiten zur Klientenbindung (Diskussionsforen, Communities): *Interaktive Segmente*

4. Verknüpfung von Theorie und Praxis in einem eigenen Bereich: *Trends aus Theorie & Praxis*

5. Aufbau eines Netzwerkes mit Partnern mit gemeinsamem Service-Design, Service-Development und Service-Management (vgl. 5.2.3.5): *Allianz & Partner Segment*

6. Unternehmensdarstellung und Kommunikation: *Klient & Investor Relations*

Wichtig bei der Definition von Zusatzservices, die eine Ausdehnung in neue Geschäftsfelder bedeuten, ist der Zusammenhang mit den bisherigen. Eine konsequente Weiterentwicklung unter Nutzung der neuen Medien wie dem Internet, erlaubt dem Klienten eine problemlose Anpassung an das neue Medium bzw. die Annahme des neuen Services. Systembrüche und Entfremdung der Stammklientel werden so vermieden. Unternehmen aus dem Bereich der Markenprodukte wie bspw. Lego schaffen ein Portal, um in ihrem Marktsegment – den Spielwaren – eine eigene Welt für den Kunden zu schaffen.[135] Dazu müssen, basierend auf einer klaren Vision und Strategie, die Geschäftsfelder abgestimmt werden.

Die Geschäftsfelder des Beratungsunternehmens müssen bei einer Präsentation im Internet abgebildet werden. Übersichtlichkeit und ansprechende Präsentation sind dabei die Maßstäbe. Die bereits heute realisierte Benutzerfreundlichkeit muß auch bei einer starken Ausweitung des Angebotes und der Informationen weiterhin gewährleistet sein. Da es für ein Beratungsportal bisher keine Vorbilder gibt, dienen die Maßstäbe aus anderen Branchen als Ansporn und Herausforderung. Die bereits eingeführte Internetseite von Americasdoctor für den Gesundheitsbereich kommt dem Informationsvolumen und der Darstellung der Services am nächsten. Sie wird im folgenden als Vorbild adaptiert, um die in der Hierarchie darunter liegenden Einzelservices zu beschreiben.

---

[135] Vgl. Kruse/Rumpf (1999), S. 197ff.

Abbildung 26: Beratungsportal im medizinischen Umfeld

Eine Oberfläche könnte sich am Medizinportal (Abbildung 26) ausrichten und die Kernelemente Darstellung und Auswahl von Beratungsleistungen, Trend aus Theorie und Praxis, Diskussionsforen, Communities und Links zu Partnern enthalten.[136] Der Inhalt stellt den wesentlichen Erfolgsfaktor für ein Beratungsportal dar. Aus diesem Grund werden nachfolgend die Inhalte der einzelnen Elemente eines Beratungsportals skizziert. Da sich die Inhalte für die einzelnen Anspruchsgruppen unterscheiden, werden diese getrennt dargestellt.

5.3.3 ClientNet: Business-to-Client

5.3.3.1 E-Consulting

Das Web-Angebot für die elektronischen Services stellt das Kernelement des neuen Beratungsunternehmens dar. Eine entsprechende auffallende Darstellung und Plazierung auf dem Portal ist deshalb unbedingt notwendig. Nach der Auswahl auf dem Hauptportal sollte dem Klienten in einer kurzen Darstellung das Konzept der Online-Präsentation erläutert werden. Dies sollte allerdings nicht durch einen schwer zu lesenden Fließtext erfolgen, sondern anhand einer Multimedia Präsentation. Verlauf und Darstellung eines solchen Projektes, verbunden mit Referenzen (Darstellung der Verbesserungen), runden die Präsentation

---

[136] Beratungsportale im Gesundheitswesen vgl. Gutowski/Watermann (2000), S. 144ff.

ab.[137] Der Klient muß von der Vorgehensweise des dynamischen Fragebogens überzeugt werden. Selbst wenn er sein Problem vermeintlich erkannt hat, sollte ihm die Wertschöpfung der Analysephase klar werden. Die Transparenz der Prozesse und Offenheit stehen dabei im Vordergrund. Die direkte Kommunikation mit dem Beratungsunternehmen wird durch die Integration eines „Contact buttons" ermöglicht.

Die gesamte Auftragsabwicklung ist online in einem Sicherheitsbereich abzuwickeln. Hat sich der Klient für eines der Angebote entschieden, so muß die Vertragsabwicklung ebenfalls online erfolgen können. Aufgrund der rechtlichen Situation ist zum jetzigen Zeitpunkt allerdings noch ein klassischer Vertrag zu empfehlen. Es bietet sich also an, die Daten online aufzunehmen und einen Vertrag in Papierform zu versenden. Erst danach wird dem Klienten das entsprechende Paßwort (per verschlüsselter E-Mail) zugeleitet und für ihn ein entsprechender Bereich eingerichtet.

5.3.3.2 Traditionelles Beratungsangebot

Eine Darstellung des traditionellen Beratungsangebotes unterscheidet sich nicht von den heute üblichen Darstellungen im Internet. Allerdings sollte neben Verweisen auf das übrige Angebot auch die klare Unterscheidung zum E-Consulting vorgenommen werden, um eine Kannibalisierung der beiden Geschäftsfelder zu vermeiden. Eine Darstellung des Serviceangebotes in der Theorie verbunden mit erfolgreichen Projekten könnte dabei einen wesentlichen Beitrag leisten. Eine ansprechende Darstellung z.B. durch Bilder, Einbinden von Multimedia-Elementen (Projekte aus Sicht eines verantwortlichen Vorstandes, etc.) wird die Motivation erhöhen, auch ein umfangreicheres Service-Portfolio anzusehen. Ziel muß dabei sein, daß der Verantwortliche mit Spaß das Portfolio anschaut und bei jedem Service einen Aha-Effekt erlebt.

Je umfangreicher das Service-Portfolio ist, umso mehr ist eine hierarchische Baumstruktur notwendig. Die Gliederung der Services wird aufgrund von Überlappungen allerdings nicht einfach zu realisieren sein. Eine eindeutige und sinnvolle Zuordnung trägt aber wesentlich zur Klientenzufriedenheit bei. Neben dieser indirekten Suche über eine zunehmende Detaillierung und Eingrenzung des Suchgegenstandes, muß es die Möglichkeit der direkten Suche nach Begriffen geben. Dies sollte sowohl auf der Portalebene wie auch auf Ebene des traditionellen Serviceangebotes möglich sein.

---

[137] Vgl. Gertz (1999), S. 83f.

Die sorgfältige Auswahl der graphischen Elemente und ihr dosierter Einsatz unterstützen die Darstellung des Service-Portfolios. Grundsätzlich stellt die Darstellung des klassischen Portfolios keinerlei Neuerung gegenüber den aktuellen Webauftritten dar. Ein Ausbau und eine bessere Nutzung der technischen Möglichkeiten würde die Präsentation noch attraktiver gestalten. Ebenso sollte bei jedem Service ein Ansprechpartner des Beratungsunternehmens genannt werden, so daß eine schnelle und unkomplizierte Kontaktaufnahme und Terminvereinbarung möglich ist.

5.3.3.3 Interaktive Segmente

Die interaktiven Bereiche stellen ein wichtiges Angebotselement im Rahmen des elektronischen Angebotes dar. Sie erlauben einen direkten Kontakt mit dem Klienten und lassen ihn in Interaktion mit dem Beratungsunternehmen treten. Sie müssen bei einem Beratungsportal erheblich ausgebaut werden. Dabei muß es einen Mix aus unterschiedlichen Instrumenten geben, von denen einige im folgenden dargestellt sind:

1. Diskussionsforen: Das Angebot über bestimmte Themen an bestimmten Tagen mit Fachvertretern aus anderen Unternehmen zu diskutieren, eröffnet die Möglichkeit des Erfahrungsaustausches. Dabei sollte das Beratungsunternehmen einen Diskussionsleiter zur Verfügung stellen, der die Diskussion lenkt und für einen straffen Ablauf sorgt. Als weitere Interaktionsmöglichkeit können die Benutzer des Portals die Themen bestimmen. Es sollten jedoch nur registrierte Nutzer zugelassen werden, da sonst die Gefahr von unqualifizierten Kommentaren zu groß wäre.
2. Sensibilisierungsfragebögen: Kurzfragebögen zu aktuellen Themen, die eine Kurzanalyse des entsprechenden Themenbereichs ermöglichen. Sie dienen der Sensibilisierung der Verantwortlichen und verweisen in idealer Weise auf das Angebot an Beratungsleistungen des Beratungsunternehmens. Die Interaktivität und direkte Kommunikation erlauben eine sofortige Auswertung und Ergebnisdarstellung.
3. Expertengespräche: Anders als bei Diskussionsforen können zu wechselnden Themenbereichen an das Beratungsunternehmen Fragen gestellt werden. Diese werden analysiert und wenn möglich, wird eine kurze (unverbindliche) Beratungsmöglichkeit dargestellt. Diese Themen können entweder in regelmäßigen Zyklen wechseln (bspw.wöchentlich oder monatlich), von den Klienten durch Vorschläge bestimmt werden oder unabhängig ohne Themenvorgabe

eingestellt werden. Der entscheidende Vorteil für den Klienten liegt in der verdeckten Ansprache und Antwort, was einen offeneren Umgang ermöglicht.

Der Gesichtspunkt der Interaktion ist einer der wesentlichen Mehrwert-Faktoren, der nur durch die Nutzung des Internet dargestellt werden kann. Schnelle Kommunikation ermöglicht Geschäftsvorgänge, die in dieser Form zuvor nicht möglich waren. Die Auswahl und Darstellung dieser Services muß also in attraktiver Form dargeboten werden, damit die Klienten immer wieder zurückkehren.

5.3.3.4 Trends aus Theorie und Praxis

Dieses Element soll die Aktualität gewährleisten und wie das Interaktionselement einen regelmäßigen Besuch der Klienten gewährleisten. Diese werden sich nur durch Value Add Services veranlaßt sehen, regelmäßig das Portal zu verwenden. Es gilt also, eine Mischung aus aktuellen Themen zu finden ohne jedem Trend hinterherzulaufen. Denkbar wären hier Kommentare zu Gesetzgebungsinitiativen (z.B. durch partnerschaftliche Verbindungen mit Wirtschaftsprüfern) oder wie dies auch heute bereits angeboten wird, von Beratern verfaßte Artikel zu aktuellen Themen der Wirtschaft (bspw. E-Business-Strategien). Auch die Versendung eines Newsletters ist eine Möglichkeit, das Management auf aktuelle Themen aufmerksam zu machen und zum Besuch der Internetseite anzuregen. Ebenso können Veröffentlichungen der Berater (z.B. Bücher, Artikel) die Kompetenz des Beratungshauses in den Themengebieten dokumentieren. In der Regel kommen dabei den Beratungsgesellschaften ihre universitären Aktivitäten zu gute.

Neben diesen theoretischen Ansätzen können neue innovative Projekte als Beispiel für die Innovationskraft des Unternehmens dienen. Eine Darstellung des Projektverlaufes und der Ergebnisse kann das Vertrauen in die Umsetzungskraft stärken. Insbesondere praktische Lösungen und Referenzen helfen Praktikern bei der Entscheidung für das Beratungshaus und stellen ein nicht unerhebliches Entscheidungskriterium dar.

Ein Teil dieser Services ist bereits in der einen oder anderen Form bei Beratungsgesellschaften realisiert. Allerdings müßte ein zielgerichteter Ausbau der Lösung und eine striktere Mehrwertorientierung eingeführt werden.[138] Ein er-

---

[138] Vgl. Gräf (1999), S. 120ff.

heblich größeres Potential, z.B. bei der Klientenbindung ist möglich und muß in Zeiten wachsender E-Commerce-Aktivitäten realisiert werden.

5.3.3.5 Partner- und Alliance-Segment

Auf die Bedeutung von Partnerschaften wurde bereits mehrfach hingewiesen und sie wurden im neuen Geschäftsmodell auch organisatorisch verankert. Die Partner der Beratungsgesellschaft benötigen auch auf dem Portal ein Forum, in dem sie ihre Produkte und Services, insbesondere im Fokus der Zusammenarbeit mit dem Beratungsunternehmen, vorstellen können. Direkte Links ergeben die Möglichkeit, tiefer in das Portfolio der Partnerunternehmen einzudringen und detailliertere Informationen zu extrahieren. Die Darstellung von Partnern stellt entgegen der landläufigen Meinung keinerlei Risiko für das Beratungsunternehmen dar, da davon auszugehen ist, daß sowieso nur Unternehmen gewählt werden, deren Geschäftsfelder sich nur gering bzw. gar nicht mit dem des Beratungsunternehmens überlappen. Im Gegenteil: Eine Darstellung und Vorstellung der Partner stellt Offenheit dar und erweckt den Eindruck von Objektivität. Eine konsequente Mehrwertausrichtung auf den Klienten wird so bewiesen. Allerdings sollte diese Unternehmen nicht einfach durch Links verbunden werden. Nach dem Portal muß auf einer Einführungsseite der Partnergedanke und seine Klientenorientierung erläutert werden, um dann durch einen Suchalgorithmus und/oder alphabetische Listen (nach Produkt/Firma) auf die Partnerunternehmen zu verweisen. Kritischer Erfolgsfaktor stellt die Vermittlung des Mehrwertes für den Klienten dar, da er sonst eine derartige Vernetzung eher verwirrend finden dürfte. Bei der Benutzerführung sollte es aus Gründen der Bedienbarkeit zu einer schrittweisen Annäherung aller Beteiligten kommen, damit sich der User überall gut zurechtfinden kann. Umgekehrt müssen auch die Partnerunternehmen für das Beratungsunternehmen und die gemeinsamen Services werben, wie dies bei Partnerschaften im IT-bereich bereits erfolgt.

5.3.3.6 Klient- und Investor-Kommunikation

Dieser Baustein ist heute bereits am besten realisiert. Die Vorstellung des Unternehmens, die Vision und Strategie und das Service-Portfolio dienen der Vertrauensbildung beim Klienten und seiner Informationsbeschaffung.[139] In welchem Umfang dies geschieht, hängt größtenteils von der Philosophie des Beratungsunternehmens ab. Bei börsennotierten Unternehmen ist die Kommunikation durch gesetzliche Regelungen stärker reglementiert. Pressemeldungen und

---

[139] Vgl. Nilsson (1999), S. 406ff.

besondere Nachrichten an die Netzbenutzer können je nach Informationspolitik das Angbeot abrunden. Trotzdem sollte eine objektive, klare und unternehmensindividuelle Darstellung für das Unternehmen und seine Beratungsleistungen werben.

5.3.4 PartnerNet: Business-to-Business

Das PartnerNet stellt eine klassische Verbindung einer B-to-B-Anbindung dar.[140] Es verbindet das Beratungsunternehmen mit seinen Partnern und erlaubt einen direkten Kontakt, neben einer allgemeinen Kommunikation und Information, die der Pflege der Beziehungen zwischen den einzelnen Partnern dient.

Vision und Strategie, Planung:
Es erfolgt die Darstellung des Planungsrahmens mit einer zeitnahen Aktualisierung bei Veränderungen. Insbesondere bei strategischen Planungen (Produkt und/oder Region) wird eine enge Abstimmung von Strategien vorgenommen. Die Abstimmung der Strategien und ihre Umsetzung erfolgt dann auf den einzelnen Ebenen wie Serviceentwicklung und Marketing.

Service-Design, Service-Development und Service-Management:
In allen Phasen der Entwicklung und Betreuung des Service-Portfolios führt die Einbindung der Partner zur verbesserten und schnelleren Leistungsentwicklung. Vom Austausch der Markt- und Klientendaten profitiert die Früherkennung von Trends und Klientenwünschen. Ebenso erfolgt dabei die Ausrichtung des Portfolios und gegebenenfalls die Anpassung von Vision und Strategie. Nach der Einrichtung von geschützten Bereichen für die Projektteilnehmer erlaubt die Einrichtung einer Projekt-Homepage mit Historie und Dokumentenmanagement einen gesicherten Informationsaustausch. Regelmäßige Online-Meetings zur Diskussion von Status, Chancen/Risiken und weiterer Vorgehensweise stellen den Informationsaustausch sicher.Als erstes Betatestverfahren kommt die Hinterlegung von Prototypen in Frage.

Auftragsabwicklung:
Die Online Abwicklung von Aufträgen z.B. Bestellung von Software erfolgt durch die Einführung einer Einkaufsseite mit Warenkorb in den die entsprechenden Leistungen bzw. Produkte gelegt werden können. Elektronische Auftragsbestätigung und Disposition, sowie Änderungsmanagement ohne Systembrüche stellen einen möglichst reibungslosen Ablauf sicher. Die Rechnungs-

---

[140] Dabei sind die in 5.3.3.5 dargestellten Links zu Partnern ausgeschlossen.

stellung und Belastung für in Anspruch genommene Leistungen kann bspw. durch ein Online-Lastschriftverfahren erfolgen.

Projektplanung/-steuerung und –kontrolle:
Die Einrichtung von Webbereichen für zukünftige und aktuelle Projekte unter Angabe der Planungsstati und Darstellung von Projektberichten ermöglicht allen Teilnehmern einen Überblick über den aktuellen Verlauf. Projektleiter können so Probleme rechtzeitig direkt an die richtige Stelle eskalieren und ermöglichen so den beteiligten Partnern eine rechtzeitige Planung. Regelmäßige Online-Meetings garantieren zudem den direkten Kontakt und einen Zwischenbericht aller Projekte.

Ansprechpartner innerhalb des Beratungsunternehmens sind sowohl die zentrale A&K-Organisationseinheit als auch eine oder mehrere Beratungseinheiten. Eine derartig enge Zusammenarbeit kann nicht sofort entstehen, sie wird mit dem Vertrauen der Partner untereinander wachsen. Auf Übersichtlichkeit und Konsistenz sollte bei der Entwicklung geachtet werden, kein Schwerpunkt in diesem Bereich ist allerdings eine graphische Aufbereitung der Informationen. Eine klare und schnelle einheitliche Darstellung ist auch aus Performance-Gründen vorzuziehen. Der Informationsgehalt dieses Modells, das einen eigenen, besonders geschützten Webbereich hat, ist deutlich höher als der den Klienten zugängliche, öffentliche Teil. Allerdings liegt auch in diesem Bereich nur ein Teil der Informationen des Beratungshauses offen.

5.3.5 SupplierNet: Business-to-Business
Das SupplierNet stellt die klassische Intranet-Konzeption dar. Sie ist heute webbasiert und erlaubt den Mitarbeitern des Beratungshauses den Zugriff auf alle relevanten Daten gemäß ihres Status und ihrer augenblicklichen Tätigkeit. Den Mitarbeitern immer die Möglichkeit zu geben, alle relevanten Informationen abrufen zu können ist eine große Herausforderung. Das SupplierNet gliedert sich in zwei große hierarchische Bereiche: Die erste Stufe verwaltet den Bereich des Gesamtunternehmens, der eher allgemeine Daten zur Verfügung stellt, z.B. zu Marketingkampagnen, wichtigen Finanzzahlen, aber auch den Wissensdatenbanken – das wertvollste Gut der Beratungsgesellschaft. Die einzelnen Organisationseinheiten werden in einer zweiten Gliederungsstufe spezielle Zusatzinformationen für ihren Bereich zur Verfügung stellen. Die Beratungs- und Allianzeinheiten liefern dann noch die Daten über aktuelle Projekte und ihre Services. Diese werden alle in den Wissensdatenbanken zentral verwaltet und vom

Layout einheitlich gestaltet, auch Suchfunktionen und Reporting werden dort implementiert.

5.3.6 Zusammenfassung

Um auf der Klientenseite erfolgreich werden zu können, muß die Vernetzung mit Partnern und die interne Vernetzung optimal aufeinander abgestimmt sein. Ist dies der Fall, kann ein klientenorientiertes System einen echten Mehrwert schaffen und für alle beteiligten Partner einen Gewinn bedeuten. Die Gestaltung des Inhaltes des Webportals des Beratungsunternehmens wird Lerneffekten und zusätzlich einer Entwicklung in inhaltlicher Form unterliegen. Innovative Inhalte und eine optisch ansprechende Aufmachung sorgen für einen hohen Wiedererkennungswert bei den Klienten. Ein breites Informationsangebot muß durch effektive und einfach zu bedienende Suchfunktionen vermittelt werden. Der Inhalt und die Abstimmung auf Bedürfnisse der unterschiedlichen Nutzergruppen sind die Erfolgsgarantie für das Beratungsportal.

6 Elektronischer Markt: Marketingkonzepte für das E-Consulting

6.1 Einführung und Bestandteile des Marketingkonzeptes

Die Übertragung der Erfolgsfaktoren vom traditionellen auf das neue elektronische Geschäftsmodell stellt eine wesentliche Herausforderung bei der Integration der neuen Services dar. Eine erfolgreiche Übertragung ist dabei hauptsächlich die Aufgabe des Marketing. Dieses Prozeßelement bildet die Schnittstelle zwischen dem strategischen und dem operativen Teil des Gesamtkonzeptes, wobei die besonderen Implikationen des Dienstleistungsmarketing zu beachten sind.[141] Die elektronische Geschäftswelt verschärft die „Nichtfaßbarkeit" der Dienstleistung noch zusätzlich. Bisher konnte dieses Problem durch die Präsentation und durch die handelnden Personen gelöst werden. Diese so wichtigen Gestaltungselemente entfallen bei der elektronischen Lösung. Diesbezügliche Erfolgsmerkmale müssen also entsprechend beachtet und implementiert werden.[142] Die Webseite als Möglichkeit der Kontaktaufnahme und Akquisition wurde schon im Rahmen der Machbarkeitsanalyse (vgl. Kapitel 4.2 Kontakt- und Akquisitionsphase) dargelegt. Im folgenden werden die einzelnen Marketinginstrumente, ihre Wirkungsweise und ihre Integration in eine E-Marketing Strategie dargestellt.

6.2 Rahmenbedingungen des Marketingkonzeptes

Die Positionierung einer Beratungsgesellschaft ist die Ausgangssituation einer ganzheitlichen Entwicklung eines Marketingkonzeptes. Die aktuelle und die zukünftig angestrebte Marktpositionierung muß jedes Beratungsunternehmen für sich individuell beantworten. Sie kann aus diesem Grund nur grob skizziert werden. Im Rahmen einer Geschäftsstrategie ist zunächst festzulegen, welchen Stellenwert die elektronische Form der Beratung für das Unternehmen hat. Kommt man dabei zu dem Schluß, daß ein solches Projekt keinen strategischen Nutzen hat, dann sollte man auch auf eine halbherzige Lösung verzichten, denn ein Verlust von Reputation ist wahrscheinlicher als ein Zugewinn. In der Regel wird der E-Consulting-Service unter den eingangs genannten drei Hauptzielsetzungen dazu dienen, das klassische Consultinggeschäft zu entlasten und neue Klienten zu gewinnen. Ist dies der Fall, muß eine enge Verzahnung mit dem klassischen Beratungsgeschäft erfolgen, um Kannibalisierungseffekte zu verhindern. Insbesondere muß der Brandname des Unternehmens genutzt werden, um

---

[141] Vgl. Zeithamel/Bitner (1996), S. 18ff.
[142] Zur Stimmigkeit der Erfolgsfaktoren vgl. Krüger/Schwarz (1999), S. 75ff.

die elektronische Lösung am Markt entsprechend gegen die Konkurrenz zu positionieren. Eine weitere Positionierung ist im Rahmen der Auswahl der Zielgruppe zu treffen, die auch das Vertriebsmodell und die einsetzbaren Marketinginstrumente bestimmt.

Die Positionierung ist in Anlehnung an ein Modell zur Einführung neuer Technologien einer der vier Haupteinflußfaktoren bei der Einführung des E-Consulting (vgl. Abbildung 27).

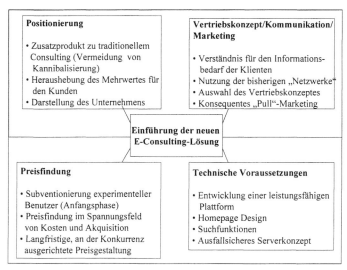

Positionierung

• Zusatzprodukt zu traditionellem
  Consulting (Vermeidung von
  Kannibalisierung)
• Heraushebung des Mehrwertes für
  den Kunden
• Darstellung des Unternehmens

**Vertriebskonzept/Kommunikation/
Marketing**

• Verständnis für den Informations-
  bedarf der Klienten
• Nutzung der bisherigen „Netzwerke"
• Auswahl des Vertriebskonzeptes
• Konsequentes „Pull"-Marketing

**Einführung der neuen
E-Consulting-Lösung**

Preisfindung

• Subventionierung experimenteller
  Benutzer (Anfangsphase)
• Preisfindung im Spannungsfeld
  von Kosten und Akquisition
• Langfristige, an der Konkurrenz
  ausgerichtete Preisgestaltung

Technische Voraussetzungen

• Entwicklung einer leistungsfähigen
  Plattform
• Homepage Design
• Suchfunktionen
• Ausfallsicheres Serverkonzept

Abbildung 27: Bausteine zur Einführung einer E-Consulting-Lösung[143]

Die vier Bausteine und der Einsatz der Instrumente bestimmt, wie die neue Dienstleistung auf dem Markt angenommen wird. Die Entscheidung, ob eine Neuerung übernommen wird (Adoption) oder nicht, hängt hauptsächlich vom Informationsstand des Nachfragers ab. Ziel muß es also sein, den Nutzer in allen Phasen des Adoptionsprozesses mit den zuvor genannten Mitteln gezielt zu beeinflussen. Dabei lassen sich in den verschiedenen Phasen unterschiedliche Marketinginstrumente einsetzen. In der ersten Entdeckungsphase, der sogenannten Bewußtseinsphase weckt z.B. gezielte Werbung das Interesse der potentiellen Klienten. Bei der Meinungsbildung helfen Informationsdienst und Communities gezielt bei der Informationsaufnahme. Die Entscheidung wird

---

[143] In Anlehnung an Jolly (1997), S. 215 ff.

durch die Präsentation von Unternehmen und Services unterstützt.[144] Adoption durch eine kritische Masse wird damit zur zentralen Aufgabe eines Marketing-Ansatzes bei Präsentation des Unternehmens und Akquisition von Klienten.

In den folgenden Abschnitten werden ausgewählte Marketinginstrumente, Preisfindungsstrategien und technische Voraussetzungen analysiert. Die technischen Voraussetzungen werden im Rahmen dieser Arbeit nicht vorgestellt. Zusammenfassend lassen sich jedoch allgemeine klientenorientierte Anforderungen zusammenfassen:

- Entwicklung einer leistungsfähigen Plattform
- Intelligentes und ansprechendes Hompepage Design
- Suchfunktionen
- Ausfallsicheres Serverkonzept

Die Entwicklung einer Lösung ist dann von der bisher bestehenden Plattform im Hard- und Softwarebereich individuell abhängig.

6.3 E-Marketing von Dienstleistungen

„In the coming decade marketing will be reengineered from A to Z."[145] Neue Instrumente des Marketing erweitern das Spektrum der Möglichkeiten. Diese muß auch das Beratungsunternehmen nutzen. Will es Klienten gewinnen und den neuen elektronischen Service auf dem Markt erfolgreich plazieren, muß es mittels Verbindung der im klassischen Marketing-Mix beschriebenen Maßnahmen um den einzelnen Klienten werben. Im Rahmen einer Mediaplanung sollte dabei nicht nur das Werbemittel ausgewählt werden, sondern auch die Festlegung des Timing (zyklisch oder einmalig, kontinuierlich, pulsing etc.) und die geographische Eingrenzung auf Länder (domain targeting) erfolgen.[146] Dabei unterliegen die Beratungsleistungen und insbesondere die elektronischen Beratungsleistungen zwei Besonderheiten. Es handelt sich einerseits um Dienstleistungen und andererseits gilt es, die klassischen Instrumente auf das neue Medium Internet zu übertragen bzw. neue Instrumente auszuwählen, um die richtigen Instrumente für den elektronischen wie den traditionellen Ansatz zu wählen.

Beim Dienstleistungsmarketing bedarf es einer sorgfältigen Planung der eingesetzten Marketinginstrumente. Als Grundlage für den effektiven Einsatz sind

---

[144] Zum Adoptionsprozeß vgl. Clement/Litfin (1999), Abb. 1 S. 98.
[145] Kotler (1999), S. 205.
[146] Vgl. Wagner/Schleith (1999), S. 75f.

zunächst die wichtigsten in- und externen Einflußfaktoren und ihre gegenseitigen Abhängigkeiten zu beschreiben:[147]

- Chancen- und Risiken-Analyse zum Erkennen und Antizipieren von Umwelteinflüssen
- Ressourcenanalyse zum Abgleich von Fit zwischen Aktivitäten und Ressourcen
- Positionierung zur Einordnung gegenüber Mitbewerbern
- Lebenszyklus-/Portfolio-/Wertkettenanalyse zur Analyse der eigenen Beratungsleistungen

und ihrer Marktstellung

Aufbauend auf den Ergebnissen dieser Analysen können Dienstleistungsziele formuliert werden.[148] Aus den unterschiedlichen Zielarten lassen sich für das E-Consulting drei grundsätzliche Ziele darstellen:

1. Marktstellungsziele: Die Öffnung eines neuen Marktsegmentes und die Erreichung neuer Klientenschichten einerseits durch die Erweiterung des Angebotes mit elektronischen Services und andererseits durch die neuen Werbemöglichkeiten für die traditionelle Beratungsleistung. Die Entwicklung der neuen elektronischen Services kann dabei die Aktivierung von Nichtkäufern durch Veränderung von Eigenschaften der Originalservices bewirken.[149]

2. Finanzielle Ziele: Die Investitionen für die Erweiterung des Marktsegmentes und Intensivierung der Marktbearbeitung müssen sich durch einen möglichst hohen Kapitalwert auszahlen.

3. Psychographische Ziele: Erhöhung der Klientenzufriedenheit durch ein optimal auf die individuellen Klientenbedürfnisse abgestimmtes Service-Portfolio.

4. Prestigeziele: Um das Unternehmen von anderen Konkurrenten auf dem Markt zu differenzieren, eignen sich unter anderem die angebotenen Dienstleistungen. Die Entwicklung eines E-Consulting-Portals und das Angebot von elektronischen Beratungsleistungen positioniert das Beratungsunternehmen als innovativer Technologieführer, der die Märkte mit seinem Geschäftsmodell proaktiv gestaltet. Auch die Steigerung des Bekanntheitsgrades ist eines der möglichen Ziele.

Das Zielsystem wird je nach anzutreffenden Voraussetzungen variieren. Wichtig dabei ist, daß es sich nicht um konkurrierende Ziele handelt, sondern komple-

---

[147] Vgl. Meffert/Bruhn (1997), S. 118ff.

[148] Vgl. Meffert/Bruhn (1997), S. 139ff.

[149] Vgl. Pepels (1998), S. 755.

mentäre Ziele angestrebt werden. Dabei erlaubt es das Internet erstmals, den Klienten in allen Phasen der Kaufentscheidung zu beeinflussen bzw. ihm individuell die richtigen Informationen zur Verfügung zu stellen.[150] Dies muß auch die Strategie beim Kampf um Marktanteile und um jeden einzelnen Klienten sein.

Die grundsätzlichen Bestandteile des Marketing-Mix (bzw. Submix) bleiben bei der Umsezung in ein E-Marketing erhalten, die eingesetzten Instrumente jedoch unterscheiden sich. Der E-Marketing-Mix muß speziell auf die Anforderungen des Marketing im Internet ausgerichtet sein, um die notwendigen Ergebnisse erzielen zu können. Betrachtet man die vier Submix-Bestandteile, so ist die E-Produktpolitik, durch die (Teil-)Leistungserbringung in elektronischer Form und die jederzeitige Verfügbarkeit gekennzeichnet. Im E-Kontrahierungsmix sind die neuen Preismodelle des Internet zu berücksichtigen, auch neue Formen der Rabattgewährung sind möglich.[151] Dabei sollten die erweiterten Möglichkeiten der Kommunikation und Interaktion mit dem Klienten genutzt werden.

Betrachtet man die Instrumente der einzelnen Submixe so lassen sich für das E-Marketing einige neue innovative Konzepte ableiten, die im folgenden für das E-Consulting kurz skizziert werden sollen.

Geht man von einem E-Produktmix aus, so läßt der elektronische Markt zum erstenmal die Vision einer individuellen Befriedigung der Klientenbedürfnisse in greifbare Nähe rücken (segment of one). Das Surfverhalten des Klienten führt zu einem gezielten Angebot aus dem Service-Portfolio und gibt vielleicht den Anstoß zur Entwicklung einer neuen Beratungsleistung. Services bestehen aus einem Bündel von Eigenschaften bzw. Merkmalen. In der digitalen Welt ist eine Entbündelung möglich.[152] Der dynamische Fragebogen und die Betreuung durch den Berater sorgen für eine individuelle Anpassung an die Klientenbedürfnisse. Dies trifft nicht nur auf die Analysephase, sondern auch auf alle anderen Phasen des Beratungsprozesses zu. Dabei wird die Individualisierung aber nicht durch eine „Einzelanfertigung" für jeden Klienten erreicht, sondern durch eine immer wieder neue Zusammenstellung bspw. der Module im Fragebogen.

Der Kontrahierungsmix, der die Preispolitik bestimmt, läßt für das E-Consulting unterschiedliche Preismodelle zu. Das E-Consulting unterliegt nur bedingt der häufig für elektronische Produkte anzutreffenden Kostenstruktur, die durch hohe

---

[150] Vgl. Terhörst (1999 II), S. 25.
[151] Zu Preismodellen im Internet vgl. Shapiro/Varian (1999), S. 106ff.
[152] Vgl. Albers/Bachem/Clement/Peters (1999), S. 274ff.

120

Anteile von Fix- und Bereitstellungskosten und nur geringen variablen Kostenanteilen geprägt ist.[153] Die Beratungsleistungen erfordern je nach Einsatz des Beraters einen unterschiedlichen hohen Anteil an Fixkosten.

Allgemein stellt die Preisfindung einen kritischen Erfolgsfaktor bei der Einführung neuer Produkte und ihrer Konkurrenzfähigkeit dar. Kostenorientierung ist eines der häufigsten Mittel, den Preis eines Gutes zu bestimmen. In Konkurrenzsituationen wird häufig die Orientierung an den Marktbedürfnissen (Target-Costing-Ansatz) eng verbunden mit der subjektiv empfundenen Servicequalität verwendet. Je nach Konkurrenzsituation ist die eine oder andere Preisfindungsstrategie vorstellbar. Dabei schreckt eine Hochpreisstrategie experimentierfreudige Benutzer ab und hat damit negative Wirkungen auf die Akzeptanz und letztendlich den Erfolg der Dienstleistung E-Consulting. Ein kreatives Preismodell z.B. leistungsabhängig in Kombination mit einem Besucher- oder Teststatus unterstützt einerseits den Akquisitionsgedanken, andererseits aber auch das wirtschaftliche Interesse des Beratungsunternehmens.[154] Die im Internet häufig angewandte Strategie der kostenlosen Abgabe der Dienstleistung oder des Produktes (follow the free) als Penetrationsstrategie ist auch für die Dienstleistung E-Consulting eine bedenkliche Preisgestaltungsmöglichkeit, da die Preise der traditionellen Beratung im Hochpreissegment liegen.[155]

Die mögliche Basis eines E-Consulting-Preismodells bilden kostenlose E-Dienstleistungen, die vom Beratungsunternehmen aus Gründen der Relationship, Problemerkennung und Akquisition angeboten werden. Dazu gehören die bereits zuvor dargestellten Diskussionsforen, Communities, der Newsbereich, etc. Hierfür ist nur eine Registrierung notwendig, um den nötigen Schutz der Teilnehmer zu gewährleisten. Betrachtet man die Beratungsleistungen an sich, so wird sich an der Preisstruktur des traditionellen Services nichts ändern. Fixpreise oder Bezahlung nach Tagen sind hier üblich. Das E-Consulting könnte nach Phasen abgerechnet werden. Nach der ersten (kostenlosen) Registrierung erfolgt die Bezahlung in der Phase der Analyse nach Meilensteinen, d.h. bei Erreichung von bestimmten Ergebnisabschnitten im Gesamtprojektplan erfolgt eine „Ratenzahlung", die aus Gründen der Transparenz fix sein sollte. Es erfolgt ein „payment for results", das dem Klienten den Gegenwert für seine Leistung dokumentieren soll. Das erste grobe Lösungskonzept sollte ebenfalls im Rahmen

---

[153] Vgl. Skiera, B. (1999), S. 291ff., zu Wirtschaftlichkeitsrechnungen vgl. Peters/Bona (1999), S. 254ff.
[154] Zu Preismodellen im Internet vgl. Skiera (1999), S. 290ff.
[155] Zerdick/Picot/et al. (1999), S. 190ff.

eines Fixpreises abgegolten werden. Werden darüber hinaus in der Entwicklung eines individualisierten Lösungsvorschlages weitere Beratungsleistungen gewünscht, so können diese entweder in vordefinierten Leistungspaketen (bspw. Kauf von zehn Beratertagen, grober Projektplan) oder nach Aufwand abgerechnet werden. Dieses zweigeteilte Konzept sollte auch bei der Entwicklung des Lösungsvorschlages durchgeführt werden. Sonderangebote sind in diesem Bereich eher unüblich. Allerdings ist für langjährige Klienten ein Rabattsystem denkbar. Klienten, die E-Consulting in Anspruch nehmen, erhalten beim traditionellen Service einen Skonto von x %. Die Verkaufsförderung kann also mittels des Preises, aber auch durch Kommunikation oder wie zuvor über den Service selbst durchgeführt werden.[156]

Im Kommunikationsmix erhält das Beratungsunternehmen durch Einsatz des Internet besondere Möglichkeiten der Akqiuisition. Da diese Form der Interaktion besonders wichtig ist, werden ihre Instrumente in einem gesonderten Abschnitt eingehender dargestellt. Grundsätzlich kann man die beiden Formen des Marketing im Internet in das Push- (direkte Ansprache des Klienten) und das Pull-Marketing (Klient "sucht" Angebot freiwillig auf) unterscheiden.[157] Häufig auf Portalen anzutreffende Werbemittel sind Banner und Werbebuttons, auch Newsletter werden häufig zur Informationsübermittlung genutzt.[158] Sie erlauben einen direkten Durchgriff auf die Seite des Werbenden, es bilden sich so Anbieterzusammenschlüsse.[159] Im Sinne des Beratungsunternehmens bleiben drei Faktoren festzuhalten. Erstens sollte die Internetseite werbefrei bleiben, lediglich Links zu Partnern dürfen plaziert werden. Zweitens muß die Auswahl der Seiten, auf denen geworben wird, mit der gewünschten Zielgruppe übereinstimmen. Drittens garantiert nur eine kreative Gestaltung des Werbemittels Erfolg.[160] Dabei spielt die Prognose des Wertes des einzelnen Klienten eine wesentliche Rolle.[161]

Der elektronische Distributionsmix eröffnet für die Beratungsleistungen einen neuen Vertriebskanal. Der Klient kann sich hier Angebote unterbreiten lassen, die einzige Voraussetzung ist die Digitalisierbarkeit des Services bzw. der Beratung an sich.[162] Für das Beratungshaus hat das Internet hauptsächlich eine In-

---

[156] Vgl. Gedenk (1999), S. 332ff.
[157] Vgl. Riedl (1999), S. 267f., insbes. Abb. 1.
[158] Vgl. Jonske (1999), S. 314ff.
[159] Vgl. Riedl (1999), S. 265ff.
[160] Zu Modellen des Online Advertising vgl. Zeff/Aronson (1999), S.23ff.
[161] Vgl. Albers (1999), S.11ff.
[162] Vgl. Albers/Peters (1999), S. 346ff.

formations- und Beratungsfunktion, gleichzeitig erfolgt aber auch eine Online-Lieferung. Interessanterweise erlebt der schon totgeglaubte Filialgedanke durch die Verbindung mit Werbung auf den Internetseiten von Partnern im Internet eine Renaissance.[163] Durch Links entstehen virtuelle Filialen.

Nach Einsatz der Marketinginstrumente sollte im Rahmen einer Werbewirkungsanalyse die Effektivität der Instrumente ermittelt werden. Ein Mix aus qualitativen und quantitativen Merkmalen stellt dann den bestmöglichen Mix sicher.[164] Darauf aufbauend muß ein detaillierter Marketingplan aufgestellt werden.[165] Insgesamt unterscheidet sich trotz des erweiterten Instrumentariums das „neue" Marketing in seiner Zielsetzung nicht von dem bisher eingesetzten. Oberstes Ziel ist und bleibt die Steigerung des Bekanntheitsgrades.[166]

6.4 Interaktive Instrumente der Klientenansprache im E-Marketing-Mix

Idealerweise gelingt es einem Unternehmen, jeden seiner Klienten direkt anzusprechen und so seine individuellen Bedürfnisse zu extrahieren und ihm direkte Angebote zu unterbreiten.[167] Dies wird erst durch die Nutzung des Internets möglich.[168] Doch was sind die Treiber des One-to-one-Marketing, was macht die direkte Ansprache von Klienten so attraktiv? Betrachtet man die Handlungsmaximen des One-to-one-Marketing, so kann man diese in vier zentrale Ziele zusammenfassen:[169]

1. Ausbau des Geschäftsvolumens je Klient (Konzentration auf Bedürfnisse des Klienten, unterschiedliche Services, Adaption des Marketing)
2. Individuelle Kommunikation mit dem Klienten und Feedback (Beschwerden und Hinweise werden aktiv gesucht)
3. Differenzierung des Angebots nach Klienten und nicht nach Produkten (Kundenwerte bestimmen)
4. Management von Klienten und nicht nur von Services und Mitarbeitern (Selektion von Klienten).

---

[163] Vgl. Niemann (1999), S. 27f.
[164] Vgl. Peters/Karck (1999), S. 243ff.
[165] Vgl. Kuß/Tomczak (1998), S. 11ff., insbes. Abb. 1-5.
[166] Vgl. Wagner/Schleith (1999), S. 64ff.
[167] Zu den Abgrenzungsproblemen des Direkt Marketing vgl. Hilke (1993), S. 8ff.
[168] Für eine Studie zu One-to-one-Marketing im deutschsprachigen Raum vgl. Strauß (1999), S. 12ff.
[169] Vgl. Röder (1999), S. 239ff.

Der Erfolg einer Implementierung von webbasierter Interaktivität beruht auf drei grundlegenden Annahmen.[170] Der Surfer muß erstens durch mehrwertorientierte Leistungen „festgehalten" werden. Dies kann bspw. durch eine attraktive Aufmachung, durch interessante Interaktion oder durch aktuelle News erfolgen. Das Web besteht zweitens aus Geben und Nehmen, das Beratungsunternehmen gibt Informationen und bekommt andere z.b. durch das Klickverhalten zur Verfügung gestellt. Die Aufbau und Pflege von Beziehungen stellt die dritten Annahme dar.

Typische Elemente des Marketings, die einen hohen Grad an Interaktion voraussetzen, zeigen die folgenden drei Beispiele:
1. Bannerwerbung: Bannerwerbung ist die erste und schon als Klassiker zu bezeichnende Werbeform im Netz. Plaziert auf Internetportalen wie Yahoo!, Excite oder Infoseek sollen Besucher dieser Seiten animiert werden durch „Anklicken" die entsprechende Homepage aufzusuchen. So einfach dies zunächst erscheint, ist dennoch die Wirkung der Banner durchaus umstritten. Immer neue Formen sollen die Benutzer zum Anklicken bewegen. Als Marketing Tool sind zur Zeit sog. Rich Media Banner im Einsatz, die bestimmte Handlungen zulassen, ohne die gewählte Internetseite zu verlassen.[171] Eine technologisch weiterentwickelte Form mit InterVu-Technologie erlaubt das Abspielen von Videosequenzen. Weitere Zusätze wie Realaudio oder weitere Java-Applikationen erlauben das Durchführen von Transaktionen direkt im Banner.[172] Aus der Sicht des werbenden Unternehmens ist zu beachten, daß diese zusätzlichen Optionen von den jeweiligen Treibern der Konsumenten auch unterstützt werden müssen. Auch die Auswahl der Internetseite, Größe und Position des Banners muß sorgfältig geplant werden, damit die entsprechenden Zielgruppen auch erreicht werden (bspw. wäre für die E-Consulting-Lösung eine Präsenz auf der IHK-Seite oder branchenspezifischer Internetseiten zu empfehlen). Die Auswahl der Internetseite kann bspw. nach Durchsicht der Logfiles (wo kamen die Benutzer her?), durch Direktansprache oder Subscription-Datenbanken erfolgen. Auch der Branding-Aspekt gewinnt bei dieser Form der Werbung zunehmend an Bedeutung.[173]
2. Sponsoring: Die finanzielle Unterstützung kann auch im Internet auf vielfältige Weise erfolgen. Zunächst ist zwischen offenem und verdecktem Sponsoring zu unterscheiden. Bestimmte Services wie Aktienkurse oder ähnliches

---

[170] Vgl. ähnlich Allen/Kania/Yaeckel (1998), S. 19ff.
[171] Vgl. Zeff/Aronson (1999), S. 36f.
[172] Vgl. Zeff/Aronson (1999), S. 38ff.
[173] Vgl. Zeff/Aronson (1999), S. 45, S. 207f.

könnten, mit einem entsprechendem Banner oder einem Button des Beratungsunternehmens versehen, gezielt Klienten ansprechen. Auch das Sponsoring elektronischer Diskussionsforen bei Einblendung einer kurzen Mitteilung für alle Teilnehmer kann bei sorgfältiger Auswahl der Thematik eine hohe Akzeptanz bei den Teilnehmern erreichen.[174] Bei Beachtung einiger Kriterien lassen sich die Erfolgsaussichten noch weiter erhöhen: Ein Sponsoring sollte nur bei moderierten Diskussionen erfolgen. Dies garantiert, daß die eigene Präsentation nicht als unwichtig ignoriert wird. Eine Vorstellung des Sponsors, am besten auf unterschiedlichen Positionen verbunden mit einem konkreten Angebot, wird die Erfolgschancen eines Sponsoring weiter erhöhen.[175]

3. Community: Die Bildung einer Community unter den Benutzern stellt die beste Lösung zur Entwicklung einer dauerhaften Kundenbindung dar. Selbstverstärkende Prozesse (Content Attractiveness, Member Loyalty, Member Profiles, Transaction Offerings) entwickeln die Community immer weiter.[176] Weitere Möglichkeiten bestehen in der Einführung einer Witzseite, interaktiven Gewinnspielen, die wenig Zeit kosten, aber den Klienten immer wieder den Kontakt aufrecht erhalten lassen. Auch die Entwicklung von bspw. Produkt- oder Service-Empfehlungen kann ein solcher Mehrwert sein.[177] Auch Mitgliedschaften mit der Versendung von speziellen individualisierten Newslettern sind eine sehr gute Möglichkeit, Kunden zu binden. Voraussetzung ist allerdings das Vorhandensein eines Kundenprofils.[178]

Eine grundsätzlich andere Vorgehensweise sind aktive Marketingmaßnahmen zur Kundenbindung. Diese lassen sich in direkte und indirekte Maßnahmen unterteilen. Beiden Gruppen ist dabei gleich, daß die Initiative vom Beratungsunternehmen ausgeht. Bei den direkten Maßnahmen werden die einzelnen Klienten direkt angesprochen, bei den indirekten Maßnahmen erfolgt die Ansprache nicht klientenorientiert, sondern durch Bereitstellung von besonderen Services für Klientengruppen.[179] Beide Maßnahmen erfordern zunächst die genaue Untersuchung der Klientenpräferenzen. Daraufhin erfolgt eine Zuordnung der am besten passenden Produkte („Matching"). Dies ermöglicht den optimalen Einsatz der Marketingmaßnahmen.[180] Bei beiden Maßnahmen steht die Bildung einer Ge-

---

[174] Für ein Beispiel vgl. Zeff/Aronson (1999), S. 28ff.
[175] Vgl. Zeff/Aronson (1999), S. 29.
[176] Vgl. Hagel III/Armstrong (1997), S. 49ff., Abb. 3-3.
[177] Zur Gewichtung von Empfehlungen vgl. Paul/Runte (1999), S. 160, Abb. 3.
[178] Vgl. Strauß/Schoder (1999), S. 110ff.
[179] Diese Gruppen werden auch häufig zusammengefaßt vgl. Sterne (1996), S. 68ff.
[180] Zu Matching und Segment-of-one vgl. Albers/et al. (1999), S. 274ff.

125

meinschaft (community) im Vordergrund. Bei der indirekten Ansprache muß der Klient zunächst die Nützlichkeit der Community erkennen, bei der direkten Ansprache fühlt er sich noch stärker der Gemeinschaft zugehörig („Nutzer des besten Beratungshauses") und darüber hinaus noch priviligiert im Sinne von Einzelansprache.

Alle Instrumente haben die Eigenschaft, daß die Erfolgsquote umso größer wird, je höher der Grad der Individualisierung ist. Das One-to-one-Marketing muß also Ziel des Beratungsunternehmens sein. Dabei sind für eine konsequente Durchführung hauptsächlich die fünf Faktoren zu entwickeln:[181]

1. Verwaltung der Klientenprofile: Die Aufzeichnung der Surfgewohnheiten kann, bspw. durch die Vergabe von Paßwörtern, zum Eintritt in geschützte Bereiche erfolgen. Dabei muß der Klient einen Standardsatz an Daten eingeben, um eine Legitimation für geschützte Bereiche zu erhalten. Legitimiert er sich bei späteren Sitzungen, so kann das Klickverhalten aufgezeichnet werden. Damit können Beratungsangebote dynamisch zur Verfügung gestellt werden (aktiv) oder durch einfache Zuordnung der Adresse (passiv).[182] Problematisch ist der Zugriff von mehreren Personen einer Firma, die verschiedene Interessen verfolgen. Ein One-to-one-Marketing ist damit nicht mehr möglich. In diesem Fall bietet sich die Einrichtung eines Online Accounts ein, bei dem unter einem Haupt-User, bspw. dem Unternehmen, mehrere Individual-User geführt werden. Die Aufzeichnung dieser Daten ist unter dem Aspekt des Datenschutzes problematisch, eine Einsichtnahme der gesammelten Daten wird deshalb von vielen Unternehmen möglich gemacht und ist auch dem Beratungsunternehmen im Hinblick auf Transparenz und Vertrauensbildung zu empfehlen. Auch eine Bewertung, die dem Klienten nicht zur Verfügung gestellt werden darf, muß vorgenommen werden. Diese kann sich je nach Konzept z.B. nach Bedeutung des Unternehmens oder Umsatzes richten.[183]

2. Inhalte zur Verfügung stellen und verwalten: Die dem Klienten bereitgestellten Informationen müssen nach einer Auswahl und Aufbereitung für eine Präsentation im Netz kategorisiert und für einen Zugriff bereitgestellt werden. Vorstellbar sind dabei unterschiedliche Zugriffskategorien von „allgemein zugänglich", über „Paßwort geschützt", bis hin zu „höchster Sicherheitsstufe" bei klientenbezogenen Daten.

---

[181] Vgl. Röder (1999), S. 242ff.
[182] Zur Unterscheidung vgl. Strauß/Schoder (1999), S. 110ff., insbes. Abb. 5.
[183] Zu Klientenbewertungsverfahren vgl. Krafft (1999), S. 166ff.

3. Design der Webgraphiken: In einer Datenbank werden die Regeln bei der graphischen Gestaltung hinterlegt und die wesentlichen Attribute gespeichert.

4. Bearbeitung der Interaktionsregeln: Jeder Klient bekommt bei seinem Besuch ein in Teilen situativ auf ihn speziell zugeschnittenes Angebot an Inhalten zur Verfügung gestellt. Hohe Übereinstimmung zwischen Klienteninteressen und Beratungsleistungen sind dabei notwendige Voraussetzung für echten Klientennutzen. Ein dynamisches, lernfähiges System ist dazu notwendig.

5. Steuerung der Transaktionen: Bei Vertragsabschlüssen oder dem Wunsch nach Kontaktaufnahme müssen die Daten in ein Informationssystem übernommen und mit Vorrang abgearbeitet werden.

Ein derartiges System kann, da es hauptsächlich auf individuellen Gegebenheiten beruht, nur durch eine speziell dafür entwickelte Software dargestellt werden. Die systematische Auswertung ist nur unter Verwendung von Informationstechnologie möglich. Diese muß sich an Klientenbedürfnissen und an den Daten, die sie über den Klienten liefert, orientieren. Es gilt das Wissen gezielt zu bündeln und nutzbar zu machen. Data Mining Tools bieten die Selektion und Aufbereitung von Daten in Informationssystemen.[184] Trotzdem ist die menschliche Logik bei der Auswertung noch unverzichtbar.[185] Die Bewertung der eigenen Fähigkeiten kann mit unterschiedlichen unternehmensindividuellen Konzepten gemessen werden.[186] Die kritische Bewertung der eigenen Performance ist dabei aber von wesentlicher Bedeutung. Klientenbindung wird also durch die Faktoren Information, Interaktivität, Integration und Individualisierung bestimmt.[187] Ein gutes Web-Angebot liefert jedoch nicht sofort Impulse für Image und Klientenbindung. Die Web-Seite durchläuft einen Lebenszyklus, in dem sie optimal auf die Bedürfnisse angepaßt wird und eine unterhaltsame und erlebnisorientierte Präsentation zeigt.[188]

Neben dem reinen Klientenmanagement ist die Ausweitung auf B-to-B-Transaktionen zu beobachten. Das Management der Partner wird immer wichtiger. Das zuvor dargestellte Geschäftsmodell zeigt ganz deutlich die Bedeutung der Partner, die zur Klientenzufriedenheit und zur Leistungserbringung einen wesentlichen Anteil beitragen.

---

[184] Vgl. Niedereichholz (2000), S. 9ff, insbes. Abb. 2 S. 13.
[185] Vgl. Neckening (2000), S. 37.
[186] Zum Konzept des Customer Resource Lifecycle vgl. Wetherbe (1999), S. 47ff.
[187] Vgl. Garczorz/Krafft (1999), S. 141ff.
[188] Vgl. Gertz (1999), S. 83f.

6.5 Branding-Entwicklungsschritte des E-Consulting zu einem Markenprodukt

Den Strategien zu Markenentwicklung und –management kommt besondere Bedeutung im Internet zu. Die Verstärkung des Wettbewerbs und die Aufhebung traditioneller Vorteile, wie z.b. die des Standorts müssen eine Konzentration auf die verbliebenen, im Internet noch nutzbaren Differenzierungsmerkmale bedeuten. Das sogenannte Branding rückt in den Mittelpunkt der strategischen Überlegungen zur Positionierung der eigenen Services. Eine Marke soll das Angebot differenzieren und dem Klienten eine Strukturierung des Marktes bieten.[189] Bei austauschbaren Produkten wird dieser im Zweifelsfall immer zum Markenprodukt greifen. Was für Produkte gilt, wird auch für Dienstleistungen zu einer Notwendigkeit. Branding macht die abstrakten Werte und Eigenschaften einer Dienstleistung greifbarer.[190] Sie erhöht die im Internet besonders wichtige Klientenbindung, erlaubt höhere Margen und stabilisiert den Absatz.[191]

Der Branding-Prozeß beginnt mit dem Marken-Design. Dabei versteht man unter Markendesign die „... Gestaltung (Mix) all jener marketingpolitischen Instrumente, die zum sinnlich wahrnehmbaren Markenerlebnis (d.h. reales und symbolisches Markenbild) beitragen."[192] Die Idee der Marke ist damit genauso wichtig wie das eigentliche Produkt/die Dienstleistung selbst. Das Marken-Design muß sich mit den zwei Feldern des direkten Marken-Designs und des indirekten Marken-Designs (der sog. Dualität des Marken-Designs) beschäftigen.[193] Während sich das *direkte Markendesign* auf die Gestaltung des realen Markenbildes, wie Leistungsgestaltung, Servicepräsentationenen konzentriert, vermittelt das *indirekte Markendesign* das symbolische Markenbild wie Umfeldgestaltung, Public Relations und Werbung. Betrachtet man diese Unterscheidung fokussiert auf das zuvor dargestellte Webportal und die Einführung von neuen Services, so lassen sich einige Rückschlüsse ziehen. Das direkte Markendesign stellt den Service der Beratungsleistung dar: Wie sehen die Produktgestaltung, das Seitenlayout, die Fragetechnik im Fragebogen aus? Diese Fragen stellen Kerngebiete des direkten Marken-Designs dar. Die Plazierung auf der Portalseite bzw. auf den hierarchisch tiefer angesiedelten Seiten und die dargebotene Beratungsleistungen stellen ebenfalls Kerngebiete der Entwicklung des realen Markenbildes dar. Das indirekte Marken-Design plaziert die Markenbot-

---

[189] Vgl. Kapferer (1992), S. 17ff.
[190] Vgl. Keller (1998), S. 14.
[191] Vgl. Keller (1998), S. 53, insbes. Figure 2-4.
[192] Vgl. Linxweiler (1999), S. 18.
[193] Vgl. Linxweiler (1999), S. 20ff, insbes. Abb. 2.

schaften abstrakter mit dem Ziel, den Klienten zum Vertragsabschluß anzuregen. Neben der Schaltung der klassischen Werbung sowie von Bannern und Links im Internet stellen insbesondere auf dem Beratungsportal kostenlos plazierte Zusatzservices, wie bspw. Communities, Chats, ein großes Potential zur Vermittlung der Markenwerte dar. Gemeinsame Zielsetzung ist also der Aufbau einer Brand Mission, d.h. Definition einer Markenaussage und deren Verankerung in den Köpfen der Klienten.

Das Unternehmen ist dabei der Absender von Marken und der Klient ist die Zielgruppe von Marken. Die Frage der Marktsegmentierung und damit der Klientenorientierung kann in diesem Zusammenhang nicht diskutiert werden, da diese sehr von unternehmensindividuellen Gegebenheiten abhängig ist. Grundsätzlich ist aber je nach Serviceauswahl eine Ansprache aller Marktsegmente möglich. Dabei kommt es darauf an, daß die Markenkernwerte (ästhetisch-kulturell, sachlich-funktional, emotional, ethisch-ideell) definiert sind und in Übereinstimmung mit der anvisierten Klientengruppe und ihren Anforderungen stehen.[194] Die Kommunikation eines praktischen und emotionalen Mehrwerts verspricht im Internet die Differenzierung gegenüber anderen Anbietern und die Sicherung der bereits eingangs genannten Vorteile.[195]

Dabei muß die Markenidentität der Dachmarke (Name des Beratungsunternehmens mit traditionellen Beratungsleistungen) auf die Untermarken z.B. E-Consulting, Alliance- Management übertragen werden.[196] Für das Online Branding ergibt sich jetzt die Frage, ob die traditionelle Marke auf das neue Medium übertragen werden kann, oder ob die Schaffung einer neuen Marke notwendig ist.[197] Entscheidungskriterium dafür ist zunächst die Frage, wie stark die Marke überhaupt ist. Ein Meßsystem und Benchmarking mit Konkurrenten sorgen für Gewißheit.[198] Weiterhin stellt sich die Frage, ob der Marke Kompetenz in diesem neuen Bereich zugetraut wird. Negativbeispiel ist die amerikanische Kaffeehauskette Starbucks, deren Kurs nach der Ankündigung, in Zukunft auch Hardware zu verkaufen, an der Börse einbrach. Begründung für den Kurssturz war, daß dies nicht zum Kerngeschäft gehört und damit Kompetenzmangel erwarten ließ.[199] Für die Einführung des E-Consulting sind alle Voraussetzungen

[194] Zu Markenkernwerten vgl. Linxweiler (1999), S. 69ff., insbes. Abb. 26.
[195] Vgl. Terhörst (1999 I), S. 23f.
[196] Zu den Vorteilen vgl. Beispiel aus der Getränkeindustrie Koppelmann/Welbers (1996), S. 16ff.
[197] Vgl. Terhörst (1999 I), S. 23f., zur Problematik vgl. Brandt (2000), S. 150ff.
[198] Vgl. Keller (2000), S. 148ff.
[199] Zu den Problemen bei Marken vgl. auch Baumann/Gorgs/Salz/Zöttl (2000), S. 86ff.

gegeben, den Markennamen mit positiven Effekten auf das E-Business zu übertragen. Die Kosten für die Einführung einer neuen Marke fallen damit weg. Gleichzeitig können positive Rückkopplungseffekte vom E-Consulting auf das klassische Geschäft erfolgen, z.b. durch die Verbrauchereinschätzung der Innovationskraft. Die Verbindung der Dachmarke mit einer elektronischen Untermarke wie bei *SAP* mit *mySAP.com* stellt ebenfalls eine elegante Lösung dar. Die Untermarke unterliegt den Zwängen bzw. den Anforderungen, die die Dachmarke vorgibt.

Die Einführung und Etablierung der Marke und damit die Erhaltung bzw. der Ausbau des Markenwertes ist mit großen Risiken und finanziellem Aufwand verbunden.[200] Zur Evaluierung muß eine genaue Untersuchungen des Gesamtmarktes und spezifischer Teilsegmente erfolgen. Zusätzlich sind aber immer noch Unsicherheitsfaktoren zu berücksichtigen. Alle Maßnahmen der Entwicklung und des Managements einer Marke müssen zentral durch ein Marketinginformationssystem analysiert werden. Durch Sammlung und Aufbereitung dieser Daten ist es möglich, die Marketingabteilung bei der Auswahl und dem Einsatz der Instrumente zu unterstützen.[201] Wirksamkeitsanalysen der eingesetzten Instrumente und regelmäßige Markt- und Konkurrentenbeobachtungen optimieren den Einsatz der Marketinginstrumente.

Für das E-Consulting, das auf den Erfolgen und dem „Markennamen" der traditionellen Beratung aufbaut, sind dabei vier Bausteine, die auch als Corporate Branding bezeichnet werden, relevant:[202]

1. Identität – beschreibt die Positionierung der Marke auf dem Markt und stellt die Verbindung her mit Attributen wie bspw. mehrwerterzeugenden, klientenindividuellen Beratungsleistungen.
2. Leistung – ist das eigentliche Angebot, das zuvor als Service-Offering-Portfolio, also das Portfolio an Beratungsleistungen, beschrieben wurde. Das entsprechende Angebot: Mehrwertorientierte klientenindividuelle Beratungsleistungen.
3. Markenbild – ist das bei Dienstleistungen schwer zu vermittelnde visuelle Erscheinungsbild. Bei Beratungsleistungen wird dieses häufig mit dynamischen gutgekleideten ehrgeizigen Beratern/innen gleichgesetzt. E-Consulting stellt durch einen professionellen Auftritt im Internet und durch die Ausgestaltung der Fragebögen die Möglichkeit der erweiterung dar. Auch Slogans

---

[200] Vgl. Beispiel aus Konsumgüterindustrie Diller/Bukhari (1996), S. 28ff.
[201] Vgl. Kotler (1999), S. 235f., insbes. Abb. 6.1.
[202] Vgl. Terhörst (1999 I), S. 23f.

oder Visionen prägen das Markenbild. Die häufige Zusammenarbeit mit externen Stellen wie Universitäten und Vereinigungen z.B. ISO erlaubt eine Zertifizierung in Einzelbereichen.

4. Emotionale Ausstrahlung – stellt die menschliche Seite, eine in ihrer Wirkung nur schwer einzuschätzende Komponente dar. Attribute wie kompetent, seriös und innovativ könnten die Bestandteile des Corporate Branding uund damit des Unternehmens sein.

Die Überschneidungen der einzelnen Hauptbestandteile zeigen deutlich, daß eine Abgrenzung nur schwer möglich ist. Eine verzahnte Gesamtstrategie vom Gesamtunternehmen über alle Arten der Dienstleistungen bis hin zum Berater sichert aber den Erfolg. Eine solche Branding Aktion kann nur zentral gesteuert werden und muß gemäß den zuvor vorgestellten Geschäftsmodell von der A&K Organisationseinheit vorgenommen werden.

6.6 Zusammenfassung

Es gilt dem Klienten durch gezielten Einsatz aller Marketing-Maßnahmen die Vorteile der elektronischen Geschäftswelt zu vermitteln. Das Mass Customization-Konzept im E-Consulting bietet sowohl für das Beratungsunternehmen selbst als auch für die Klienten wesentliche Vorteile.[203] Dabei müssen die Marketinginstrumente des konventionellen und des Webmarketing Ergebnis einer integrierten Planung und Umsetzung sein, nur dann können optimale Ergebnisse erzielt werden.[204] Die Entwicklung einer Marke und ihre Ausdehnung auf das E-Consulting bedeutet verstärkte Klientenbindung und damit eine dauerhafte Basis für den Erfolg.[205] Diese Vorgehensweise ist aber nur oberflächlich betrachtet eine passive Strategie. Klientenbegeisterung zu wecken und auf dieser Basis neue Klientengruppen zu erschließen erlaubt dauerhaftes Wachstum.[206] Klientenbegeisterung stellt sich allerdings nur ein, wenn sich neben einer perfekten Leistungsgestaltung und einer sorgfältigen Übertragung der Erfolgselemente durch Branding auf die neuen Geschäftsfelder auch das technische Umfeld optimal darstellt. Die Anforderungen der Klienten nach höchster Sicherheit, schnellen Responsezeiten und einer innovativen Wissensbasis sind auf den ersten Blick nur schwer zu vereinbaren. Trotzdem ist die technische Ausgestaltung diejenige Maßnahme, die den Benutzer ständig begleitet und die aus seiner Sicht funktionieren muß.

---

[203] Vgl. Fink (1999), S. 138ff.
[204] Vgl. Terhörst (1999 II), S. 25.
[205] Vgl. Michael (1999), S. 422ff.
[206] Vgl. Hausruckinger/Lintner (1999), S. 348ff.

7 Continuous Improvement System: Sicherung proaktiven Wandels

7.1 Ziele, Bedeutung und theoretische Grundlegung

Das Continuous Improvement System (CIS) ist neben dem Element der „Übertragung der Erfolgsfaktoren" eines der beiden Elemente im Kreislauf des Entwicklungsschemas für das Beratungsunternehmen der Zukunft (vgl. Abbildung 11, Seite 31). Diese beiden Elemente sind stark voneinander abhängig und basieren auf den dort aufgezeigten vorhergehenden Phasenelementen. Weiterhin bestimmt es die eigentliche Entwicklung der Services und des Allianznetzwerkes. Während die technische Ausgestaltung die Basis bietet und die Übertragung der Erfolgsfaktoren eher die Ausgestaltung, die Entwicklung und den Vertrieb der Services unterstützt, hat das CIS Auswirkungen auf die Gesamtentwicklung. Seine drei Komponenten *Knowledge-Management*, *Innovation-Management* und *Individual-Management* halten einen ständigen Change-Prozeß in Bewegung, der das Beratungsunternehmen proaktiv im Wettbewerb positioniert (vgl. Abbildung 28).

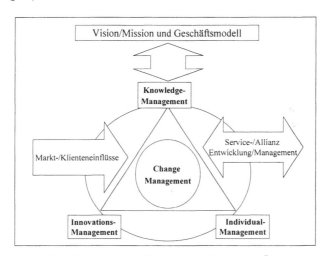

Abbildung 28: Continuous Improvement System im Überblick

Diese Komponenten, die im folgenden noch näher erläutert werden, stellen Basiskonzepte zur Umsetzung der ambitionierten Zielsysteme des Beratungsunternehmens dar und tragen zu einem positiven Wandel bei. Das CIS bestimmt die Handlungsweisen aller Beteiligten, stellt eine Schnittstelle zur Außenwelt dar und entwickelt so durch Rückkopplungen das Gesamtsystem weiter. Diese Weiterentwicklung – hier als Change bezeichnet - steht im Zentrum und wird von den drei Komponenten, *Innovations-Management*, *Knowledge-Management* und *Individual-Management* vorangetrieben.: Das *Innovations-Management* stellt dabei die Aufnahme, Evaluierung und Implementierung von Trends dar. Es ist ein Gesamtkonzept zur Antizipation zukünftiger Marktentwicklung. Das *Knowledge-Management* verwaltet das im Unternehmen gebündelte Wissen und sichert damit den Bestand des Unternehmens und trägt durch Weiterentwicklung ebenfalls zur Innovation bei. Im *Individual-Management* werden die Grundlagen für die Aktionen bei den Mitarbeitern gelegt, die den Wandel in erheblichem Maße mitbestimmen und als „Entwicklungshelfer" im Unternehmen fungieren. Es gilt, Umsetzungskompetenz zu entwickeln.

Die Zielerreichung bei einer Komponente bedeutet nicht, daß damit die Zielerreichungsmöglichkeiten einer anderen Komponente gemindert werden. Die Ziele verhalten sich vielmehr komplementär zueinander. Dabei wirken Markt- und Klienteneinflüsse direkt und indirekt über die drei Subelemente in den CIS-Kreislauf. Ergebnisse schlagen sich sowohl im Service als auch im Allianz Management nieder. Ebenso werden die vorherigen Phasen beeinflußt. Allerdings ist diese Einflußnahme nicht einseitig, sondern als Rückkopplung zu sehen.

Die drei Komponenten des CIS bestimmen den Wandel des Unternehmens. Sie stellen sicher, daß Einflüsse von außen wahrgenommen, geprüft und umgesetzt werden. Diese Umsetzung hat Rückwirkungen auf die strategische Ebene bis hin zur Vision und auch auf die operativen Elemente wie die Serviceentwicklung. Die Darstellung der Subelemente, die für den ständigen Wandel im Unternehmen und die Anpassung an Marktgegebenheiten sorgen, kann im Rahmen der vorliegenden Arbeit nur konzeptionell erfolgen. Sie müssen zwar in dieser Form in jedem Unternehmen neu implementiert werden, sind aber in höchstem Maße von der Ausgangssituation abhängig. Dazu gehören bspw. die Unternehmenskultur, das Geschäftsmodell mit Service-Portfolio und die Qualifikation der einzelnen Berater. Wie die Subelemente aussehen könnten und wie das CIS-System als Katalysator für Änderungen funktioniert, zeigen die folgenden Abschnitte.

7.2 Knowledge-Management:
Best-in-class-Service durch Wissenskraft

Das Knowledge-Management muß ein Netzwerk im gesamten Unternehmen bilden. Ziel ist es, das Wissen des Beratungsunternehmens allgemein verfügbar zu machen bzw. die jeweiligen Experten für jeden Mitarbeiter zugänglich zu machen. Dies ist unbedingte Voraussetzung für die Lieferung eines Best-in-class-Services. Auch das E-Consulting verlangt die Hinzuziehung von Experten in Abschnitten der Analysephase und insbesondere in der Phase der Entwicklung des Lösungskonzeptes. Als Ziele des Knowledge-Managements kann man für ein Beratungsunternehmen folgende Zielsetzungen und Anforderungen an das Beratungsunternehmen festhalten:[207]

1. *Analyse und Bereitstellung des Wissens des gesamten Unternehmens:* Das Wissen und die Erfahrung aller Berater und Projekte für zukünftige Herausforderungen zur Verfügung zu stellen, ist eine der wichtigsten und gleichzeitig herausfordernsten Aufgaben für jedes Beratungsunternehmen. Aus technischer Sicht gilt es, eine Datenbank zu entwickeln, die es dem einzelnen Berater im Rahmen von Projekten erlaubt, auf Erfahrungen oder Experten zuzugreifen, die diese oder ähnlich gelagerte Problemstellungen bereits erfolgreich gelöst haben. Auch negative Erfahrungen sind dabei ein Bestandteil des Wissens. Der interne Bereich des Beratungsportals sollte die Möglichkeit zur Verfügung stellen, dieses Wissen zielgerichtet über einen Suchalgorithmus abzufragen.

2. *Entwicklung eines Knowledge-Network (Aufbau/Struktur und Management):* Ein Knowledge-Network, wie im vorherigen Absatz beschrieben, muß auch in der Organisation verankert sein. Aufgrund der Bedeutung müßte es von einem hohen Manager der Unternehmensberatung verantwortet werden. Dazu ist es notwendig, neben der Transparenz auch die Prozesse der Wissensverteilung zu analysieren. Die Unternehmenskultur und –philosophie muß die Bedeutung des Netzwerkes für das Unternehmen hervorheben und die Arbeit der Berater unterstützen. Vorschriften, wie z.B. „jede Woche müssen die Berater mindestens eine Stunde Daten über ihr aktuelles Projekt in die Wissensdatenbank eingeben", haben nur einen Sinn, wenn die Wissensdatenbank auch von den Beteiligten akzeptiert wird. Die Akzeptanz hängt wiederum eng mit der Aktualität und Verläßlichkeit der Daten zusammen. Neben den Beratern sind auch die Betreuer der Datenbank verpflichtet, diese ständig weiterzuentwickeln. Es muß also eine eigene Abteilung im Rahmen des Gesamtgeschäftsmodells geschaffen werden, die das Knowledge Network betreut und weiterentwickelt. Die Anregungen der Berater werden aufgenommen und so das Knowledge Network weiterentwickelt. Auch die Einbindung von externen Daten wie bspw. Statistiken wird von dieser Serviceeinheit durchgeführt.

3. *Benchmarking als Quelle von neuem Wissen und ständiger Überprüfung der eigenen Fähigkeiten:* Für den Berater ist es besonders wichtig für alle Pro-

---

[207] Vgl in Abwandlung Probst/Raub/Romhardt (1998), S. 103.

blemstellungen die bestmögliche Lösung anbieten zu können. Dazu ist ein ständiger Vergleich mit anderen, externen Lösungskonzepten notwendig. Diese Vorgehensweise sichert eine ständige Leistungsmessung der eigenen Fähigkeiten in Konkurrenz zum Markt.

Betrachtet man die Ziele des Knowledge-Management und die daraus abgeleiteten Anforderungen für das Beratungsunternehmen der Zukunft, bleibt festzuhalten, daß unabhängig von der Ausgangssituation ein Management des Wissens und der damit verbundenen Prozesse für das neue Geschäftsmodell von hoher Bedeutung ist. Es bildet die Verbindung zwischen den einzelnen Serviceeinheiten und dem Gesamtgeschäftsmodell, in dem diese Einheiten immer selbständiger kooperieren. Es ersetzt die strukturellen Verbindungen, die üblicherweise durch Hierarchien geknüpft werden und verbindet die einzelnen Berater durch ein informelles Wissensnetzwerk.

7.3 Innovation-Management: Innovation statt Stagnation

Im folgenden werden keine allgemeinen Techniken zur Ideenfindung oder Forschung & Entwicklung dargestellt. Es geht vielmehr um die Entwicklung und Darstellung eines Konzeptes, das den Transfer von der Idee bis zur Implementierung der Innovation im Beratungsunternehmen der Zukunft darstellt. Dabei werden die Besonderheiten des Geschäftsmodells und des Portfolio-Managements berücksichtigt.

Bewertet man die Notwendigkeit von Innovation im Unternehmen im Rahmen des Zielsystems, so können Innovationen nur eine Zielsetzung haben: Die Innovationen dienen hauptsächlich dazu, dem Unternehmen einen Wettbewerbsvorteil zu verschaffen. Innovation wird durch technologischen Fortschritt mit wachsender Schnelligkeit aufgehoben. Dies bedeutet, daß immer neue Innovationen notwendig sind, um überhaupt einen Wettbewerbsvorteil aufrecht zu erhalten.[208] Die Innovationen können dabei ganz unterschiedliche Bereiche verändern. Auf der einen Seite können dies neuen Services sein, wie dies am Beispiel der elektronischen Beratungsleistungen dargestellt wurde, auf der anderen Seite bspw. Prozeßinnovationen bei der Abwicklung. Als Ausgangspunkt werden die eigenen Berater, Klienten oder auch Konkurrenten dienen.

Der Prozeß von der Idee bis hin zur Umsetzung für das Beratungsunternehmen der Zukunft muß dabei den Ansprüchen gerecht werden, die im Rahmen des Ge-

---

[208] Vgl. Porter (1999 II), S. 951f.

samtentwicklungsprozesses formuliert wurden. Folgende Ziele muß ein derartiger Prozeß erreichen:

1. Der Time-to-market Zyklus muß kurz sein (von der Idee bis zur Umsetzung muß ein schneller, standardisierter Ablauf existieren).
2. Alle Ideen müssen auf ihre Bedeutung für das Beratungsunternehmen hin analysiert und bewertet werden.
3. Der Prozeß muß transparent und durch Anreize attraktiv gestaltet werden.
4. Er muß Teil des aktuellen Geschäfts- und Servicemodells sein.

Diese Ziele können nur erreicht werden, wenn ein ganzheitliches Konzept vorliegt, das in das Unternehmen implementiert ist und ein Bestandteil der Unternehmenskultur darstellt. Die organisatorische Unterstützung des Innovationsmanagements muß also in jeder Phase vorhanden sein. Dieser Prozeß könnte für ein Beratungsunternehmen wie folgt aussehen.

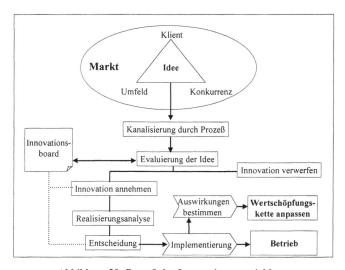

Abbildung 29: Prozeß der Innovationsentwicklung

Setzt man den Prozeß der Innovationsentwicklung nach dem Vorbild des E-Consulting in einem durch Fragebogen gesteuerten Prozeß um, könnte dieser folgendermaßen aussehen: In einem Auswahlmenü könnte die entsprechende Innovation einem Bereich bspw. Service, Prozeß, Konzept oder Geschäftsmodell zugeordnet werden. Das Innovationsmanagementsystem gibt dann für jeden Einzelfall individuell die Beschreibung der Innovation in einem standardisierten Fragebogen vor und erlaubt gleichzeitig durch Zugriff auf die Datenbank des

Beratungsunternehmens einen Abgleich mit bereits vorhandenen Lösungen. Der Ideengeber, in der Regel ein Berater, beantwortet die Fragen und stellt das Konzept wenn möglich graphisch dar. Dieses wird mit Marktdaten und Trendanalysen automatisch ergänzt. Eine abschließende Bewertung wird durch einen Innovation Circle, besetzt mit hochrangigen Managern und Spezialisten, vorgenommen. Die drei Möglichkeiten der Bewertung lauten:

- Keine Perspektive – das Konzept wird verworfen und mit einer Begründung an den Ideengeber zurückgesandt.
- Es wird in eine Warteposition im Netz auf das Innovationsboard gestellt. In diesem Board werden Ideen vorgestellt, die noch nicht zur Realisierung reif sind. Andere Berater können hier Vorschläge ergänzen, um die Idee zu einer Innovation zu entwickeln. Gibt es keine weiteren Vorschläge, ist die Idee zu verwerfen. Bei Fortentwicklung wird diese Idee wieder in den Prozeß eingephast.
- Ist die Idee nach Evaluierung angenommen, wird sie durch Realisierungsanalysen nochmals überprüft und die Auswirkungen auf das Beratungsunternehmen bspw. Geschäftsmodell oder Strategie entwickelt. Danach folgt die Implementierung und der Betrieb.

Ein derartiger Prozeß erfüllt alle an ihn gestellten Anforderungen und erreicht die Zielsetzungen des Unternehmens. Wichtigster Bestandteil bleibt jedoch die Einstellung und Innovationskraft der Berater. Ein Anreizsystem muß dabei den Mehraufwand für den einzelnen Berater vergüten. Diese Vergütung kann entweder materiell durch einen Bonus oder immateriell durch Vorteile bei der Neubesetzung von Positionen, Gewährung von besonderen Fortbildungsmaßnahmen etc. gewährt werden. Sie muß in das Anreiz- und Bonussystem des Beratungsunternehmens integriert werden.

7.4 Individual-Management: Vom Mitarbeiter zum Change Agent

Das Individual-Management-Konzept zielt auf das eigentliche Potential des Beratungsunternehmens ab, seine Berater. Ihr Know-how war bisher die Garantie für den Geschäftserfolg, Diese Fokussierung wird aber in der Zukunft nach dem neuen Geschäftsmodell nicht mehr ausreichen. Die Förderung neuer Fähigkeiten zum Wohle des Beratungsunternehmens und auch zum Wohle des Beraters steht im Vordergrund. Der Umbau des Beratungsunternehmens für die Zukunft kann nur durch eine neue Einstellung in den Köpfen der Berater gelingen. Sie allein bestimmen das Unternehmen und seine Zukunft.

Das Expertenwissen wird auch zukünftig eine hervorragende Stellung einnehmen. Daneben sind noch weitere Fähigkeiten gefragt, die im folgenden dargestellt sind.

1. *Unternehmertum*: Das neue Geschäftsmodell mit seinen unabhängigen Serviceeinheiten erfordert von den Beratern ein höheres Maß an Eigenverantwortung, unternehmerischem Denken und Handeln. Die Absicherung durch das Beratungsunternehmen an sich ist durch die Vernetzung mit den anderen Einheiten zwar gegeben, trotzdem müssen sich die Serviceeinheiten selbständig auf dem Markt behaupten. Das bedeutet für den Manager dieser Einheit einen Planungsaufwand, aber auch die Möglichkeit unabhängig zu agieren und flexibel den Markt und die Klienten zu bedienen. Ein gewisses Maß an Risikobereitschaft ist dabei unabdingbar.[209]

2. *Flexibilität im Denken und Innovationsfähigkeit*: Im Rahmen ihres Services müssen Berater, mehr als dies bisher der Fall war, lernen, flexibel auf die Klientenwünsche einzugehen. Der Erfolg der Serviceeinheit und des Gesamtunternehmens hängt von der Flexibilität und auch der Freiheit zu neuen innovativen Ideen ab. Die Berater werden die Gestalter des Unternehmens. Es entwickelt sich noch stärker als bisher eine gegenseitige Abhängigkeit und die Möglichkeiten der Einflußnahme durch den Einzelnen steigen.

3. *Loyalität und Verbundenheit*: Diese Eigenschaften sind bei Mitarbeitern im Beratungsmarkt nicht besonders stark vertreten. Sie sind aber eine notwendige Voraussetzung für eine kontinuierliche Entwicklung des Beratungsmarktes. Es gilt deshalb, insbesondere die Schlüsselpersonen des Unternehmens zu binden. Allerdings darf nicht einseitig nur vom Mitarbeiter Loyalität erwartet werden. Vielmehr muß das Unternehmen auch dem Mitarbeiter seine Wertschätzung zeigen und zwar nicht nur finanziell, sondern auch durch andere, immaterielle Anreize.

4. *Ethik*: Das verantwortliche Handeln im Unternehmen, in der Gesellschaft, gegenüber Klienten und Mitarbeitern bestimmt die Gesamtentwicklung.[210] Die ethische Grundausrichtung ist Teil der Unternehmenskultur und wesentlicher Bestandteil aller Handlungen. Diese Grundeinstellung wird wesentliches Unterscheidungsmerkmal gegenüber der Konkurrenz.

Die Problematik der Schulung der Mitarbeiter zur Entwicklung der vorab aufgezeigten Fähigkeiten ist offensichtlich. Kaum möglich erscheint ebenso der komplette Neuanfang mit einem neuen Team. Dies würde die Neugründung des Beratungsunternehmens bedeuten. Es gilt also in den Köpfen der Mitarbeiter den

---

[209] Vgl. Staehle (1990), S. 266ff.
[210] Vgl. Kreikebaum (1999), S. 210ff., insbes. Abb. 1.

Wandel zu vollziehen. Charismatische, transformationale Führungspersönlichkeiten können diesen Wandel als Vorbild begleiten und bei den ersten Schritten als Führung dienen. Danach muß allerdings eine Loslösung erfolgen, die den Beratern erlaubt, ihren eigenen Weg zu gehen. Realistischerweise wird das Beratungsunternehmen viele Mitarbeiter verlieren, die diesen neuen Stil nicht mittragen wollen oder können. Es wird aber auch viele Berater geben, die die Chance erkennen und von Konkurrenten neu zum Beratungsunternehmen kommen.

Die Bedeutung der Führerpersönlichkeit für den Wandlungsprozeß ist derart groß, daß es noch einer ergänzenden Erläuterung zu Eigenschaften und Fähigkeiten von Führungspersönlichkeiten bedarf. Bei einer Untersuchung von „Stars" im Management eines Unternehmens und ihren Fähigkeiten, wurde die emotionale Intelligenz als entscheidender Faktor für Führerschaft erkannt.[211] Als Eigenschaften werden genannt:

1.) Self Awareness: Verständnis für das eigene Verhalten und die Wirkung auf andere.

2.) Self Regulation: Selbstbeherrschung und überlegtes Handeln.

3.) Motivation: Passion für die Aufgaben.

4.) Empathy: Verständnis für die Charaktere anderer Personen und entsprechendes Handeln.

5.) Social Skills: Kontaktfreudigkeit und Konsensfähigkeit.

Diese Eigenschaften lassen Manager zu idealen Führern in Zeiten des Wandels zum neuen Geschäftsmodell und für die Zeit danach werden und sollten daher in höchstmöglichem Ausmaß bei allen Verantwortlichen geprüft bzw. geweckt werden.

7.5 Change-Management:
Ergebnis und Zusammenfassung der Subelemente

Die zuvor genannten Komponenten - *Innovations-Management, Knowledge-Management* und *Individual-Management* - tragen zum Wandel des Beratungsunternehmens bei. Sie entwickeln das Unternehmen kontinuierlich weiter und sorgen dafür, daß es nicht zu einem Stillstand kommt. Das Management dieser drei Komponenten sieht der Verfasser als besonders wichtig für die Weiterentwicklung an. Ihre Förderung und organisationale Einbindung und Verankerung in die Grundprinzipien des Unternehmens sind von allerhöchster Bedeutung.

---

[211] Zur emotionalen Intelligenz vgl. Goleman (1998), S. 94ff.

Der Change-Prozeß und das Management müssen von der obersten Unternehmensführung getragen und gefördert werden. Die Einflüsse des Marktes sorgen für die entsprechende Ausrichtung. Die Auswirkungen werden einerseits im Service-Portfolio widergespiegelt und finden indirekt bei großen Veränderungen ebenfalls Aufnahme in die Mission, die Strategie und das Geschäftsmodell. Im Extremfall werden sie erneut zu einer Neuausrichtung führen. Die Zukunftsausrichtung ist somit gesichert. Wie die Implementierung des Service-Portfolios in der Gegenwart aussieht, zeigt der folgende Abschnitt.

8 Implementierungsprozeß: Service-Portfolio und Allianz Management

8.1 Grundlegung der Vorgehensweise

Nachdem die Umsetzbarkeit des Phasenmodells der Beratung in eine E-Consulting-Lösung theoretisch begründet wurde, alle organisatorischen und konzeptionellen Voraussetzungen zur Umsetzung bzw. Einleitung des Implementierungsprozesses dargelegt sind, wird die operative Umsetzung der Idee des E-Consulting und der dahinterstehenden Konzepte im Beratungsunternehmen diskutiert. Dabei wird eine Vorgehensweise gewählt, die die Realisierung der elektronischen Lösung Schritt für Schritt darstellt, die dazu notwendigen Anforderungen benennt und diese in einem Umsetzungskonzept zusammenführt. Dies vollzieht sich über drei Ebenen, der Ebene 1 *Marktforschung*, der Ebene 2 *Entwicklung des Service-Portfolios* und der Ebene 3 *Unternehmen* (dazu Abbildung 30).

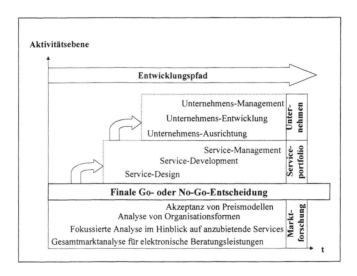

Abbildung 30: Die drei Ebenen der Umsetzung des E-Consulting

Das Konzept der drei Ebenen beginnt mit der Ebene 1 *Marktforschung* und dabei mit der Analyse des Gesamtmarktes für elektronische Lösungen und seiner Einflußgrößen.[212] Dabei sollen allgemeine Entwicklungen, Probleme und die

---

[212] Zur Umfeldanalyse vgl. Durstberger/Most (1997), S. 87ff.

Marktführer für bestimmte Dienstleistungen identifiziert werden.[213] Die Beobachtung der Entwicklung des Gesamtmarktes ist Ausgangspunkt für weitere auf Spezialaspekte fokussierte Analysen, angepaßt den weiteren Stufen des Umsetzungskonzeptes. So wird bspw. für die Ebene der Entwicklung des ServicePortfolios eine fokussierte Marktanalyse zur Abschätzung des Absatzpotentials der einzelnen Dienstleistungen vorgenommen.[214] Auch die dritte Ebene, die Entwicklung und Anpassung des Beratungsunternehmens an die neuen Herausforderungen des elektronischen Wettbewerbs, wird von detaillierten Marktanalysen begleitet. Hierzu könnten die Marktführer in einzelnen Branchen analysiert und ihre Wettbewerbsvorteile identifiziert werden. Ziel ist dabei die Identifikation von Wettbewerbsvorteilen, die sich aus Struktur, Organisation, Anreizsystemen ableiten lassen und im eigenen Unternehmen umgesetzt werden können. Vor einer unreflektierten Übernahme potentieller Wettbewerbsvorteile ist allerdings zu warnen. Eine direkte Umsetzung mißachtet häufig die Stärken des eigenen Unternehmens und macht diese in der Regel zu Schwächen. Die Marktanalyse stellt insgesamt ein bedeutsames Hilfsmittel sowohl zur Entscheidungsvorbereitung als auch in der Phase der Implementierung dar und bildet die Basis für alle Umsetzungsaktivitäten. Sie sollte zur rechtzeitigen Erkennung von Chancen und Risiken ständig sowohl für den Gesamtmarkt wie auch ausgesuchte Teilbereiche durchgeführt werden.

Auf Basis einer detaillierten Marktanalyse und der dort aufgezeigten Potentiale muß das geschäftsführende Gremium der Unternehmensberatung die Entscheidung treffen, ob der Service des E-Consulting umgesetzt wird.

Die 2. Ebene der Umsetzung, *Entwicklung des Servic-Portfolios,* beschreibt die Auswahl, die Umsetzung und das Management der E-Beratungsleistungen. In der Auswahlphase gilt es, die Beratungsleistungen aus dem traditionellen Geschäft zu identifizieren, die einen schnellen Markteintritt ins E-Beratungsgeschäft erlauben. Diese Entscheidung wird auf der Basis der Ergebnisse der Marktanalyse, einer internen Stärken- und Schwächenanalyse und den Ergebnissen der zuvor dargestellten Machbarkeitsuntersuchung vorgenommen.

Nach der Auswahl und einer groben Strukturierung (Service-Design) von möglichen Beratungsleistungen erfolgt die Entwicklung, also eine detaillierte Analyse, Beschreibung und die Umsetzung in eine elektronische Form (Service-Development). Dabei gilt es insbesondere den Fragebogen zu entwickeln und

---

[213] Vgl. Böhler (1992), S. 17ff.
[214] Zu Marktanalyse im Internet vgl. Agrawal (1999), S. 193ff.

die Umsetzungskonzeption aufzustellen. Nur ein ideales Zusammenspiel dieser Komponenten garantiert ein bestmögliches Ergebnis. Das Service-Management schließlich nimmt eine kontinuierliche Verbesserung der einzelnen Services auf Basis der endgültigen Entwicklung und des Gesamtportfolios vor. Hierzu werden, basierend auf Portfoliotechniken, die Einzelservices ständig anhand ihres Zielerreichungsgrades gemessen und daraus die notwendigen Maßnahmen abgeleitet. Das Service-Management liefert wiederum wichtigen Input für das Service-Design und Development im Rahmen neu zu entwickelnder Services und der Weitergabe von Erfahrungen aus bereits realisierten Services.

Neue Dienstleistungen wie das E-Consulting können selbstverständlich nicht ohne Einfluß auf das Unternehmen bleiben. Deshalb müssen in der Ebene 3, *Unternehmen*, bei einer Neuausrichtung, die die E-Consulting-Lösungen berücksichtigt, die Entwicklung und das Management des Beratungsunternehmens zu einem Markterfolg beitragen. Diese Aufgaben beschreibt die dritte Ebene des Umsetzungskonzeptes.

Die Beratungsleistungen des E-Consulting müssen alle Ebenen bis zur Realisation durchlaufen. Die teilweise parallele Lösung der mit dem Umsetzungsprozeß verbundenen Aufgaben erlaubt den höchstmöglichen Grad an Abstimmung zwischen den einzelnen Ebenen. Dabei bestimmen die Ergebnisse der vorherigen, tieferen Ebene die Entwicklung der darüberliegenden Ebenen. Nur die Verzahnung aller Elemente gewährleistet das bestmögliche Ergebnis. Im folgenden werden die einzelnen Ebenen in einem Umsetzungsmodell entwickelt und analysiert

8.2 Darstellung des Marktes für elektronische Dienste

Die Marktuntersuchung ist die Grundlage für das Umsetzungsmodell. Die wichtigsten Marktdaten werden im folgenden kurz zusammengefaßt und stellen das Potential sowie Chancen und Risiken des Gesamtmarktes dar. Daran anschließend werden in Praxisbeispielen drei mögliche Referenz- und Konkurrenzmodelle für das E-Consulting vorgestellt und analysiert. In einer realen Umsetzung müssen diese gezielt durch Detailanalysen ergänzt werden. Im folgenden Abschnitt werden ausgewählte Ergebnisse präsentiert, nicht aber die einzelnen Schritte einer Marktstudie dargestellt.[215]

---

[215] Zu den Schritten des Marktforschungsvorhabens vgl. Kotler (1999), S. 239ff. oder Koch (1997), S. 17ff.

144

8.2.1 Gesamtmarktuntersuchung E-Commerce

Die nachfolgend zusammengefassten Ergebnisse dienen in erster Linie der Darstellung und Strukturierung des Gesamtmarktes. Im Rahmen einer konkreten Umsetzung müssen darüber hinaus noch in einer deskriptiven Studie einzelne Marktbereiche, bspw. für die angebotenen Services, genauer dargestellt und in einer explikativen Untersuchung die Erklärung von Tatbeständen, wie z.B. Kaufverhalten – Marketingmittel, erfolgen.[216] Dabei sind insbesondere die angestrebten Marktsegmente zu analysieren und das Käuferverhalten zu erklären.

Der Ausgangspunkt ist die Beobachtung der Entwicklung der Internetnutzer. Während die Privatkundenanbindungen dabei nach neuesten Untersuchungen und Prognosen auch in den nächsten Jahren ein rasantes Wachstum in Europa aufweisen, ist die Entwicklung bei den Geschäftskundenanbindungen weit weniger dynamisch. Steigt die Zahl der Privatkundenanbindung von ca. 10 Millionen 1998 über 20 Millionen im Jahr 2000 bis hin zu 40 Millionen im Jahr 2002, so erreichen die Geschäftskundenanbindungen nur eine vergleichsweise moderate Steigerung von 5 Millionen in 1998 auf 10 Millionen Anbindungen im Jahr 2002.[217] Zu einer optimistischeren Prognose kommt das ECIN.[218] Bei einer in USA und Europa durchgeführten Befragung von 702 Unternehmen des Mittelstandes mit einem Umsatz zwischen 50 und 200 Millionen Dollar erwarten 17% innerhalb der nächsten zwei Jahre keinen Umsatzanteil durch das Internet, während 13% mehr als 25% ihres Gesamtumsatzes durch das Internet erzielen wollen.[219] 46% der befragten Unternehmen tätigen in Teilbereichen einen elektronischen Einkauf von Waren und Dienstleistungen. Dabei wird ein starkes Wachstum für zwischenbetriebliche Geschäfte, zu denen das E-Consulting zählt, auf ca. 64 Mrd. US$ bis 2001 prognostiziert, auf den Business-to-Business Bereich entfallen fast 90% des Gesamtvolumens.[220] Diese zunächst ermutigenden Zahlen, insbesondere durch den stark wachsenden, für das E-Consulting relevanten Business-to-Business-Bereich werden allerdings durch andere Untersuchungen bzw. Vergleiche von Ergebnissen relativiert. So erreicht der weltweite E-Commerce Umsatz ab dem Jahre 2002 zwischen US$ 58 Mrd. (Simba) und US$ 475 Mrd. (Activmedia). Gemäß der Untersuchung von eMarketer wird der Professional Services Bereich, zu dem auch das E-Consulting zu zählen ist, ca. 15%

---

[216] Zur Abgrenzung vgl. Herrmann/Homburg (1999), S. 15 sowie Freter/Obermeier (1999), S. 742ff.
[217] Vgl. IDC (2000), S. 1.
[218] Vgl. ECIN, Internet (Stand: 15.07.1999).
[219] Vgl. Mori Research (2000), S. 17f.
[220] Vgl. Bliemel/Fassott/Theobald (1999), S. 2ff., insbes. Abb. 2.

oder US$ 18,4 Mrd. erzielen.[221] Unterschiedliche Erhebungsmethoden und Marktsegmentierungen führen zu teilweise erheblichen Abweichungen.[222]

Anhand der dargestellten Untersuchungen kann man die Grundproblematik aller Untersuchungen erkennen. Da das Medium Internet neu ist und sich schnell entwickelt, sind Prognosen über Verbreitung und Nutzung nur sehr schwer zu treffen. Eine weitere Problematik stellt dabei die mangelnde Vergleichbarkeit mit anderen ehemals neuen Medien, wie Telefon oder auch Fernsehen dar. Zudem gibt es zum Internet immer mehr kritische Stimmen. So prophezeit die Gartner Group für die kommenden Jahre eine Zeit der Desillusionierung und des Rückganges der Geschäfstätigkeit und erst ab 2003 bis 2004 eine Erholung.[223]

Neben der reinen Marktforschung und der Zahlenanalyse sind weiterhin Trends im geschäftlichen Umfeld und in der Gesellschaft zu beachten. Insbesondere bei börsennotierten Unternehmen können die Aktionäre erheblichen Einfluß auf die Unternehmenspolitik nehmen. Dabei wird ein Unternehmen immer sowohl am Verhalten der Konkurrenten in der eigenen Branche, als auch an Unternehmen aus anderen Branchen gemessen. Ist grundsätzlich eine intensive Beschäftigung mit dem Markt im Sinne der Konkurrenzfähigkeit positiv zu beurteilen, so ist es aus der Sicht des Autors durchaus problematisch, wenn Unternehmen nur das E-Business einführen, um einer Modeerscheinung und dem Druck der Aktionäre gerecht zu werden.

Eine sorgfältige Untersuchung des Marktpotentials sollte die solide Grundlage für das E-Consulting bilden. Dabei stellen die Ergebnisse lediglich einen Anhaltspunkt dar und dürfen deshalb nicht unkritisch verwendet werden. Eine Einbindung ausgewählter Klienten in den Entscheidungsprozeß kann wesentlich wertvollere Impulse bei der Einschätzung des Marktpotentials des einzelnen Beratungsunternehmens geben. Diese Erkenntnisse von Markt- und Branchenkennern verbunden mit dem Know-how der Berater sollten der Ausgangspunkt der zukünftigen Lösung sein.

Bei der Einführung einer E-Consulting-Lösung, die einen neuen Service auf dem Markt darstellt, sind noch zusätzliche Faktoren unabhängig von der allgemeinen Marktentwicklung zu beachten. Die Untersuchung der Akzeptanz bei den Klienten ist unbedingte Voraussetzung für eine realistische Einschätzung

---

[221] Vgl. Cross (1999), S. 109.
[222] Vgl. Kopp (2000), S. 62ff.
[223] Vgl. Gartner Group (1999), S. 50ff.

der Marktentwicklung. Untersuchungsmerkmale dazu sind die Nutzungsintensität durch die Klienten und die Diffusion (Annahmezeit zwischen dem erstem und letztem Käufer).[224] Eine derartige Analyse kann nur in enger Zusammenarbeit mit dem Beratungsunternehmen erfolgen und muß für die Gesamtkonzeption E-Consulting als auch für die einzelnen Services durchgeführt werden.

Die Untersuchung der Wettbewerber ist im Porter'schen Modell der Branchenstruktur das zentrale Element.[225] Im Rahmen der Marktforschung ist sie allerdings nicht Teil der Marktforschung im engeren Sinne (Absatzmarkt- und Beschaffungsmarktforschung), sondern neben der Umweltanalyse und der internen Unternehmensanalyse Teil der Marktforschung im weiteren Sinne.[226] Dabei ist die Konkurrenzanalyse auch die Basis für eine Potentialanalyse des eigenen Unternehmens. Im folgenden wird der aktuelle Stand einer Beratung im Internet anhand dreier Praxisbeispiele dargestellt. Obwohl diese dem zuvor gekennzeichneten erweiterten Beratungsansatz nur sehr rudimentär entsprechen, stellen sie trotzdem einen ersten Schritt auf dem Weg zum E-Consulting dar.

8.2.2 Praxisbeispiele

8.2.2.1 E-Health

Das Internet-Geschäft mit Waren und Dienstleistungen rund um das Thema Gesundheit steht zumindest in den USA kurz vor dem Durchbruch. Insbesondere Pharmahersteller sehen in diesem Vertriebsweg die Möglichkeit, Kosten zu senken.[227] Neben dem Vertrieb von Medikamenten sind ärztliche Ratschläge via Internet eines der vielversprechenden neuen Geschäftsfelder. Da die Untersuchung eines Patienten einen ähnlichen Prozeßverlauf darstellt wie die Analyse eines Unternehmens und es sich dabei um einen Markt mit ähnlichen Charakteristika (Sensibilität der Daten, bisher reine face-to-face Geschäftsbeziehung) handelt, wird dieses Geschäftsfeld kurz in seiner Entwicklung vorgestellt.

Der Gesundheitsmarkt in den USA weist andere Charakteristika als der in Deutschland auf. Er ist wesentlich weniger reglementiert, was bspw. in einem Verkauf von Medikamenten in supermarktähnlichen Drugstores und einem auf Freiwilligkeit basierenden System der Krankenversicherung deutlich wird. Die

[224] Vgl. Kollmann (1999), S. 31ff.
[225] Vgl. Porter (1999 I), S. 28ff, insbes. Abb. 1-2.
[226] Vgl. Wolfrum/Riedl (1999), S. 15ff., insbes. Abb. 2.
[227] Vgl. Licking (2000), S. 73.

Zahl der Ratsuchenden über das Internet belief sich 1999 auf 22 Millionen in den USA und soll sich im Jahr 2000 auf 30 Millionen erhöhen.[228]

So ist es möglich, auf den Internetseiten der amerikanischen drugstores Medikamente aller Arten zu erwerben.[229] Auch Sonderangebote und Geschenke sind möglich, ja sogar üblich. Ratsuchende können auf speziellen Internetseiten wie americasdoctor.com die unterschiedlichsten Angebote nutzen.[230] Neben aktuellen Themen kann nach Stichworten gesucht und in einer Datenbank Ursachen und Therapien nachgeschlagen werden. Die einzige Voraussetzung ist allerdings die Angabe des Bundesstaates und der Postleitzahl durch den Nutzer. Eine weitere Möglichkeit der Beratung besteht in der Teilnahme an Diskussionsforen, Expertenrunden über spezielle Themen oder der Suche in den FAQ (Frequently-asked-questions). Weiterhin stehen dem Besucher Ratgeber für Medikamente zur Verfügung. Aber auch die direkte Anfrage an einen Arzt ist möglich, nachdem der Benutzer die Bedingung akzeptiert hat, daß es kein Notfall ist und Werbung eingeblendet werden darf.

Ein Beispiel für eine deutsche Gesundheitsseite stellt das Internet-Angebot von Lifeline dar.[231] Nach amerikanischem Muster aufgebaut, bietet es nahezu die selben Möglichkeiten wie das amerikanische Vorbild. Auch hier wird bei der Nutzung des Expertenrates ausdrücklich auf die Notwendigkeit des Arztbesuches hingewiesen und der Haftungsausschluß hervorgehoben. Während die Seiten von Lifeline eher den gesundheitsbewußten Nutzer ansprechen, ist der Auftritt eines weiteren deutschen Unternehmens, Arztpartner, auf Hilfesuchende eingerichtet. Ein Verzeichnis aller Ärzte und Zahnärzte, die sich kostenlos registrieren lassen können, sowie die Veröffentlichung der neuesten medizinischen Nachrichten auf der Portalseite lassen diesen Webauftritt deutlich seriöser erscheinen. Ein weiterer Konkurrent, der ursprünglich dänische Gesundheitsdienst Netdoktor, versucht nun, den europäischen Markt zu entwickeln. Allerdings besteht aufgrund gesetzlicher Vorschriften das Angebot nur aus Informationen.[232]

Für die Unternehmensberatung lassen sich einige wesentliche Hinweise für den eigenen Webauftritt ableiten. Die eigentliche Beratung stellt nur einen Teil des Angebotes dar. Zusatzangebote wie eine Bibliothek und neueste Nachrichten/Trends lassen dagegen einen Rundumservice für den Klienten zu. Die Kom-

---

[228] Vgl. Kröher (2000), S. 154.
[229] Vgl. drugstore (24.01.00), Internet.
[230] Vgl. americasdoctor (24.01.00), Internet.
[231] Vgl. Lifeline (24.01.00), Internet.
[232] Vgl. www.netdoktor.de und Kramar (2000), S. 63.

bination aller Dienstleistungen - das Servicespektrum - machen den entscheidenden Unterschied aus.

8.2.2.2 Website Benchmarking mit CSC Ploenzke

Das Beratungsunternehmen CSC Ploenzke bietet auf seiner Internetseite ein Benchmarking für Internetseiten an.[233] In der ersten Stufe wählt der Klient im Rahmen des Benchmarking die Unternehmen aus, die für sein individuelles Ranking berücksichtigt werden sollen. Dies sind entweder die laut Handelsblatt 100 größten Unternehmen oder die in der Wirtschaftswoche als die zehn größten Unternehmen je Branche genannten oder Unternehmen beider Quellen sein. In einer zweiten Stufe kann der Klient aus 14 Branchen die Branchen auswählen, die berücksichtigt werden sollen oder alle untersuchen lassen. Im Anschluß daran wird der Klient aufgefordert, in einem individuellen Profil die für ihn und seinen Web-Auftritt wichtigsten Merkmale mit der Frage auszuwählen: „Wie wichtig sind Ihnen folgende Punkte auf der Internetseite eines Unternehmens?". Auf einer Skala von 0 – 15 kann der Klient dabei Content, Bedienungskomfort, Service & Aktualität und Mehrwert, Spaß und Multimedia nach seinen Präferenzen bewerten. Aufgrund seiner Auswahl werden dann die Webauftritte der Unternehmen in einem Ranking dargestellt, die zu diesem Profil passen.

Diese Unternehmen werden mit einem Screenshot aus ihrem Webauftritt sowie der Internetadresse dargestellt. Auch die für viele Anwender wichtigen Ladezeiten werden bewertet. Außerdem werden die 19 Bewertungskriterien von Unternehmensbeschreibung, über Zielgruppenorientierung bis hin zu Kontaktmöglichkeiten zusammengefaßt. In einem Balkendiagramm wird die Note nach individueller Gewichtung und die Benotung durch das Website-Analyseteam dargestellt.

Dieses Benchmarking erlaubt eine schnelle, zielgerichtete Übersicht über den aktuellen Auftritt im Internet von Konkurrenten bzw. branchenfremden Unternehmen. Die Bewertung wird für den Benutzer ersichtlich und leicht verständlich. Die Bedienung ist einfach und das Ergebnis überzeugend. Diese Analyse stellt einen echten Mehrwert für den User dar, zumal für eigene Interpretationen noch Raum bleibt und diese Auswertung nur einen ersten Anhaltspunkt darstellt. Diese Vorauswahl kann dann zu einer genauen Analyse genutzt werden und die besten Elemente können für die eigene Lösung adaptiert werden. Auch für das Beratungsunternehmen ist diese Form der Analyse einfach zu realisieren und

---

[233] Vgl. CSC Ploenzke, Internet (Stand: 15.01.2000).

zeigt Kompetenz. Insgesamt ist die Lösung als gut gelungen zu bewerten. Sie erzielt schnell positive Ergebnisse und stellt einen echten Mehrwert dar.

8.2.2.3 Analyse der Börsenfähigkeit - Gontard&MetallBank

Die Gontard&Metallbank ist eine Privatbank, die sich auf die Betreuung von vermögenden Privatkunden spezialisiert hat.234 Nach Zusammenschluß von MetallBank und dem Bankhaus Gontard ist sie insbesondere für ihre Emissionen von jungen Mittelstandsunternehmen bekannt geworden.235 Im Rahmen dieser Aktivitäten bietet sie auf ihrer Internetseite jedem Unternehmen durch einen acht Fragen umfassenden Fragebogen, die Möglichkeiten eines Börsengangs zu überprüfen. Es erfolgt eine Online-Unternehmensbewertung. Diese besteht aus fünf Entscheidungsfragen (Antwort: Ja oder nein) und drei offenen Fragen. Die fünf Entscheidungsfragen beschäftigen sich mit der finanziellen Lage des Unternehmens. Die drei offenen Fragen beschäftigen sich mit der Ergebnisentwicklung, der Branchenzuordnung und den Konkurrenten.

Neben dem Ergebnis, ob das Unternehmen ein Kandidat für die Börse ist oder nicht, wird bei positivem Ergebnis außerdem der Börsenwert geschätzt und die Antworten zusammengefaßt. Gleichzeitig kann direkt über ein Antragsformular Kontakt mit den Spezialisten der Bank aufgenommen werden. Aus Sicht des Autors ist es sehr zweifelhaft, ob eine derart einfach strukturierte Befragung überhaupt ein sinnvolles Ergebnis erzielen kann. Die notwendige Akzeptanz bei Klienten erscheint zudem sehr zweifelhaft zu sein. Ob ein derartiger Fragebogen die Kompetenz der Bank unterstreicht, ist ebenso fraglich.

8.3 Entwicklung, Gestaltung und Anpassung des Service-Portfolios

8.3.1 Überblick

Die Entwicklung des *Service-Portfolios* ist die nächste Ebene im Rahmen der Umsetzung des E-Consulting. Mit Festlegung der einzelnen Services im Sinne von Beratungsleistungen werden sowohl die anzusprechenden Marktsegmente als auch die Positionierung des Unternehmens auf dem Markt festgelegt. Die Entwicklung des Service-Portfolios in den drei Stufen *Design*, *Development* und *Management* stellt also die wesentliche Voraussetzung für einen erfolgreichen Marktauftritt dar.

---

[234] Vgl. Gontard&MetallBank, Internet (Stand: 15.01.2000).
[235] Vgl. Reimer (2000), S. 116ff.

Die Einführung einer E-Consulting-Lösung bedeutet für das Beratungsunternehmen den fast vollständigen Neuaufbau einer Servicelinie. Dazu müssen aus dem Gesamtportfolio des klassischen Beratungsgeschäftes die Services ausgewählt werden, die in die neue elektronische Lösung umgesetzt werden sollen. Zusätzlich dazu sind Vorgehensweisen zu entwickeln, die eine aktive Umsetzung und Weiterentwicklung sowohl des Gesamtportfolios als der einzelnen Services gewährleisten. Die Entwicklung von Vorgehensweisen, Methoden und Prozessen stellt eine ebenso große Herausforderung an das Beratungsunternehmen dar, wie die Auswahl der Einzelservices. Um eine vollständige Neuentwicklung zu vermeiden, werden im folgenden die Methoden und Prozesse des Dienstleistungssektors adaptiert und an die Bedürfnisse des Beratungsmarktes angepaßt.

Hierzu ist es notwendig zunächst kurz den Begriff der Dienstleistung zu definieren und abzugrenzen.[236] Die Beratung stellt eine Dienstleistung am Kunden, einen Service für den Kunden dar. Obgleich die Dienstleistung „Beratung" sich in einigen Merkmalen von den übrigen Dienstleistungen unterscheidet, sind doch deutliche Parallelen zu erkennen, so daß man die Beratung zum Dienstleistungssektor zählen muß.[237] Charakteristisches Merkmal von Dienstleistungen und der Beratung im engeren Sinne ist dabei, daß die Kunden in den Leistungsprozeß einbezogen werden und daß das Ergebnis dieses Prozesses weitestgehend intangibel ist.[238] Die weiteren Merkmale von Dienstleistungen sind, daß die Erstellung und der Verbrauch von Dienstleistungen gleichzeitig erfolgen müssen.[239] Zudem sind sie immateriell, nicht lagerfähig und werden kostenpflichtig erbracht.

Außerdem wird noch zwischen den konsumtiven und investiven Dienstleistungen unterschieden.[240] Beratungsleistungen sind dabei rein investive Dienstleistungen ohne Bezug zu einem Produkt. Auch die Wettbewerbsbedingungen auf dem Dienstleistungsmarkt treffen weitestgehend auf den Markt für Beratungsleistungen zu und werden nochmals kurz dargestellt werden:[241]

1. *Globalisierung* – weltweite Verflechtung und internationale Kunden machen Kooperationen und Zusammenschlüsse notwendig.

---

[236] Im folgenden wird der Begriff „Service" als synonym für „Dienstleistung" verwendet.
[237] Vgl. Kleinaltenkamp (1998), S. 31f., Marktübersicht vgl. Hummel (1998), S. 67f.
[238] Vgl. Bruhn/Meffert (1998), S. 4f.
[239] Vgl. Hummel (1998), S. 55, zur Diskussion Corsten (1998), S. 78f.
[240] Vgl. zur Abgrenzung Backhaus/Hahn (1998), S. 95ff., insbes. Abb. 1, 3.
[241] Zu den Entwicklungen auf dem Dienstleistungsmarkt vgl. Bruhn/Meffert (1998), S. 4.

2. *Branchenerosion* – die klassischen Beratungsunternehmen sehen sich zunehmend dem Druck von Quereinsteigern ausgesetzt, die zusätzlich zu ihren Produkten die notwendigen Dienstleistungen und dem Kunden „alles aus einer Hand" anbieten.

3. *Technologisierung* – das Technologiepotential wird zunehmend auf der Anbieter- und der Kundenseite genutzt.

4. *Ressourcenprobleme* – die Nachfrage nach qualifiziertem Personal ist größer als das Angebot. Ein effizienter Einsatz der vorhandenen Ressourcen ist deshalb notwendig.

Diese Trends, die das Umfeld des Beratungsmarktes bestimmen, müssen auch bei der Entwicklung des Service-Portfolios beachtet werden. Im folgenden werden die drei Stufen der Service-Entwicklung genauer dargestellt (vgl. Abbildung 31).

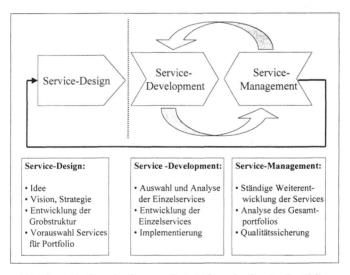

Abbildung 31: Grundaufbau zur Entwicklung des Service-Portfolios

Im Rahmen des Service-Design wird von der Idee der Beratungsleistung ausgehend durch eine interne Analyse und eine Marktuntersuchung die praktische Realisierbarkeit überprüft. Die gesamtunternehmerische Ausrichtung erfolgt bei gleichzeitiger Festlegung der Vision, der Strategie und der Vorauswahl von Services, die für eine Umsetzung in Frage kommen. Das Service-Development dient dann der detaillierten Analyse, endgültigen Auswahl, technischer und konzeptioneller Entwicklung und der Implementierung der Services unter Beachtung von Vision und Strategie aus der Design Phase. Das Service-Management paßt die entwickelten Services ständig den Marktgegebenheiten an, so daß es zu einer permanenten Schleife zwischen Service-Development und Service-Management kommt. Erweist sich das Gesamtportfolio und die dahinterstehende Vision und Strategie als nicht mehr marktgerecht, so ist ein grundsätzliches Infragestellen der Gesamtkonzeption notwendig und der Rückgriff auf die Design Phase notwendig. Die Beratungsleistungen unterliegen dabei ebenso dem Lebenszyklus wie andere Produkte. In den folgenden Abschnitten erfolgt eine strukturierte Darstellung zum Aufbau eines Service-Portfolios. Methoden und Verfahren erläutern und begleiten den Prozeß des Aufbaus, der Entwicklung und des Managements des E-Consulting.

8.3.2 Service-Design

Das Service-Design ist der Ausgangspunkt bei der Entwicklung des Service-Portfolios. In dieser weitestgehend konzeptionellen Phase wird eine Idee für einen Service, hier dargestellt am Beispiel des E-Consulting, detailliert analysiert und für die Umsetzung vorbereitet. Der Prozeß wird nachfolgend in seinen Phasen dargestellt.

Ausgehend von der Idee des Electronic Consulting werden im Service-Design die einzelnen Beratungsleistungen entwickelt. In der Regel wird es dabei notwendig sein, eine Projektgruppe mit der Entwicklung des Basisportfolios zu beauftragen. Als ersten grundlegenden Schritt zur Vorbereitung der Entscheidung über eine Realisierung von Einzelservices ist es notwendig, diese auf ihr Marktpotential und ihre Umsetzbarkeit zu überprüfen. Dabei spielt hauptsächlich die Evaluierung von Chancen und Risiken eine entscheidende Rolle.[242] Auch die Kalkulation der Kosten für die einzelnen Phasen des Design, des Development und des Management sind dem Entscheidungsgremium vorzulegen. Diese Unterlagen dienen dann einem Entscheidungsgremium des Beratungshauses als Grundlage für die Umsetzungsentscheidung. Ein mögliches Ergebnis könnte sein, daß die Idee nicht umgesetzt wird. Dies kann neben der Machbarkeit, finanzielle oder personelle Gründe haben, auch mag ein fehlender Fit zur Unternehmensstrategie und/oder Vision der Grund für eine Nichtumsetzung sein. Als Ergebnis bleibt eine Anzahl von Services, die aus unternehmerischer Sicht das größte Potential bieten und damit zur weiteren Entwicklung in der Design Phase

---

[242] Im Dienstleistungssektor Service-Prozeß-Matrix vgl. Meffert/Bruhn (1997), S. 120ff. insbes. Abb. 3-2.

freigegeben werden. Dies sollte unter der Verantwortung eines Mitgliedes der Geschäftsführung, der als Promotor fungiert, fortgesetzt werden.

Der eigentliche Kernprozeß des Service-Design beginnt mit der Auswahl des sog. Designteams. Das Team für die Design Phase sollte interdisziplinär aufgebaut sein.[243] „Muß"-Teilnehmer sind neben dem Verantwortlichen auch die Berater, die die Idee hatten und die Entscheidungsvorlage vorbereitet hatten. Weiterhin sollten IT-Spezialisten, Strategieexperten und erfahrene Berater aus den Bereichen hinzugezogen werden, in deren Kompetenzbereich die einzelnen Services fallen..[244] Insgesamt empfiehlt es sich, daß das Kernteam nicht größer als zehn Personen ist, da sonst eine gemeinsame Teilnahme an Workshops und ähnlichen Veranstaltungen aufgrund anderer Verpflichtungen gefährdet ist. Dieses Team gestaltet dann die weiteren Schritte (vgl. Abbildung 32).

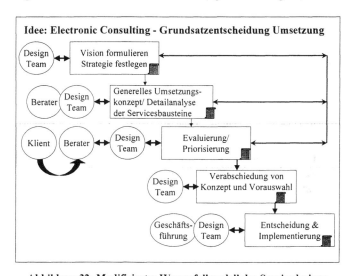

Abbildung 32: Modifiziertes Wasserfallmodell des Servicedesigns

In einem ersten Schritt ist die Strategie für den neuen Servicebaustein, also der einzelnen E-Consulting-Beratungsleistung, im Rahmen des E-Consulting-Portfolio festzulegen. Dabei ist von der Gesamtunternehmensstrategie und –vision auszugehen. Eine wichtige Bestimmungsgröße bei der Entwicklung der Strategie stellt die Ressourcenanalyse dar. Sie bestimmt welche strategischen

---

[243] Zu Bedingungen erfolgreicher Gruppenarbeit vgl. Staehle (1990), S. 260ff.
[244] Zu möglichen Projektgruppenorganisationen vgl. Bühner (1996), S. 203ff.

Möglichkeiten die interne Ressourcenausstattung überhaupt zuläßt. Die Marktorientierung findet ihre Grenzen bei der internen Ressourcenzuteilung.[245] Die Analyse der internen Ressourcen als Quelle für Wettbewerbsvorteile kann durch ein Ressourcenprofil oder durch die SWOT-Analyse verdeutlicht und den Anforderungen des Marktes gegenübergestellt werden.[246] Die Positionierung auf dem Gesamtmarkt und die Auswahl der Kunden im Rahmen einer Segmentierung stellen eine wichtige Voraussetzung für die weitere Entwicklung des einzelnen Servicebausteins dar. Aufbauend auf der *Ansoff-Matrix* lassen sich für Dienstleistungen, die in Abbildung 33 dargestellten Optionen definieren.

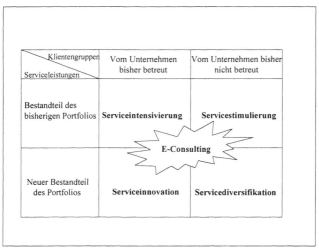

Abbildung 33: Strategische Optionen bei der Entwicklung des Service-Portfolios[247]

Dabei erfolgt eine Kategorisierung in bisherige und neue Marktsegmente sowohl auf Klienten- als auch auf Serviceebene. Betrachtet man den innovativen Charakter des E-Consulting so stellt dieses eine *Serviceinnovation* und bei neuen Beratungsfeldern auch eine *Servicediversifikation* dar. Dabei wird das Beratungsunternehmen zuerst eine Umsetzung bisheriger Beratungsfelder versuchen, bevor es in einer zeitlich späteren Ausbaustufe auch vollständig neue Services in einer elektronischen Lösung umsetzt.

Nach dieser strategischen Analyse der Services muß ein Konzept zur Entwicklung der neuen Services festgelegt werden. Das Ziel dabei ist es, einen Ent-

---

[245] Vgl. Hinterhuber/Friedrich (1999), S.994ff.

[246] Vgl. Meffert/Bruhn (1997), S. 123f.

[247] Vgl. Schmitz (1999 I), S. 21, Abb. 3.1.4 leicht verändert.

wicklungsplan aufzustellen, die einzelnen zu erreichenden Meilensteine zu definieren, ein Grundkonzept der Entwicklung festzulegen, diese in einem Lastenheft zu beschreiben und die ausgewählten Beratungsleistungen für die Umsetzung zu priorisieren. Dieser Entwicklungsplan ist je nach Beratungsunternehmen individuell unterschiedlich und kann in dieser Arbeit nur allgemein dargestellt werden. Wichtiges Merkmal stellt die offene Kommunikation zwischen dem Designteam und den übrigen Beratern dar. Offene Diskussion und Anregungen aus dem Kollegenkreis verhindern eine praxisfremde Lösung und unterstützen den Prozeß auf breiter Basis. Das Ziel der Konzeptphase muß es ebenfalls sein, eine Standardvorgehensweise zu entwickeln, die als Maßstab für die Entwickler in der Phase des Service-Development gelten kann. Die Definition von Meilensteinen, bspw. die Beschreibung von Entwicklungszielen, die die Fortschrittskontrolle im Rahmen des Projektes ermöglichen, stellt deshalb eine wesentliche Aufgabe dar. Sie haben als Unterziele die Funktion der Motivation für das Team und der Darstellung des Fortschritts gegenüber den Vorgesetzten. Diese Meilensteine müssen individuell auf das einzelne Service-Entwicklungsprogramm zugeschnitten sein. Die Entwicklung und Definition des Feinkonzeptes ist deshalb Teil der Service-Development-Phase.

Im Rahmen der Entwicklung einer Grundkonzeption müssen in einem Lastenheft die für jeden Service notwendigen und damit gleichartigen Merkmale der Entwicklung festgehalten werden. Diese Grundanforderungen beschreiben bspw. den Aufbau des Fragebogens, wie er im Rahmen der Machbarkeitsanalyse bereits konzeptionell vorgestellt wurde. Die austauschbaren Elemente können als Module für jeden Service verwendet und müssen nur geringfügig angepaßt werden. Damit liegt bereits nach Abschluß der Phase des Service-Designs der grundsätzliche Aufbau jedes Servicebausteins fest. Das Umsetzungskonzept wird während seiner Entwicklung mit den anderen Beratern diskutiert, Vorschläge der anderen Berater können zu diesem Zeitpunkt noch berücksichtigt werden. Auch die Meinung ausgewählter Klienten als zukünftige Käufer kann je nach Situation berücksichtigt werden. Es erfolgt eine nochmalige Auswahl der Services, die in folgendem groben Raster abgebildet werden kann (vgl. Abbildung 34).

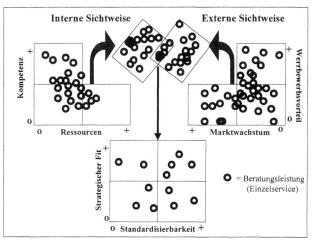

Abbildung 34: Identifikation und Priorisierung der Einzelberatungsleistung

Ausgehend von den drei strategischen Grundorientierungen eines Dienstleistungsanbieters Wettbewerbsorientierung, Potentialorientierung und Kundenorientierung werden die in der Design-Phase detailliert untersuchten Beratungsleistungen erneut bewertet.[248] In der in Abbildung 34 dargestellten Kategorisierung werden Kunden- und Wettbewerbsorientierung als externe, marktorientierte Sichtweise zusammengefaßt. Die Potentialorientierung findet Berücksichtigung in der internen Sichtweise, die außerdem die Kompetenz des Beratungsunternehmens für die einzelnen Beratungsleistungen bewertet. Bei der internen Sichtweise werden also sowohl die Anzahl der Ressourcen (Quantität) als auch ihre Kompetenz (Qualität) berücksichtigt. Dabei spielen bei Beratungsunternehmen die speziellen Qualifikationen der Mitarbeiter, ihre Fach-, Sozial- und persönliche Kompetenz eine besondere Rolle.[249] Die Beratungsleistungen werden durch diese zwei Kategorien bewertet und in eine Vierfeldermatrix eingeordnet. Das Marktwachstum kategorisiert die Services nach ihrem zukünftigen Potential. Die Kategorie Wettbewerbsvorteil bewertet die Leistung des eigenen Beratungsunternehmens im Verhältnis zur eigenen Konkurrenz. Ziel der marktorientierten Matrix ist die Extrahierung der Beratungsleistungen, die zukünftig ein besonders hohes Wachstumspotential aufweisen und bei denen das Beratungsunternehmen einen Kompetenzvorteil vor der Konkurrenz hat.[250] Die Schnittmenge, also die Services, die ein überdurchschnittlich hohes Marktpo-

---

[248] Zu den Grundorientierungen vgl. Meyer/Blümelhuber (1998), S. 380f.
[249] Vgl. Knaese (1996), S. 24.
[250] Zum Spannungsfeld Strategie und Portfolio vgl. Hedley (1999), S. 377ff.

tential und gleichzeitig eine hohe Kompetenz im Beratungsunternehmen aufweisen, werden in einer dritten Matrix nach ihrem Standardisierungspotential und
der Umsetzungsattraktivität bewertet. Das Standardisierungspotential stellt eine
erste Einschätzung dar, inwieweit eine Umsetzung in eine elektronische Lösung
möglich ist. Der strategische Fit ist ein unternehmensindividuelles Merkmal und
stellt die Übereinstimmung mit der grundsätzlichen Ausrichtung des Unternehmens dar. Aus der dritten Matrix ergibt sich eine Rangfolge der Beratungsleistungen, die sich nach den zugrunde gelegten Kriterien besonders für eine E-
Consulting-Umsetzung eignen. Mit diesem Schritt ist die Beurteilung auf Basis
von Markt- und Kundeninformationen und einem groben Überblick über das
technisch Machbare abgeschlossen.

Selbstverständlich können unternehmensindividuell die Kriterien, ihre Anzahl
und die verwendeten Portfolio-Darstellungen unterschiedlich gewählt werden.[251]
Dies führt dann auch zu abweichenden Ergebnissen. Im dargestellten Fall wurde
bewußt auf monetäre Entscheidungskriterien verzichtet, da eine Abschätzung
nur mit Hilfe unternehmnsindividueller Daten vorgenommen werden kann, die
bei dieser allgemeinen Untersuchung nicht vorliegen können.

Ist die Evaluierung des Konzeptes und der Serviceauswahl abgeschlossen, wird
das Gesamtpaket zur Entscheidung vorgelegt. Es muß dann von den geschäftsführenden Gremien des Beratungsunternehmens über die Umsetzung entschieden werden. Beim E-Consulting treffen dabei idealerweise Marktbedarf und
technische Innovation zusammen, was mit hoher Wahrscheinlichkeit eine erfolgreiche Innovation und eine herausragende Marktstellung verspricht.[252] Bei
einer positiven Entscheidung zugunsten des E-Consulting erfolgt die Umsetzung
dann gemäß dem dargestellten Konzept, das in der Phase des Service-
Development noch verfeinert wird.

8.3.3 Service-Development

Aufbauend auf den Ergebnissen des Service-Design gilt es nun, die elektronische Beratungsleistung zu entwickeln. Die bereits in der Designphase festge-
legte Strategie legt dabei den Rahmen fest. Das Design Team sollte dabei durch
Internet-Spezialisten ergänzt werden. Eine starke Unterstützung durch die Geschäftsführung ist auch in dieser Phase notwendig.

---

[251] Für eine Übersicht und Leistungsvergleich vgl. Antoni/Riekhof (1994), S. 110ff.
[252] Vgl. Riekhof, H.R. (1994 II), S. 92, insbes. Abb. 1 und 2.

Die in der Design-Phase ausgewählten Services erfüllen alle die monetären Anforderungen des Beratungsunternehmens. In der Development Phase gilt es nun konzeptionelle und inhaltliche Anforderungen detailliert zu entwickeln und umzusetzen. Gruppendiskussionen und Workshops können bspw. zur Definition der Anforderungen auf formeller, Diskussionen und Gespräche im Kollegenkreis auf informeller Ebene beitragen. Dabei gilt es insbesondere die Kundenanforderungen möglichst genau zu erfassen.

Die Befragung der Klienten zur Definition ihrer Anforderungen ist dabei ungleich schwieriger. Hierzu können nur ausgewählte Klienten befragt werden mit denen eine lange vertrauensvolle Zusammenarbeit besteht. Dies kann aus Sicht des Autors nur in vertraulichen Gesprächen erfolgen. Großangelegte Befragungen bspw. durch Fragebogen werden kaum das gewünschte Ergebnis erbringen.

Die detaillierten Anforderungen sollten vom Implementierungsteam bewertet und in das während der Design-Phase entwickelte Lastenheft integriert werden. Neue Erkenntnisse können dabei noch zu einer Änderung bei der Reihenfolge der Umsetzung führfen.

Als erster Schritt der Umsetzung muß ein Projektplan aufgestellt werden.[253] Die notwendigen Arbeitspakete werden definiert, der Ablauf festgelegt und die Ressourcen zugeordnet. Auch hier gilt die Ausarbeitung aus der Design Phase als Grundlage. Dazu ist es notwendig das Gesamtprojekt in einigen Dokumenten festzuhalten, um Teilergebnisse als Module immer wieder zu verwenden.[254] Die Dokumentation besteht grundlegend aus dem Gesamtüberblick, der Zielübersicht, dem Zeitplan, dem Ressourcenplan, der Aufstellung der verwendeten Methoden und der Darstellung der Risiken.

Neue Erkenntnisse durch Informationen von Beratern und Kunden oder auch Marktbeobachtungen machen einen flexiblen Entwicklungsprozeß notwendig. Für die Serviceentwicklung läßt sich der in dargestellte Prozeß für das Gesamtportfolio und die Einzelservices wie in Abbildung **35** darstellen.

---

[253] Zu den Aufgaben eines Projektplans vgl. Beschreibung des Projektstrukturplans Madauss (1990), S. 177ff.
[254] Darstellung vgl. Meredith (1989), S. 156f.

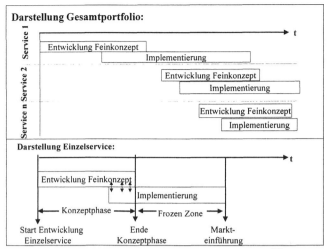

Abbildung 35: Methode zur Service-Entwicklung[255]

Das Gesamtportfolio setzt sich aus mehreren Einzelservices zusammen. Die Entwicklung des Feinkonzeptes und die Implementierung sind die zwei Hauptphasen des Service-Development. Die beiden Phasen überlappen sich, d.h. das Feinkonzept wird durch die Erfahrungen während der Implementierung beeinflußt. Die Entwicklung des Feinkonzeptes nimmt von Service zu Service immer weniger Zeit in Anspruch, was den typischen Erfahrungskurveneffekt darstellt.[256] Derselbe Effekt liegt auch der Verkürzung der Implementierungsphase zugrunde. Dieser Effekt wird einerseits durch die wachsenden Erfahrungswerte des Implementierungsteams und andererseits durch den stärkeren Einsatz von feststehenden Modulen erreicht. Weiterhin wird bei der Entwicklung des Gesamtkonzeptes von einer parallelen Entwicklung der Einzelservices ausgegangen. Diese Vorgehensweise realisiert wesentliche Zeitvorteile, die zu einem Wettbewerbsvorteil führen.[257]

Ausgehend vom detaillierten Lastenheft ist die traditionelle Wertkette, wie sie in Kapitel 2 dargestellt wurde, in eine elektronische zu überführen. Während der eigentlichen Implementierung wird das Feinkonzept weiter detailliert. Es kommt zu einem Rückkopplungseffekt der beiden Tätigkeiten. Dabei fließen Anpassungen und Änderungen aus der eigentlichen Entwicklungsarbeit in das Feinkon-

---

[255] Vgl. Iansiti/MacCormack (1997), S. 108ff., insbes. Abb. S. 110 (übersetzt und verändert).
[256] Vgl. Mintzberg/Ahlstrand/Lampel (1999), S. 117f.
[257] Vgl. Bühner (1996), S. 211ff. und Meyer (1994), S. 76ff.

zept ein. Eine besondere Aufgabe jedes Teammitgliedes und des verantwortlichen Managers muß es sein, den Kontakt zu allen kreativen Kräften im Unternehmen zu pflegen und die Anregungen ernst zu nehmen.[258] Dieser Ansatz erfordert eine offene und selbstkritische Kommunikation unter den Beteiligten des Teams und mit allen anderen Beratern, die sich ebenfalls zum Team gehörig fühlen. Ist die Entwicklung des Feinkonzeptes abgeschlossen, wird im Rahmen einer frozen zone die eigentliche Entwicklung – die Implementierung - des Services fortgesetzt und abgeschlossen. In diesem Zeitraum sind Änderungen des Feinkonzeptes nicht mehr möglich und die Implementierung wird auf Basis des Feinkonzeptes vorgenommen. Nach der Beendigung der Implementierungsphase, die Tests der Funktionsfähigkeit einschließt, erfolgt die Markteinführung im Rahmen der gesamten E-Consulting-Lösung und damit die Aufnahme in das Portfolio. Der Vorgang wird in einem Abschlußbericht dokumentiert, die verwendeten und neu entwickelten Module für das Fragennetzwerk dargestellt und damit die Voraussetzungen für eine weitere Verwendung geschaffen. Eine Weiterentwicklung der Services erfolgt im Rahmen des Service-Managements.

Problematisch erscheint die bei der Softwareentwicklung übliche Vorgehensweise des Rapid Prototyping mit Hilfe von Beta-Versionen.[259] Bei potentiellen Klienten noch nicht ausgewogene und unfertige Vorversionen zu testen, kann zu einer erheblichen Verärgerung der Klienten führen und den Markterfolg des neuen Produktes E-Consulting verhindern. Das Vertrauen in die Kompetenz des Beratungsunternehmens stellt eine wesentliche Grundlage für die Annahme des Produktes dar und wird auf diese Weise zerstört. Die Möglichkeit, das neue Produkt von ausgewählten Klientenunternehmen unter Darstellung der Begleitumstände (Vorversion, Test einer Betaversion, etc.) testen zu lassen ist eine sehr gute Möglichkeit, die Marktreife des Services überprüfen zu lassen. Dieser Test von Lead Usern weist im Investitionsgüterbereich eine hohe Erfolgsquote auf. Dabei sind es insbesondere vier Merkmale, die den Input der Lead User sehr wertvoll für das Beratungsunternehmen machen:[260]

1. Anforderungen an den Service, die für weite Teile des Marktes relevant und aktuell sind;
2. Anforderungen können durch sie als Experten präzise und vollständig formuliert werden;
3. Hohe Kooperationsbereitschaft wird dem Unternehmen entgegengebracht;
4. Eigenentwicklung von innovativen Servicekonzepten in anderen Bereichen.

---

[258] Vgl. Riekhof (1994 I), S. 202ff.

[259] Vgl. Iansiti/MacCormack (1997), S. 110ff.

[260] Zu Lead Usern in der Investitionsgüterindustrie vgl. Schmitz, G. (1999 II), S. 75f.

Die Lead User sind für ihre Branche repräsentativ. Ihre Auswahl ist allerdings häufig problematisch. Ebenfalls erscheint es aus Sicht des Autors unrealistisch, daß sich Unternehmen in dieser Phase zu einem solchen Test bereit finden und Ressourcen dafür bereitstellen. Ein Betatest inhaltlicher Natur kann nur schwerlich durch Klienten vorgenommen werden. Es ist ein internes Testprogramm zu formulieren, wobei die Ausgestaltung einen möglichst umfassenden Test in relativ kurzer Zeit realisieren muß.[261]

Sind die Tests durchgeführt, wird der Service freigegeben und muß dann noch in die Umgebung für E-Consulting eingebunden werden. Dabei darf die fortschreitende Entwicklung von Services beim Klienten nicht den Eindruck erwekken, daß es sich bei diesem Service insgesamt um eine noch unvollständige und im Aufbau befindliche Lösung handelt. Es muß der Anspruch des Beratungsunternehmens sein, eine ausgereifte Lösung zu präsentieren, dies erwartet auch der Klient von ihm. Das Beratungsunternehmen befindet sich dabei in der problematischen Situation einerseits ein ausgereifte Lösung zu präsentieren, aber andererseits eine schnelle Entwicklung, Implementierung und Markteinführung zu schaffen.

Bei der Neuentwicklung einer Gesamtumgebung gibt es neben der eigentlichen Entwicklungsarbeit für die einzelnen Services auch die Entwicklungsarbeit für den „Rahmen". Dieses Projekt verläuft vom Grundsatz genauso, wie die Entwicklung der Einzelservices. Auch hier folgt nach der Entwicklung des Feinkonzeptes die Implementierung und darauf die Markteinführung. Da die grundsätzliche Vorgehensweise nicht von der Entwicklung der Einzelservices abweicht, wird auf eine Darstellung in diesem Zusammenhang verzichtet. Auch die Entwicklung der zum Fragennetzwerk gehörigen Datenbanken, sowie die Erfassung eines Grunddatenbestandes, die ein Benchmarking erlaubt, ist ebenfalls eine komplexe Aufgabe, die teilweise für alle Services zusammen, aber auch für Einzelservices dargestellt werden muß. Die Routinen zur Plausibilitätskontrolle stellen erhebliche Anforderungen an das Implementierungsteam. Der Neuaufbau einer E-Consulting-Gesamtlösung erfordert einen hohen Aufwand und stellt eine erhebliche Herausforderung für das Beratungsunternehmen dar.

---

[261] Zu Tests vgl. Müller (2000), S. 20f., Rösch (2000), S. 20f. sowie Brian/Büchi (1999), S. 233f.

162

8.3.4 Service-Management

Das Service-Management hat die Aufgabe, die in der Design Phase konzipierten und in der Development-Phase entwickelten Beratungsleistungen auf dem Markt zu positionieren und weiter zu entwickeln. Im einzelnen lassen sich aus dieser Zielsetzung für das Gesamtportfolio die folgenden Aufgaben ableiten (vgl. Abbildung 36):

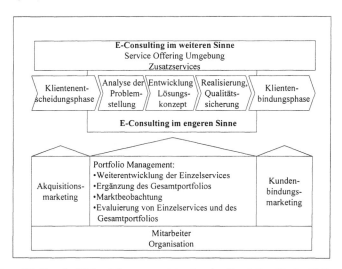

Abbildung 36: Ganzheitliches Management des Service-Portfolios für das E-Consulting

Das E-Consulting-Portfolio ist bestmöglich auf den Markt auszurichten. Neben den unternehmerischen Zielen wie Gewinnerzielung und Shareholder Value Orientierung sind in der Regel auch nicht-monetäre Ziele zu verfolgen (wie z.B. Markt- und Innovationsführerschaft). Für den neuen Service gilt es die Verantwortlichkeiten festzulegen. Einer der geschäftsführenden Partner des Beratungsunternehmens sollte die Verantwortung für dieses Geschäftsfeld übernehmen. Ein interdisziplinäres Team, das für das Portfolio-Management verantwortlich ist, muß sich zu seiner Unterstützung gruppieren. Der Partner trägt die Verantwortung für die Zielerreichung, er steuert das Gesamtportfolio. Service Manager verantworten Einzelservices oder Gruppen von Einzelservices. Ein technisches Team sorgt für die bestmögliche Umsetzung in eine Internetlösung.

Der Service Manager und sein Team sind hauptsächlich für das Prozeßmanagement der elektronischen Beratungsleistungen im engeren Sinne verantwortlich. Dieses besteht aus vier Bausteinen, die im folgenden kurz dargestellt werden.

Die *Prozeßidentifikation* (Baustein 1) und *Prozeßstrukturierung* (Baustein 2) stellen den Ausgangspunkt dar. Hierzu ist es notwendig, sich eine Übersicht über die Gesamtprozesse zu verschaffen. Basierend auf den in den Phasen des Service-Design und Development erstellten Dokumentationen, lassen sich standardisierte Dokumente für das Service-Management entwickeln. Neben der Dokumentation aus Service-Design und Development sollten dazu Marktübersichten und die aktuellen Klienten- und Marktanforderungen gehören. In der *Prozeßanalyse* (Baustein 3) werden die Prozesse auf ihre Stärken und Schwächen hin untersucht. Zu diesem Zweck können in regelmäßigen Abständen Workshops stattfinden, in denen wesentliche Erkenntnisse aus der praktischen Anwendung diskutiert werden. Dabei gilt es. die Schwächen zu beseitigen und die prozeßunabhängigen Stärken, wie bspw. ein innovatives Bedienungskonzept, auf die anderen Services zu übertragen. Die Änderungen werden durch die *Prozeßkontrolle* (Baustein 4) überprüft.

Das Service-Portfolio wird so durch ständige Entwicklung im Rahmen des Lebenszykluskonzeptes den Marktentwicklungen angepaßt. Nach der ersten Phase des klassischen Lebenszyklus, der Markteinführung, richtet sich das Hauptaugenmerk des Servicemanagers und der Internetspezialisten auf die Beseitigung von Fehlern. Klienten, die den elektronischen Beratungsservice in dieser Phase nutzen, entwickeln den Service dabei unbewußt mit.[262] Ihre Antworten im Fragennetzwerk stellen den ersten Praxistest für den neuen Service dar. Dies unterstreicht den interaktiven Charakter insbesondere von elektronischen Dienstleistungen. Der Beratereinsatz ist in dieser Phase des Lebenszyklus wesentlich höher als in späteren Phasen. Der betreuende Berater muß nicht nur die Probleme des eigentlichen Klienten lösen, sondern auch mit Internet-Spezialisten für eine Perfektionierung des Fragennetzwerkes und des gesamten Ablaufes sorgen. Dies verläuft idealerweise im Hintergrund, ohne daß es von den Klienten bemerkt wird. Je häufiger der Beratungsservice genutzt wird, desto geringer wird der Beratereinsatz. Die Ergebnisse von Klientenproblemstellungen lassen dann bereits bestimmte Abläufe erkennen, mögliche Fehlerquellen im Ablauf können beseitigt werden. Während der Berater kurz nach der Einführung einen hohen Entwicklungsaufwand leisten muß, sinkt dieser kontinuierlich ab. Der Berater verbessert den Service im Idelfall ständig. Dies charakterisiert die *Wachstumsphase* des Lebenszykluskonzeptes. Anregungen des Beraters betreffen hauptsächlich die Weiterentwicklung und Perfektionierung des Services. Diese können sowohl inhaltlicher, wie prozessorientierter oder auch technologischer Form sein. Eine zunehmende Erweiterung der Datenbank durch Klientendaten erleichtert die

---

[262] Vgl. Iansiti/MacCormack (1997), S. 111ff. u. Lehmann (1998), S. 832ff.

Betreuung des Klienten. In der *Reifephase* wird der Service nicht mehr weiterentwickelt, er wird routiniert von den betreuenden Beratern durchgeführt, eine weitere Entwicklungsarbeit ist nicht mehr notwendig. Um ein ausgewogenes Service-Portfolio zu gewährleisten, müssen in dieser Phase neue elektronische Beratungsleistungen zur Verfügung stehen bzw. entwickelt werden. Die Phase des *Alters* läßt den Service, der nicht mehr aktiv angeboten wird, langsam auslaufen. Wann ein Service vom Markt genommen werden sollte, bleibt eine Entscheidung des Portfolio-Managers. Die betreuenden Berater sind der direkte Marktzugang für den elektronischen Beratungsservice, die Trends und Anforderungen der Klienten erkennen und so wertvolle Entscheidungshilfen im Rahmen des Portfolio-Managements bieten können.

Ein ganzheitliches Qualitätsmanagement muß unabhängig von Entwicklungsstand und Lebenszyklus der einzelnen Services implementiert werden und durch standardisierte Prozesse zu einem Best-in-class-Service beitragen. Es läßt sich aus mehreren Bausteinen aufbauen:[263]
1. Leitbild/Philosophie und Strategie – Vision und Strategie aus Service-Design und Development müssen in einem allumfassenden Qualitätsmanagementsystem weiterentwickelt werden.
2. Strukturgestaltung – Es müssen organisatorische Strukturen geschaffen werden, die den Qualitätsgedanken umsetzen können.
3. Prozeßoptimierung – Im Service-Management muß der Gesamtprozeß immer wieder auf die zu erreichende Qualität hin überprüft und weiterentwickelt werden.
4. Unterstützende Managementfunktionen – Controllingkonzepte und Personalführung unterstützen den Qualitätssicherungsprozeß.

Die Messung von Qualität kann einerseits durch die nachfrageinitiierte Meßmethode, wie z.b: der Beschwerdeanalyse oder durch anbieterinitiierte Meßmethoden, wie der z.b. Critical Incident Technique erfolgen.[264] Da es einzelne Methoden nicht zulassen die Gesamtqualität zu messen, ist es notwendig, ein integriertes Qualitätssystem aufzubauen.[265] Es gilt also ein speziell auf das Beratungshaus und seinen E-Consulting-Bereich zugeschnittenes individuelles Qualitätssystem zu entwickeln. Dabei geht es neben einem fehlerfreien Produkt auch um den fehlerfreien Umgang mit dem Klienten.[266]

---

[263] Vgl. Kuhnert/Ramme (1998), S. 203 ff.
[264] Vgl. Benkenstein/Güthoff (1999), S. 432 ff.
[265] Vgl. Benkenstein/Güthoff (1999), S. 442.
[266] Vgl. Prahalad, Krishan (2000), S: 53, Rust/Zahorik/Keiningham (1998), S. 868 ff., insbes. Figure 1.

Weitere wesentliche Determinanten für den Erfolg stellen dabei neben dem Service an sich und der Qualität der erbrachten E-Consulting-Leistungen die Preisgestaltung und der Einsatz von Marketingmittel einerseits zur Akquisition und andererseits zur Kundenbindung dar. Obwohl dies in der Regel nicht allein in den Bereich des Service-Managements fällt, kommen doch wesentliche Impulse, insbesondere zur Gestaltung, aus diesem Bereich. Eine koordinierte Vorgehensweise bei Preisfindung und Marketingmaßnahmen ist aus Sicht des Autors unabdingbar.

8.4 Allianz-Management

8.4.1 Übersicht

Allianzen stellen einen wesentlichen und kritischen Erfolgsfaktor für das Beratungsunternehmen dar. Wie eingangs erläutert reagiert das Beratungsunternehmen damit auf die einerseits steigenden Anforderungen der Klienten und andererseits auf die zunehmende Komplexität der Aufgabenstellungen. Zusätzlich ist die Frage der Knappheit der Ressourcen auf andere Weise kaum lösbar. Der enge Kontakt mit verschiedenen Partnern erlaubt aber auch einen ständigen Vergleich der eigenen Leistungsfähigkeit. Die Allianzen können ebenso zu einer Job-enrichment-Situation bei den Mitarbeitern führen, da durch die wechselnden Projekte mit unterschiedlichen Partnern immer neue Klientenprojekte durchgeführt werden. Während die Partnerschaft im folgenden für das E-Consulting dargestellt wird, ist die Vorgehensweise und Argumentation auch auf die traditionell durchgeführten Beratungsleistungen übertragbar und umgekehrt. Im folgenden soll kurz die Entwicklung des Allianz-Managements als Teil des Service-Portfolios des Beratungsunternehmens skizziert werden. Dabei werden sowohl der Auswahlprozeß als auch die möglichen Bereiche der Zusammenarbeit im Überblick dargestellt. Allianzen in anderen Bereichen z.B. in der technischen Infrastruktur werden hier nicht betrachtet.

8.4.2 Auswahl und Management von Partnern im Service-Portfolio

Die Vision oder die detaillierten Unternehmensziele durch ihren Fokus auf Klienten oder auf bestmögliche Beratungsleistung lassen aus Sicht des Beratungsunternehmens Partnerschaften sinnvoll erscheinen.[267] Ist über die grundsätzliche Notwendigkeit von Partnerschaften Einigung erzielt worden, bleibt als nächste Aufgabenstellung die Auswahl und Entwicklung der einzelnen Partner. Als

---

[267] Vgl. Bleicher (1991), S. 680.

Grundlage muß dabei zunächst die Zielsetzung von Partnerschaften im allgemeinen festgelegt werden. Dabei gilt es, das Service-Portfolio des Beratungsunternehmens so zu ergänzen, daß in allen Bereichen dem Klienten eine Best-in-class-Lösung angeboten werden kann. Die individuellen Zielsetzungen werden dann mit dem einzelnen Partner gesondert vereinbart.

Zwei unterschiedliche Ausgangssituationen sind grundsätzlich bei der Entwicklung und dem Management des Service-Portfolios und der Partner anzutreffen:
1. Eigene Services sind vorhanden.
2. Es werden keine eigenen Services für bestimmte Problemstellungen angeboten.

In einem ersten Schritt muß daraus folgend das Beratungsunternehmen seine Kernkompetenzen festlegen. Kernkompetenzen sind dabei Beratungsleistungen, die auf keinen Fall von Partnern ausgeführt werden. Sie sind in der Regel für das Beratungsunternehmen strategisch bedeutsam, werden vom Klienten als Differenzierungsmerkmal anerkannt und weisen eine hohe Rentabilität und ein überdurchschnittliches Wachstum auf. Diese Identifikation heißt jedoch nicht, daß sich diese Beratungsleistungen nicht dem Wettbewerb stellen müssen. Im Gegenteil ist es vielmehr notwendig, daß hier ständige Überprüfung der eigenen Leistungsfähigkeit den Wettbewerbsvorteil sichert. Eine Marktanalyse und die Erfahrungen der Berater zeigen in welchen Bereichen Lücken zwischen den Anforderungen der Klienten und dem eigenen Service-Portfolio bestehen. Eine entsprechende Ergänzung kann dann entweder durch Partner oder aber auch durch den Aufbau eigener Kompetenz erfolgen. Beide Vorgehensweisen unterscheiden sich je nach Komplexität und Größe der fehlenden Servicebereiche vor allem in der Zeitspanne bis zum Markteintritt. Diese Entscheidung ist allerdings nur im Einzelfall zu treffen. Das gleiche Entscheidungsmuster trifft auf Geschäftsfelder zu, bei denen das Beratungsunternehmen keine eigenen Leistungen anbietet. Auch hier muß im Einzelfall über den Sinn einer Ergänzung entschieden werden.

Ist die Entscheidung gefallen, in einzelnen Bereichen Partner zur Lösung von Klientenproblemen hinzuzuziehen, gilt es die „richtigen" Partner auszuwählen. Dabei spielen neben dem eigentlichen Leistungsspektrum auch weitere Komponenten wie der (Marken-)Name des Unternehmens oder des Produktes, die regionale Präsenz und Unternehmenskultur eine wichtige Rolle.[268] Die Bewertung dieser Eigenschaften kann bspw. mit einer Nutzwertanalyse erfolgen. Bei Inter-

---

[268] Vgl. Bleicher (1991), S. 681ff.

esse des potentiellen Partners erfolgt die Ausarbeitung eines Kooperations- oder Allianzvertrages, der die Aufgabengebiete der jeweiligen Seite beschreibt. Dabei reicht das Leistungsspektrum abgesehen von einer allgemeinen Kooperation mit Informationsaustausch, über die Konzepterstellung (Service-Design), die gemeinsame Entwicklung von Services (Service-Development) bis hin zur Durchführung (Service-Management). Die Aufgabenteilung kann dabei für jeden individuellen Service bzw. jedes Projekt unterschiedlich sein. Eine Einteilung der Partnerunternehmen kann, ähnlich wie bei Beschaffungsgütern, beim Management der Partnerschaften hilfreich sein.[269] So können auf Basis vertraglicher Vereinbarungen die Partner in A-, B- und C-Partner eingeteilt werden. Wobei mit den A-Partnern ein sehr enger Austausch von Informationen besteht und diese bevorzugt zu Projekten hinzugezogen werde, während C-Partner nur in Ausnahmefällen Berücksichtigung finden.

Der Aufbau einer solchen Partnerschaft wird von unterschiedlichen Personen bzw. Personengruppen vorgenommen. Während das Service-Design Team zunächst Lücken im eigenen feststellt und die Partnerauswahl anstößt, werden im folgenden durch spezialisierte Gruppen die möglichen Allianzpartner identifiziert und gemeinsam mit dem Service Manager ausgewählt. Dieser ist dann nach Implementierung neben einer zentralen Abteilung der Organisationseinheit *Administration & Koordination* für das Management verantwortlich. Welche Aufgaben darüber hinaus an Unternehmen und Berater aus Sicht des Service-Portfolios gestellt werden, zeigen die folgenden Abschnitte.

8.5 Serviceorientiertes Anforderungsprofil für die elektronische Lösung

8.5.1 Unternehmen

Wird eine E-Consulting-Lösung eingeführt, bedeutet dies nicht nur eine Einführung des Service-Portfolios (inklusive der damit verbundenen Allianzen)[270] an sich, sondern sie muß auch eine Umstrukturierung des Unternehmens nach sich ziehen (vgl. Abbildung 20, Seite 82). Nachhaltiger Erfolg kann nur erzielt werden, wenn die Organisation des Unternehmens auf den neuen Service ausgerichtet wird. Aufgrund der hohen Bedeutung der gleichzeitigen Reorganisation des Beratungsunternehmens wird diesem Umstrukturierungsprozeß und seinen Ausgestaltungsmöglichkeiten im folgenden ein eigener Abschnitt gewidmet.

---

[269] Vgl. dazu bspw. Vry (1998), S. 33ff.

[270] Diese werden im folgenden unter dem Oberbegriff Service Portfolio und den Entwicklugsstufen subsummiert.

Dabei müssen neben dem eigentlichen Prozeß der Umstrukturierung und der Vorgehensweise mögliche Zielzustände diskutiert werden. Es wird dabei der Zusammenhang zwischen der Entwicklung des Service-Portfolios und der Entwicklung des Unternehmens aufgezeigt. Der Prozeß der Umstrukturierung der Organisation läßt sich in acht Schritte gliedern:[271]

1. Aufbau eines machtvollen Change Teams: Der Aufbau eines Change Teams, das die Veränderungen vorantreibt, muß neben dem Service Manager, der für das Portfolio verantwortlich ist, aus weiteren Mitarbeitern bestehen, die aufgrund ihrer Position Einfluß auf die Gesamtorganisation haben.[272] Diese müssen den positiven Gedanken der Einführung des E-Consulting als Multiplikatoren möglichst auf die gesamte Organisation übertragen. Den von *Kotter* geforderte Aufbau eines Anpassungsdrucks (unabdingbarer Zwang zur Veränderung) hält der Autor für eine erfolgreiche Veränderung des Unternehmens nicht für notwendig. Im Gegenteil: Dieser kann, wenn er unbegründet dargestellt wird, eher zu einer ablehnenden Haltung der Mitarbeiter bzw. zu einer Lähmung der Gesamtorganisation führen.

2. Entwicklung einer Vision, Mission und Umsetzung in eine Strategie: Die Vision und Mission, die bereits zu Beginn des Gesamtprozesses entwickelt wurden, müssen sich an den Grundwerten der Unternehmen orientieren.[273] Diese Grundwerte wirken im Unternehmen vereinend und sind das Identifikations- und Orientierungsmerkmal für die Mitarbeiter. Die Vision treibt das Unternehmen voran und führt es erfolgreich in die Zukunft.[274] Die Strategien für das Gesamtportfolio und die Einzelservices geben die Ausrichtung im Rahmen der Phasen zur Entwicklung des Service-Portfolios vor.

3. Kommunikation: Die generellen Entscheidungen über die Zukunft des Unternehmens müssen an alle Mitarbeiter weitergegeben werden, keiner darf sich ausgeschlossen fühlen. Eine schnelle Kommunikation erlaubt die frühzeitige Identifikation aller Mitarbeiter mit dem neuen Konzept und läßt sie dieses mittragen.[275] Die Einbeziehung aller Berater und die offene Kommunikation bereits in den Anfangsphasen des Prozesses (vgl. Abbildung 32) schaffen hierfür die Voraussetzungen.

4. Nach der Strategie handeln: Die Mitarbeiter müssen ermutigt werden, nach der neuen Strategie zu handeln und sich einzubringen. Dies erfordert wie der vorhergehende Punkt Kommunikation und ein starkes Change Team. Mitarbeiter werden in allen Phasen vom Service-Design bis zum Service-

---

[271] Aus dem Englischen, auf E-Consulting angepaßt vgl. Kotter (1995), S. 3ff. insbes. S. 7.
[272] Zur Reduzierung von Widerständen vgl. Staehle (1990), S. 151ff.
[273] Vgl. Collins/Porras (1996), S. 24ff.
[274] Vgl. zum Strategie-Struktur-Kultur-Konzept Rühli (1988), S. 298.
[275] Zur Bedeutung der Kommunikation vgl. Duck (1993), S. 58ff.

Management zur kritischen Betrachtung und Einbringung ihrer Ideen aufgefordert.

5. Schnelle Erfolge erzielen: Schnelle Erfolge ermutigen zu neuen weiteren Schritten. Deshalb ist eine schnelle Markteinführung notwendig, um einerseits den Marktgegebenheiten zu entsprechen und andererseits die positive Einstellung der Mitarbeiter in die Phase des Service-Managements zu übertragen.

6. Verbesserungen absichern und Veränderungen vorantreiben: Der Aufbau des neuen Konzeptes und seine Realisierung lassen den einzelnen Mitarbeiter Stolz auf die Lösung empfinden und werden ihn weiterhin konsequent dafür arbeiten lassen. Dies ist notwendige Voraussetzung zur Qualitätssicherung und –verbesserung und der Anpassung des Portfolios an die Marktgegebenheiten. Ergebnisorientierte Zielsysteme identifizieren die zu erreichenden Ziele und richten die Aktivitäten auf diese aus.[276]

7. Neue Ansätze verankern und Ursache-Wirkungs-Zusammenhänge darstellen: Durch eine gezielte Analyse der Chancen und Risiken für das Projekt und eine sorgfältige Analyse des Projektverlaufes lassen sich die kritischen Erfolgsfaktoren offenlegen und erlauben eine Übertragung auf zukünftige neue Projekte.

8. Den Prozeß von vorne beginnen: Durch die Dynamik insbesondere im Internet ist es nicht möglich, langfristige feste Strukturen zu bilden. Die erfolgreichsten Unternehmen sind flexibel modular aufgebaut und verändern sich ständig mit dem Markt. Eine groß angelegte langfristige Reorganisation ist nicht möglich. Patching, das den Wandel proaktiv verwendet, um dem Markt einen Schritt voraus zu sein, muß die Organisationsform für das E-Consulting-Geschäftsfeld sein.[277] Die Veränderungen sind dabei häufig nur klein, aber sie helfen den Marktgegebenheiten Rechnung zu tragen. In manchen Fällen sind sie so erfolgreich, daß sie den Markt bestimmen und sich Konkurrenten daran ausrichten.[278]

Es gilt eine unternehmens- und serviceinterne Organisation des E-Consulting zu finden, die insbesondere dem Anspruch der ständigen Marktanpassungen gerecht wird. Die traditionellen Serviceorganisationen, bei denen Service nur ein Zusatz zu dem eigentlichen Produkt darstellt, können dabei kein Vorbild sein.[279]

---

[276] Vgl. Schaffer/Thomson (1992), S. 194ff., S. 205.
[277] Zu Patching vgl. Eisenhardt/Brown (1999), S. 72ff.
[278] Vgl. Eisenhardt/Brown (1999), S. 75ff.
[279] Zu Beispielen aus der Investitionsgüterindustrie vgl. Fischer (1999), S. 98ff.

Es gilt also ein Unternehmen aufzubauen, das die Eigenschaften für eine intensive Kunden- und Marktorientierung aufweist:[280]

- Regelmäßige Information der Berater über die Kundenzufriedenheit bzw. die Beratungsleistungen.
- Einbeziehung ausgewählter Klienten in den Serviceentwicklungsprozeß.
- Regelmäßige Überprüfung der Beratungsleistungen auf ihre Konkurrenzfähigkeit und Aktualität im Markt.
- Einsatz leistungsfähiger Marketing-Informationssysteme.

Diese Voraussetzungen sind bereits im Rahmen der Entwicklung und des Managements des Service-Portfolios diskutiert worden. Es gilt nun ausgehend von den Gegebenheiten des Ist-Zustandes die Organisation so zu entwickeln, daß diese Ziele bestmöglich unterstützt werden.

Langfristig gilt es ein Geschäftsmodell der Zukunft zu entwickeln und das Beratungsunternehmen in dieser Form organisatorisch neu zu gestalten. Dieses auf den Klienten ausgerichtete Modell wurde insbesondere in Kapitel 5.2.1 entwickelt. In einer Aufbauphase des E-Consulting wird ein derartig neues Modell nicht realisiert werden. Vielmehr wird der Versuch unternommen werden, das E-Consulting in das bestehende Organisationsmodell einzubinden. Dies wird im folgenden an einem Beispiel kurz dargestellt.

Die meisten international operierenden Beratungsunternehmen sind in Form einer Matrixorganisation aufgebaut. Dabei besteht die eine Dimension häufig aus dem Service-Portfolio, das sich in unterschiedliche Beratungsleistungen (Lines of Business) gliedert und von einem Practice Leader - einem verantwortlichen Partner - geleitet werden. Die andere Dimension ist häufig länderorientiert aufgebaut und wird von Länderverantwortlichen geführt. Die einzelnen in den Ländern tätigen Berater haben also neben ihrem Länderverantwortlichen auch einen Practice Leader, der für die fachliche Seite verantwortlich ist. Ausgehend von dieser Grundlage gilt es das E-Consulting in der bestehenden Organisation zu etablieren und gleichzeitig die notwendige Flexibilität sicherzustellen. Dies kann aus aufbauorganisatorischer Sicht auf die folgende Art geschehen (vgl. Abbildung 37).

---

[280] Vgl. Bauer (1996), S. 91f. (auf das E-Consulting zugeschnitten).

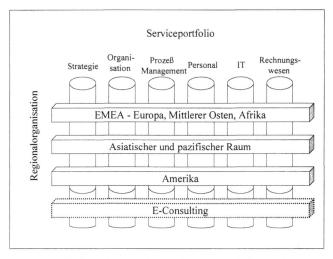

Abbildung 37: Organisatorische Einbindung des E-Consulting in ein Beratungsunternehmen

Es muß gelingen, den neu geschaffenen E-Consulting-Bereich als eigene Sparte parallel und gleichberechtigt zu den Regionen über alle Service Lines hinweg zu etablieren. Das Pedant zu den Länderchefs stellt ein Service Manager für das E-Consulting dar. Die Manager der Service Lines müssen ihre Berater für das neue Geschäftsmodell abordnen. Eine derartige Organisation vereint viele Vorteile. Sie ist leicht und schnell zu etablieren und stellt keinen Bruch mit den bewährten Geschäftsprozessen dar. Das bedeutet, daß es bei der Umstellung keinen Zeitverlust geben wird. Eine parallele Anordnung zu den Regionen oder Ländern ist auch logisch sinnvoll, da über das Internet alle Services weltweit verkauft werden können. Dies geschieht allerdings von einem zentralen Ort, jedenfalls was das Servicemanagement betrifft. Die einzelnen Services sollten sich dann in größtmöglicher Unabhängigkeit im Markt bewegen (vgl. Kapitel 5.2.2). Der hohen Bedeutung des Produktionsfaktors Humanpotential wird durch eine sanfte Umorganisation Rechnung getragen.[281] Die Matrixorganisation garantiert die konsequente Ausrichtung auf die Ziele, die einerseits die Konzentration auf das E-Consulting und andererseits die konsequente Weiterentwicklung der einzelnen Services verlangen.

---

[281] Vgl. Wohlgemuth (1998), S. 788ff.

Die handelnden Personen für das E-Consulting müssen aufbauorganisatorisch fest verankert werden.[282] Man kann hierbei zwischen einem festen Team, dem Service-Management-Team und einem alternierenden Team unterscheiden. Neben dem verantwortlichen Partner und den einzelnen Service Managern, besteht es aus Beratern und Internetspezialisten

Neben dem festen Team werden je nach Auftragslage Berater aus den einzelnen Service Lines hinzugezogen, um die Klienten zu betreuen. Dieses alternierende Team besteht aus wechselnden Beratern der jeweiligen spezifischen Service Lines und wird von den E-Consulting-Beratern bei Spezialproblemen, besonders bei komplexen fach- oder branchenspezifischen Problemen in der Analysephase zur Anpassung des dynamischen Fragebogens hinzugezogen. Auch bei der Entwicklung des Lösungskonzeptes und bei der Realisierung bringen diese ihr Know-how ein.

Neben der aufbauorganisatorischen Einbindung muß der Geschäftsprozeß auch ablauforganisatorisch eingebunden werden. Dazu bedarf es einer genügenden Anzahl von Beratern, die den elektronischen Beratungsprozeß der einzelnen Kunden begleiten können. Ebenso muß ein technisches Team geschaffen werden, das für die Pflege und Weiterentwicklung der elektronischen Lösung verantwortlich ist. Dabei sind die Gestaltungsdimensionen Content (Inhalt), Technik, Features und Design die bestimmenden Faktoren für die ablauforganisatorische Komplexität.[283] Der Gesamterfolg ist insgesamt also stark abhängig von den eingesetzten Spezialisten. Wie ein solches Modell aussehen könnte und welche Voraussetzungen geschaffen werden müssen, zeigt der folgende Abschnitt.

8.5.2 Berater

Das E-Consulting stellt veränderte Anforderungen an die Berater des Beratungsunternehmens. Durch die frühzeitige Einbindung aller Berater sind diese mit dem Projekt vertraut und kennen Vision und Strategie. Der neue Service darf dabei nicht als minderwertig, sondern sollte als wertvolle Ergänzung des Kerngeschäftes verstanden werden, die auch für jeden neuen Mitarbeiter neue Perspektiven bietet. Die Problematik der Entwicklung einer Service Kultur, die viele Unternehmen bei der Einführung von Service und Dienstleistung haben,

---

[282] Vgl. Bleicher (1991), S. 686, insbes. Tabelle B VI 6
[283] Zu den Gestaltungsdimensionen vgl. Eggenberger/Klein (1999), S. 179ff, insbes. Abb 1.

stellt beim Beratungsunternehmen kein Problem dar.[284] Sie ist in der Regel Grundbestandteil der Unternehmensphilosophie des Beratungsunternehmens, das sich immer an seinen Klienten ausrichtet. Trotzdem stellt die Einführung einer elektronischen Beratungsleistung einen Wandel innerhalb des Unternehmens dar. Die Berater, die häufig einen hervorgehobenen Status beim Klienten hatten und entsprechend aufgetreten sind, müssen nun unauffällig und im Hintergrund den Klienten zum Erfolg führen. Der Wandel im Beratungsunternehmen bedeutet in erster Linie eine Veränderung in der Einstellung der Mitarbeiter, die Erfolg und Mißerfolg, bestimmen.[285] In diesem Zusammenhang muß nochmals auf die Notwendigkeit einer intensiven Kommunikation und einer partizipativen Organisationsentwicklung hingewiesen werden.[286] Die Beachtung der Wünsche und Bedürfnisse der Mitarbeiter und die Einbeziehung ihres Wissens ist also eine absolut notwendige Voraussetzung für die Reorganisation. Dabei sind es aus Sicht der Mitarbeiter insbesondere fünf Merkmale, die eine neue Struktur nach einer Reorganisation aufweisen sollte:[287] Materielle Stabilität, Prozeßqualität, Vermeidung von Mehrbelastung, Karriere und soziale Stabilität.

Die Erbringung einer Dienstleistung ist gekennzeichnet durch unterschiedliche Problemfelder, die sich übersichtsartig in zwei Gruppen aufteilen lassen.[288] Zum einen sind dies die auftragsübergreifenden Problemfelder wie Qualifizierung, berufliche Laufbahn und Informationsaustausch und zum anderen die auftragsbezogenen der Einsatzvorbereitung, -durchführung und –nachbereitung. Diese klassischen Problemfelder sind vollständig auf das E-Consulting übertragbar. Auftragsübergreifend muß zunächst die Problematik der Qualifizierung gelöst werden. Hierzu ist rechtzeitig ein Schulungskonzept zu entwickeln, das die Berater nach einer individuellen Potentialanalyse für das E-Consulting qualifiziert.[289] Das E-Consulting erfordert von den Beratern verstärkt die Fähigkeit, abstrakt zu denken. Ebenso benötigen sie eine breite Wissensbasis, um im Rahmen der Analysephase das Problem eingrenzen zu können und den Prozeß der Lösungserstellung steuern zu können. Auch die Konfliktfähigkeit und die Moderationsfähigkeit sowie die technischen Fähigkeiten müssen bei den Beratern ausgebaut werden, damit sie die Klienten des E-Consulting bestmöglich betreuen können. Der elektronische Service darf auf keinen Fall zum Hemmschuh beim Aufstieg auf der Karriereleiter werden. Das E-Consulting muß vielmehr

---

[284] Vgl. Mütze (1999 II), S. 46, insbes. Abb. 3.2.1.
[285] Vgl. Duck (1993), S. 56ff.
[286] Vgl. von Rosenstil (1997 I), S.198 ff.
[287] Vgl. Picot/Freudenberg/Gassner (1999), S. 48.
[288] Vgl. Mütze (1999 I), S. 107, insbes. Abb. 4.3.2.
[289] Zum Personalentwicklungsprozeß vgl. Becker/Günther (1998), S. 756ff, insbes. Abb 4.

als Stufe in die Personalentwicklung integriert und als Karriereschritt bei den Beratern akzeptiert werden.[290] Eine Integration in das Anreizsystem des Beratungsunternehmens ist dabei ebeno notwendig wie eine positive Darstellung und Kommunikation seitens der Verantwortlichen. Dies schließt auch ein, daß sich die Führungskräfte regelmäßig von ihren Mitarbeitern beurteilen lassen. Der Beurteilung und Messung müssen jedoch Maßnahmen zur Verbesserung folgen, die regelmäßig in Führungsgremien besprochen und umgesetzt werden sollten.[291]

Auftragsbezogen gilt es bei der Einsatzvorbereitung die fachlich qualifizierten Berater für das E-Consulting bereitzustellen. Dies stellt insbesondere bei knappen Ressourcen eine erhebliche Herausforderung dar. Das Beratungsunternehmen muß deshalb einen Pool an qualifizierten Mitarbeitern vorhalten, die im Bedarfsfall eingesetzt werden können. Diese Idealvorstellung ist aber in der Praxis nicht umsetzbar, so daß das E-Consulting als Zusatzaufgabe zumindest in der Anfangsphase des Beratungsprozesses von den Beratern wahrgenommen werden muß. Während der Durchführung gilt es, dem betreuenden Berater den notwendigen Freiraum zu verschaffen, damit er seine Aufgabe im Rahmen des E-Consulting in der erwarteten Qualität erfüllen kann. Dies gilt insbesondere kurz nach der Einführung eines neuen Services, da hier der Aufwand bei der Bearbeitung bspw. durch Korrektur des Fragebogens erheblich erhöht ist. Der erwartete Beratereinsatz sinkt wie bereits beschrieben durch die Lernkurve im Laufe der Zeit. Diesem Vorgang kann dann auch in angepaßten Einsatzplänen Rechnung getragen werden. Der Wissenstransfer zwischen dem betreuenden Berater und den Spezialisten für die einzelnen Fachgebiete muß dabei jederzeit sichergestellt und auch organisatorisch verankert sein. Auch die Nachbereitung des Auftrages stellt eine besondere Herausforderung für den Berater dar. Es gilt die Erfahrungen aus jedem einzelnen Beratungsauftrag zu bündeln und dadurch den Service noch besser zu gestalten. Es empfiehlt sich den betreuenden Berater und die hinzugezogenen Spezialisten durch vorgefertigte Vorlagen einen Abschlußbericht erstellen zu lassen, wobei nicht nur der Ablauf beschrieben wird, sondern auch Markteinschätzungen und Verbesserungspotentiale entwickelt werden sollten. Auch eine Kurzanalyse des Klienten für weitere Akquisitionstätigkeiten darf in diesem Zusammenhang nicht fehlen. Als ein kritischer Erfolgsfaktor des elektronischen Beratungsprozesses ist die Nachbereitung anzusehen, die wesentliche Hinweise über Markt und Serviceleistung bietet. Es ist dafür ei-

---

[290] Vgl. Mütze (1999 I), S. 115ff., insbes. Abb. 4.3.5, 4.3.9., Untersuchung Hierarchie – Zufriedenheit Dessler, G. (1976), S. 123.
[291] Vgl. Bühner (1998), S. 737f.

ne Zeitspanne je nach Arbeitsumfang von einem Tag bis einer Woche einzuplanen. Die trotz der knappen Ressourcen auch zur Nachbereitung verwendet werden sollte.

Die Anforderungen an das Personalmanagement sind vielschichtig und müssen zusätzlich neue Elemente für das E-Consulting und das Allianzmanagement ausgerichtet sein.[292] Bei der Rekrutierung der zukünftigen Mitarbeiter ergibt sich für das E-Consulting ein modifiziertes Anforderungsprofil. Jedes Beratungsunternehmen muß dabei für sich die passenden Instrumente und Methoden auswählen.

8.6 Zusammenfassende Bewertung

Die Komplexität der praktischen Umsetzung einer E-Consulting-Lösung wurde in diesem Abschnitt aufgezeigt. Dabei ist es trotz der Vorarbeiten von der Machbarkeitsstudie bis zur Konzeptentwicklung noch ein weiter, schwieriger Weg hin zur Entwicklung eines Umsetzungskonzeptes und seiner praktischen Umsetzung, die große Herausforderungen an alle Beteiligten stellt. Dies gilt in besonderem Maße auch für das Management. Die Führungskräfte müssen den Wandel akzeptieren, mit den daraus resultierenden Unsicherheiten leben können und den Prozeß vorantreiben. Dabei gilt es der pessimistischen Einschätzung, daß Wandel nicht zu managen sei, entgegenzutreten. Verstehen sich die Manager als Change Agents, können sie den Wandel je nach Führungsstil lenken.[293]

Die *erste Ebene* des Umsetzungskonzeptes, die *Marktanalyse*, ist wesentliche Voraussetzung für die Umsetzung. Eine selbstkritische Einschätzung aller unternehmensinternen und –externen Faktoren ist die zwingend notwendige Voraussetzung zur Erreichung der Unternehmensziele. Die Entscheidung für das E-Consulting erfordert einen konsequenten Umbau des Unternehmens und eine Neuorientierung.

Die *zweite Ebene*, die *Entwicklung des Service-Portfolios*, muß in der Praxis auf den traditionellen Servicestrukturen aufbauen. Alle Beratungsleistungen werden dabei analysiert und auf ihre E-Consulting-Fähigkeit hin untersucht. Diese umfangreiche Analyse erlaubt ebenso eine Straffung und Neuausrichtung des Service-Portfolios für traditionelle Beratungsleistungen. Die sorgfältige und richtige Auswahl der zukünftigen E-Beratungsleistungen ist der kritische Erfolgsfaktor

---

[292] Vgl. Eggenberger/Klein/Köchli/Lüthi (1999), S. 133ff.
[293] Vgl. Reiß, M. (1999 I), S. 14f., insbes. Abb. 5.

und muß in enger Abstimmung mit Beratern, ausgewählten Klienten und Marktuntersuchungen erfolgen. In dieser Phase ist die Unterstützung durch hochrangige Partner besonders wichtig, da sonst das Gesamtprojekt zu scheitern droht. Eine offene Kommunikation hilft neben dem Abbau von Unsicherheiten auch bei der Realisierung der bestmöglichen Lösung.

Parallel zur zweiten Stufe gilt es in der *drittenEbene, Unternehmen, Organisation und Berater* aktiv für die neuen Anforderungen zu entwickeln. Der Übernahme von festen Entwicklungsstufen des E-Business ist allerdings eine klare Absage zu erteilen.[294] Eine strikte Orientierung daran würde viel von der Flexibilität und der Individualität des Beratungsunternehmens zerstören. Die sorgfältige Vorbereitung insbesondere der Berater sichert den Erfolg dieser Lösung.

Trotz der großen Herausforderungen stellt die Zeit ein kritisches Moment bei der Entwicklung der elektronischen Lösung dar. Die Go-to-market-Zeiten sind ein wesentlicher Wettbewerbsvorteil. Diesem Umstand wurde durch das vorhergehend dargestellte Konzept insbesondere bei der Entwicklung des Service-Portfolios Rechnung getragen.

Markteinführung und Marktauswahl stellen ebenfalls wesentliche strategische Fragen dar. Die Frage des Zeitpunktes und die Auswahl des Marktes muß durch die Marktforschung unterstützt werden. Obwohl das Web eigentlich keine regionalen Märkte kennt, gibt es trotzdem eine Beschränkung: Die Sprachen. Die Beratungsleistungen können nicht allein in Englisch angeboten werden. Diesen Service würden z.B. in Deutschland und Frankreich nur wenige Unternehmen wegen der Sprachprobleme nutzen. Es gilt also auf die jeweilige Muttersprache der Märkte umzustellen. Neben der Muttersprache sind auch häufig länderspezifische Anforderungen, wie Steuergesetze, zu beachten. Bei der Entwicklung des E-Consulting wird es also keine Weltversion geben, die in allen Ländern eingesetzt werden kann. Länderspezifische Anpassungen müssen hauptsächlich von den Länder- bzw. Regionalorganisationen durchgeführt werden.

---

[294] Vgl. Eggenberger/Klein/Köchli/Lüthi (1999), S. 129ff.

9 Schlußbetrachtung und Ausblick

Diese Untersuchung hat gezeigt, daß das E-Business für Beratungsunternehmen nicht nur ein lukratives, zukunftsträchtiges Geschäftsfeld als Beratungsleistung darstellt, sondern auch im eigenen Unternehmen umgesetzt werden kann, ja muß, um für die Zukunft gerüstet zu sein.

Die Vorgehensweise beruht auf einem kombinierten phasen- und kreislaufgesteuerten Entwicklungsprozeß und gibt die Entwicklung beim Wandel zum Beratungsunternehmen der Zukunft vor. Die Vision, die klientenzentriert und mehrwertorientiert formuliert ist, fordert dies geradezu. Anpassungen sind dabei bei den meisten Beratungsunternehmen nicht nötig, was zu einer Fortsetzung der bisherigen Zielrichtung führt und einen Paradigmenwechsel unnötig macht. Die Machbarkeitsanalyse hat das Umsetzungspotential einer elektronischen Lösung aufgezeigt. Weiterhin beschreiben detaillierte Durchführungskonzepte die Anforderungen an Mitarbeiter, Unternehmen und technische Ausgestaltung. Die Berater sind und bleiben kritischer Erfolgsfaktor des Beratungsprozesses. Sie bestimmen auch im neuen Geschäftsfeld E-Consulting die Qualität der Beratung. Das neue Geschäftsmodell ermöglicht es dem Beratungsunternehmen, die Herausforderungen der „neuen elektronischen Ökonomie" anzunehmen und das eigene Marktsegment zu bestimmen. Klientenorientierung ist dabei der alles entscheidende Faktor. In den nächsten Phasen des Entwicklungsmodells, die in einem Kreislauf angeordnet sind, werden die grundsätzlichen Konzepte für das Marketing und Branding, für die technische Grundlegung und für die unterstützenden Konzepte des Wandels gelegt. Aus diesem Kreislauf geht die eigentliche Implementierung hervor, die sich bei der Entwicklung des Service-Portfolios auf die eigenen Beratungsleistungen und auf Allianzen stützt.

Als Ergebnis bleibt festzuhalten, daß E-Consulting bereits heute umsetzbar ist. Auch wenn der menschliche Berater nach wie vor ein wichtiger Bestandteil des Prozesses ist, kann der Einsatz des Internet erhebliche Vorteile für beide Seiten generieren und zur Flexibilisierung der Beratung beitragen. Um diese Vorteile zu nutzen, muß das Beratungsunternehmen aber nicht nur den neuen elektronischen Service einführen. Es ist vielmehr notwendig, eine starke klienten- und lösungsorientierte Organisationsform zu finden, die Innovation und Flexibilisierung weiter unterstützt. Diese wird durch das Geschäftsmodell der Zukunft für Beratungsunternehmen vorgestellt. Auch die Übertragung des Namens und damit der Marke „Consulting" auf den neuen Service eröffnet durch Einsatz der Marketinginstrumente im Internet neue Perspektiven bspw. in den Phasen der Akquisition, Betreuung und Bindung von Klienten. Die Ableitung von Anforderungen aus dem Geschäftsmodell für eine technische Lösung hat gezeigt, daß die Aufgabe zwar komplex, aber mit der heutigen Technologie lösbar ist. Die Entwicklung eines Continuous Improvement System stellt auch nach der Organisationsänderung eine Weiterentwicklung sicher und unterstützt den Prozeß der Implementierung. Die Entwicklung des Service-Portfolio wird durch Grundkonzeptionen unterstützt und bietet die Möglichkeit, Services effektiv einzuführen und zu betreiben.

Insgesamt gibt das Rahmenkonzept eine theoretische Handlungsanweisung für die Umsetzung vor. Dabei müssen lediglich noch unternehmensindividuelle Anpassungen bedingt durch Unternehmensspezifika durchgeführt werden. Die in den einzelnen Prozeßschritten dargestellten Konzepte geben einen Fahrplan für die Umsetzung vor und stellen auch Chancen und Risiken der einzelnen Abschnitte dar.

Dabei ist das Konzept keineswegs auf Beratungsunternehmen beschränkt. Eine Umsetzung kann auch in anderen Dienstleistungsunternehmen erfolgen. Dabei sind, abgesehen von der Machbarkeitsstudie, die unternehmensindividuell neu erstellt werden muß, alle Teilabschnitte nahezu ohne tiefgreifende Veränderungen übernehmbar. Allerdings sind die Voraussetzungen bei Beratungsunternehmen wesentlich günstiger als bei anderen Dienstleistungsunternehmen, da hier bereits durch die bisherigen Aufgabenstellungen eine Servicekultur und die für das Modell notwendige Flexibilität und Innovationskraft bei den Mitarbeitern vorhanden sind.

Bewertet man die Zukunftsaussichten des E-Consulting, so ist festzustellen, daß insbesondere „intelligentere" Systeme und größere Bandbreiten und damit Übertragungsgeschwindigkeiten einen positiven Einfluß auf das E-Consultinge haben werden. Bei komplexeren Problemstellungen erlauben größere Übertragungsgeschwindigkeiten z.b. die Übertragung von Videosequenzen die Erklärung von Sachverhalten. Intelligentere Softwaresysteme werden in Zukunft selbständig immer komplexere Sachverhalte bis hin zum elektronischen Berater für Standardproblemstellungen lösen können. Die schrittweise Einführung solcher Systeme erlaubt den Klienten, sich zunehmend an die Hilfe durch Computersysteme zu gewöhnen. Eine direkte, zu schnelle Einführung würde zumindest heute nicht die notwendige Akzeptanz erlangen.

Die Vorteile, die das E-Consulting für beide Seiten, sowohl für den Klienten als auch für das Beratungsunternehmen, bietet, sind unübersehbar und werden sich in der Zukunft noch vergrößern. Für die Beratungsunternehmen gilt es deshalb, jetzt die Gelegenheit wahrzunehmen und die Chancen des E-Consulting zu nutzen. Der Aufbau eines Services ist dabei mit Risiken verbunden, besonders wenn er mit so weitreichenden Veränderungen, wie in der vorliegenden Arbeit entwickelt, einhergeht. Die Chance aber jetzt nicht zu nutzen, bedeutet die Zukunft zu verschenken.

Literaturverzeichnis

Agrawal, D. (1999): Market Research, in: Albers, S./Clement, M./Peters, K. (Hrsg.): Marketing mit interaktiven Medien, 2., erw. Aufl., Frankfurt am Main 1999, S. 193 – 206.

Albers, S./Bachem, C./Clement, M./Peters, K. (1999): Produkte und Inhalte, in: Albers, S./Clement, M./Peters, K. (Hrsg.): Marketing mit interaktiven Medien, 2., erw. Aufl., Frankfurt am Main 1999, S. 267 – 282.

Albers, S./Peters, K. (1999): Distribution, in: Albers, S./Clement, M./Peters, K. (Hrsg.): Marketing mit interaktiven Medien, 2., erw. Aufl., Frankfurt am Main 1999, S. 343 – 356.

Albers, S. (1999): Besonderheiten des Marketing für interaktive Medien, in: Albers, S./Clement, M./Peters, K. (Hrsg.): Marketing mit interaktiven Medien, 2., erw. Aufl., Frankfurt am Main 1999, S. 7 – 18.

Allen, C./Kania, D./Yaeckel, B. (1998): Internet World[TM] Guide to One-to-one Web Marketing, New York/Chichester et al. 1998.

AMAZON.COM, INC. (1998): Annual report, Seattle/Washington, 1998.

America Online, INC. (1998): Annual report, Dulles, 1998.

Americasdoctor (2000): www.americasdoctor.com, Stand. 24.01.00

Antoni, M./Riekhof, H.-C. (1994): Die Portfolio Analyse als Instrument der Strategieentwicklung, in: Riekhof, H.-C. (Hrsg.): Praxis der Strategieentwicklung, Konzepte – Erfahrungen – Fallstudien, 2. überarb. Aufl., Stuttgart 1994, S.109 - 127.

Augustine, N. R. (1998): Reshaping an Industry – Lockheed Martin's Survival Story, in: Harvard Business Review (Hrsg.): Harvard Business Review on Change, Boston 1998, S. 159 – 187.

Backhaus, K./Hahn, C. (1998): Das Marketing von investiven Dienstleistungen, in: Bruhn, M./Meffert, H. (Hrsg.): Handbuch Dienstleistungsmanagement – Von der strategischen Konzeption zur praktischen Umsetzung, Wiesbaden 1998, S. 93 – 114.

Bauer, S. (1996): Der Trend zur Dienstleistung forciert kundenorientierte Organisationskonzepte, in: Bullinger, H.-J./Warnecke, H. J. (Hrsg.): Neue Organisationsformen im Unternehmen: ein Handbuch für das moderne Mangement, Berlin et al. 1996, S. 87 – 117.

Baumann, M./Gorgs, C./Salz, J./Zöttl, J. (2000): Von Innen zerstört, in: Wirtschaftswoche Nr. 9, 24.02.2000, S. 86 – 94.

BDU – Bund Deutscher Unternehmensberater e.V. (1999): Unternehmensberaterbranche weiter im Höhenflug, in: Unternehmensberater, 02/1999, Heidelberg, S. 29 –31.

Becker, F.G./Günther, S. (1998): Personalentwicklung als Führungsaufgabe im Dienstleistungssektor, in: Bruhn, M./Meffert, H. (Hrsg.): Handbuch Dienstleistungsmanagement – Von der strategischen Konzeption zur praktischen Umsetzung, Wiesbaden 1998, S. 751 – 778.

Benkenstein, M./Güthoff, J. (1998): Methoden zur Messung der Dienstleistungsqualität, in: Bruhn, M./Meffert, H. (Hrsg.): Handbuch Dienstleistungsmanagement – Von der strategischen Konzeption zur praktischen Umsetzung, Wiesbaden 1998, S. 429 – 447.

Biech, E. (1999): The Business of Consulting – the basics and beyond, San Francisco 1999.

Bierach, B./Saffo, P. (2000): „Intuition entscheidet", in: Wirtschaftswoche12/2000, S. 128 – 130.

Bleicher, K. (1991): Organisation: Strategien – Strukturen – Kulturen, 2., vollst. neu bearb. und erw. Auflage, Wiesbaden 1991.

Bliemel, F./Fassott, G./Theobald, A. (1999): Das Phänomen Electronic Commerce, in: Bliemel, F./Fassott, G./Theobald, A. (Hrsg.): Electronic Commerce – Herausforderungen – Anwendungen – Perspektiven, 2., überarb. und erweiterte Aufl., Wiesbaden 1999, S. 1 – 8.

Böckem, O./Kiel, M. (1999): Kundenbindung am Beispiel Kundenkarte im Zeitalter von ECR, in: van der Heydt, A.: Efficient Consumer Response – So einfach und doch so schwer, in: van der Heydt, A. (Hrsg.): Handbuch Efficient Consumer Response – Konzepte, Erfahrungen, Herausforderungen, München 1999, S. 393 – 404.

Böhler, H. (1992): Marktforschung, 2. überarbeitete Auflage, Stuttgart 1992.

Böhmer, R. (2000): Kostbare Klone, in: Wirtschaftswoche 12/2000, 16.3.2000, S. 188 – 192.

Brandt, U. (2000): Markenmörder, in: w&v werben und verkaufen, Nr.5, 4.2.2000, S. 150 - 153.

Brauchlin, E./Heene, R. (1995): Problemlösungs- und Entscheidungsmethodik, 4. Auflage, Bern/Stuttgart/Wien 1995.

Braun, J. (1996): Kurze Regelkreise durch kleine dezentrale Organisationseinheiten, in: Bullinger, H.-J./Warnecke, H. J. (Hrsg.): Neue Organisationsformen im Unternehmen: ein Handbuch für das moderne Management, Berlin et al. 1996, S. 119 – 145.

Brian, C./ Büchi, M. (1999): e-business testing – neue Herausforderungen, in: IBM Consulting Group (Hrsg.): Das e-business Prinzip, Frankfurt 1999, S. 229 – 247.

Bruhn, M./Meffert, H. (1998): Dienstleistungsmanagement als unternehmerische Herausforderung, in: Bruhn, M./Meffert, H. (Hrsg.): Handbuch Dienstleistungsmanagement – Von der strategischen Konzeption zur praktischen Umsetzung, Wiesbaden 1998, S. 1- 25.

Bruhn, M. (1996): Das Unternehmen in der Dienstleistungsgesellschaft, in: Bullinger, H.-J./Warnecke, H. J. (Hrsg.) Neue Organisationsformen im Unternehmen: ein Handbuch für das moderne Management, Berlin et al. 1996, S. 177 – 190.

Brunner, M. (1999): Entstehung einer e-business Lösung – Das Business Content Management Framework, in: IBM Consulting Group (Hrsg.): Das e-business Prinzip, Frankfurt 1999, S. 181 – 196.

Bühner, R. (1996): Betriebswirtschaftliche Organisationslehre, München 1996.

Bühner, R. (1998): Mitarbeiterführung in Dienstleistungsunternehmen, in: Bruhn, M./Meffert, H. (Hrsg.): Handbuch Dienstleistungsmanagement – Von der strategischen Konzeption zur praktischen Umsetzung, Wiesbaden 1998, S. 733 – 749.

Carqueville, P. (1999): Rollentheoretische Analyse der Berater-/Klientenbeziehung, in: Hofmann, M. (Hrsg.): Theorie und Praxis der Unternehmensführung, Heidelberg 1991, S. 247 – 279.

Cheskin Research/Studio Archetype/Sapient (1999): eCommerce Trust Study, 1999.

Clarke, R. (1999): Electronic Commerce Definitions, in: www.anu.edu.au, Revised Definitions, Stand: 03.02.1999, S. 1.

Clement, M./Litfin, T. (1999): Adoption interaktiver Medien, in: Albers, S./Clement, M./Peters, K. (Hrsg.): Marketing mit interaktiven Medien, 2., erw. Aufl., Frankfurt am Main 1999, S. 95 – 108.

Clement, M./Peters, K./Preiß, F. J. (1999): Electronic Commerce, in: Albers, S./Clement, M./Peters, K. (Hrsg.): Marketing mit interaktiven Medien, 2., erw. Aufl., Frankfurt am Main 1999, S. 49 – 63.

Collins, J. C./ Porras, Jerry I. (1996): Building your Company's Vision, in: Harvard Business Review on Change, Boston 1999, S. 21 – 54.

Comelli, G. (1995): Organisationsentwicklung, in: von Rosenstil, L./Regnet, E./Domsch, M. (Hrsg.): Führung von Mitarbeitern – Handbuch für erfolgreiches Personalmanagement, Stuttgart 1995, S. 587 – 674.

Corsten, H. (1998): Ansatzpunkte für ein integratives Dienstleistungsmanagement, in: Bruhn, M./Meffert, H. (Hrsg.): Handbuch Dienstleistungsmanagement – Von der strategischen Konzeption zur praktischen Umsetzung, Wiesbaden 1998, S. 73 – 92.

Creischer, C. (1999): Der Mensch als Faktor, in: van der Heydt, A. (Hrsg.): Handbuch Efficient Consumer Response – Konzepte, Erfahrungen, Herausforderungen, München 1999, S. 302 - 311.

Cross, K. (1999): B-to-B, By the numbers, in: Business 2.0, Brisbane 1999, S. 109 –111.

Crossworks (2000): Die 10 Gebote. Herausforderung Internet, http://www.crossworks.de/, Stand: 11.01.2000.

CSC Ploenzke (2000): Test your best: Website Analyse, www.cscploenzke. de, Stand: 15.01.2000.

Dessler, Gary S. (1976): Organization and management, Englwood Cliffs (USA) 1976.

Diller, H./Bukhari, I (1996): Die Etablierung einer Marke, in: Dichtl, E./Eggers, W. (Hrsg.): Markterfolg mit Marken, München 1996, S. 27 – 50.

Drugstore.com (2000): www.drugstore.com, Stand: 24.01.2000.

Duck, J. D.(1993): Managing Change – The Art of Balancing, in: Harvard Business Review (Hrsg.): Harvard Business Review on Change, Boston 1999, S. 55 – 81.

Durstberger, H./Most, S. (1996): Strategieentwicklung in Banken – ein congenialer Planungsprozess, Wiesbaden 1996.

ECIN - Electronic Commmerce InfoNet (1999): Nutzerzahlen des Internet, http://www.ecin.de, Stand: 15.07.1999.

Eggenberger, C./Klein, S./Köchli, S./Lüthi, S. (1999): Der Mensch im e-buisness, in: IBM Consulting Group (Hrsg.): Das e-business Prinzip, Frankfurt 1999, S. 125 – 140.

Eggenberger, C./Klein, S. (1999): Wie binde ich eCommerce in das Unternehmen ein?- Interne Organisation, in: Albers, S./Clement, M./Peters, K./Skiera, B. (Hrsg.): eCommerce – Einstieg, Strategie und Umsetzung im Unternehmen, Frankfurt 1999, S. 177 – 188.

Eisenhardt, K. M./Brown, S. L. (1999): Patching – Restitching Business Portfolios in Dynamic Markets, in: Harvard Business Review, 03/1999, S. 72 – 82.

Figgen, B. (1999): Category Management und Efficient Promotions – Der Verbraucher steht im Mittelpunkt, Kooperationsmodell und Service Einführung, in: van der Heydt, A. (Hrsg.): Handbuch Efficient Consumer Response – Konzepte, Erfahrungen, Herausforderungen, München 1999, S. 181 – 193.

Fink, A./Schlake, O./Siebe, A. (2000): Wie Sie mit Szenarien die Zukunft vorausdenken, in: Harvard Business manager 2/ 2000, S. 34 – 47.

Fink, D. H. (1999): Mass Customization, in: Albers, S./Clement, M./Peters, K. (Hrsg.): Marketing mit interaktiven Medien, 2., erw. Aufl., Frankfurt am Main 1999, S. 137 – 150.

Fischer, J. (1999): Organsiation des Service, in: Luczak, H. (Hrsg.): Servicemanagement mit System – Erfolgreiche Methoden für die Investitionsgüterindustrie, Berlin et al. 1999, S. 85 – 104.

Forrester: Forrester Power Rankings, www.forrester.com, Rankings/Company, 14.01.2000.

Freter, H./Obermeier, O. (1999): Marktsegmentierung, in: Herrmann, A./Homburg, C.: Marktforschung: Methoden, Anwendungen, Praxisbeispiele, Wiesbaden 1999.

Garczorz, I./Krafft, M. (1999): Wie halte ich den Kunden? – Kundenbindung, in: Albers, S./Clement, M./Peters, K.Skiera, B. (Hrsg.): eCommerce – Einstieg, Strategie und Umsetzung im Unternehmen, Frankfurt 1999, S. 135 – 147.

Gartner Group (1999): Gartner Group prophezeit Rückschläge für E-Business, in: Computerwoche, 45/99, 12.11.1999, S. 50-52.

Gedenk, K. (1999): Verkaufsförderung, in: Albers, S./Clement, M./Peters, K. (Hrsg.): Marketing mit interaktiven Medien, 2., erw. Aufl., Frankfurt am Main 1999, S. 329 – 342.

Gertz, W. (1999): Impulse für Image und Kundenbindung, in: Computerwoche 37/99, S. 83 – 84.

Geschka, H. (1999): Die Szenariotechnik in der strategischen Unternehmensplanung, in: Hahn, D./Taylor, B. (Hrsg.): Strategische Unternehmensplanung – strategische Unternehmensführung: Stand und Entwicklungstendenzen, 8., aktualisierte Aufl., Heidelberg 1999, S. 518 – 543.

Gesmann-Nuissl, D. (1999): Rechtliche Aspekte des Electronic Commerce, in: Bliemel, F./Fassott, G./Theobald, A. (Hrsg.): Electronic Commerce – Herausforderungen – Anwendungen – Perspektiven, 2., überarb. und erweiterte Aufl., Wiesbaden 1999, S. 63 – 83.

Goleman, P. (1998): What Makes a Leader?, in: Harvard Business Review, 11,12/1998, S. 93 – 102.

Gontard&MetallBank (Internet): Online Unternehmensbewertung, www.gontardmetallbank.de, Stand 15.01.2000).

Goss, T./Pascale, R./Athos, A. (1996): The reinvention Roller Coaster – Risking the Present for a Powerfull Future, in: Harvard Business Review (Hrsg.): Harvard Business Review on Change, Boston 1998, S. 83 –112.

Gräf, H. (1999): Online Marketing: Endkundenbearbeitung auf elektronischen Märkten, Wiesbaden 1999.

Green, M./u.a. (2000): It's time for rules in Wonderland, in: Business Week, European Edition, S. 48 – 56.

Grimmeisen, M. (1997): Controllingunterstützung im Change Management, in: Reiß, M. (Hrsg.): Change Management: Programme, Projekte und Prozesse, Stuttgart 1997, S. 145 - 170.

Guenther, M./Vossebein, U. (1999): Informationstechnologien für den Category Manager, in: van der Heydt, A. (Hrsg.): Handbuch Efficient Consumer Response – Konzepte, Erfahrungen, Herausforderungen, München 1999, S. 170 - 180.

Gutberlet, T. (1999): Entwicklungen im Beratermarkt 1998, in: Unternehmensberater 02/1999, Heidelberg, S. 30 - 31.

Gutowski, K./Watermann, U. (2000): Hosen runterlassen, in: Wirtschaftswoche 14/2000, S. 144 – 149.

Hagel III, J./Armstrong, A./Armstrong A.G. (1997): net gain, Boston 1997.

Hahn, D. (1996): PuK – Controllingkonzepte, Wiesbaden, 1996.

Hahn, D. (1997): Zweck und Entwicklung der Portfolio-Konzepte in der strategischen Unternehmensplanung, in: Hahn, D./Taylor, B: Strategische Unternehmensplanung – Strategische Unternehemnsführung, 7. völlig neubearb. und erweiterte Aufl., 1997, S. 376 – 405.

Hausmann, S. (1999): ECR aus Sicht der Dienstleister – die Notwendigkeit des Wandels, in: van der Heydt, A. (Hrsg.): Handbuch Efficient Consumer Response – Konzepte, Erfahrungen, Herausforderungen, München 1999, S. 112 - 128.

Hausruckinger, G./ Lintner, A. M. (1999): Wachstum durch Kundenbegeisterung – Erfolgsstrategien in schwierigen Märkten, in: van der Heydt, A. (Hrsg.): Handbuch Efficient Consumer Response – Konzepte, Erfahrungen, Herausforderungen, München 1999, S. 347 – 361.

Hedley, B. (1977): Strategy and the „Business Portfolio", in: Hahn, D./Taylor, B. (Hrsg.): Strategische Unternehmensplanung – strategische Unternehmensführung: Stand und Entwicklungstendenzen, 8., aktualisierte Aufl., Heidelberg 1999, S. 373 – 384.

Herrmann, A./Homburg, C. (1999): Marktforschung: Ziele, Vorgehensweisen und Methoden, in: Herrmann, A./Homburg, C. (Hrsg.): Marktforschung: Methoden, Anwendungen, Praxisbeispiele, Wiesbaden 1999, S. 13 –32.

Hilke, W. (1993): Kennzeichnung und Instrumente des Direkt-Marketing, in: Hilke, W. (Hrsg.): Direkt-Marketing, Wiesbaden 1993, S. 5 – 29.

Hinterhuber, H. H./Friedrich St. A. (1999): Markt- und ressourcenorientierte Sichtweise zur Steigerung des Unternehmenswertes, in: Hahn, D./Taylor, B. (Hrsg.): Strategische Unternehmensplanung – strategische Unternehmensführung: Stand und Entwicklungstendenzen, 8., aktualisierte Aufl., Heidelberg 1999, S. 990 – 1013.

Hinterhuber, H. H./Friedrich, S. A. (1999): Quo vadis ECR? – Vom Effizienzstreben zur Kundenorientierung, in: van der Heydt, A. (Hrsg.): Handbuch Efficient Consumer Response – Konzepte, Erfahrungen, Herausforderungen, München 1999, S. 331 – 346.

Hummel, M. (1998): Der Markt für Dienstleistungen, in: Bruhn, M./Meffert, H. (Hrsg.): Handbuch Dienstleistungsmanagement – Von der strategischen Konzeption zur praktischen Umsetzung, Wiesbaden 1998, S. 53 – 72.

Hünerberg, R./Mann, A. (1999): Online-Service, in: Bliemel, F./Fassott, G./Theobald, A. (Hrsg.): Electronic Commerce – Herausforderungen – Anwendungen – Perspektiven, 2., überarb. und erweiterte Aufl., Wiesbaden 1999, S. 315 – 333.

Iansiti, M./MacCormack, A. (1997): Devloping Products on Internet Time, in: Harvard Business Review, 09/10 1997, S. 108 – 117.

IDC (2000): Das Internet erobert Europa, in: Computerwoche, 1/2000, S. 1.

Jarmai, H. (1997): Die Rolle externer Berater im Change Management, in: Reiß, M. (Hrsg.): Change Management: Programme, Projekte und Prozesse, Stuttgart 1997, S. 171 – 185.

Jolly, V. K. (1997): Commercialising New Technologies, Boston 1997.

Jonske, A. (1999): Werbung, in: Albers, S./Clement, M./Peters, K. (Hrsg.): Marketing mit interaktiven Medien, 2., erw. Aufl., Frankfurt am Main 1999, S. 311 –328.

Kapferer, Jean-Noel (1992): Die Marke – Kapital des Unternehmens, Landsberg/Lech 1992.

Keller, K. L. (2000): The Brand report card, in: HARVARD BUSINESS REVIEW, 01702 2000, S. 147 – 157.

Keller, K. L. (1998): Strategic brand management : building, measuring and managing brand equity, New Jersey 1998.

Kelly, K. (1998): NetEconomy – Zehn radikale Strategien für die Wirtschaft der Zukunft, München/Düsseldorf, 1998.

Kempis, R.-D./Ringbeck, J./u.a. (1998): do IT smart, Wien/Frankfurt 1998.

Kieser, A. (1998): Unternehmensberater – Händler in Problemen, Praktiken und Sinn, in: Glaser, H. (Hrsg.): Organisation im Wandel der Märkte, Wiesbaden 1998, S. 191 –225.

Kishel, G./Kishel, P. (1996): How to Start and Run a Successfull Consulting Business, New York/Chichester et al. 1996.

Kleinaltenkamp, M. (1998): Begriffsabgrenzungen und Erscheinungsformen von Dienstleistungen, in: Bruhn, M./Meffert, H. (Hrsg.): Handbuch Dienstleistungsmanagement – Von der strategischen Konzeption zur praktischen Umsetzung, Wiesbaden 1998, S. 29 – 52.

Knaese, B. (1996): Kernkompetenzen im strategischen Management von Banken, Wiesbaden 1996.

Koch, J. (1997): Marktforschung: Begriffe und Methoden, 2. erw. Auflage, München/Wien/Oldenbourg 1997.

Kollmann, T. (1999): Aktzeptanzprobleme neuer Technologien – Die Notwendigkeit eines dynamischen Untersuchungsansatzes, in: Bliemel, F./Fassott, G./Theobald, A. (Hrsg.): Electronic Commerce – Herausforderungen – Anwendungen – Perspektiven, 2., überarb. und erweiterte Aufl., Wiesbaden 1999, S. 31 – 45.

Kopp, N. (2000): Zahlenwahn, in: Internet World, 02/2000, S. 62 – 64.

Koppelmann, U./ Welbers, G. (1996): Die Einführung einer neuen Einzelmarke, in: Dichtl, E./Eggers, W. (Hrsg.): Markterfolg mit Marken, München 1996, S. 1 – 26.

Kotler, P. (1999): Grundlagen des Marketing, 2., überarbeitete Auflage, München/London et al. 1999.

Kotter, J.-P (1995): Leading Change – Why Transformation Efforts Fail, in: Harvard Business Review on Change, Boston 1999, S. 1 – 20.

Krafft, M. (1999): Kundenwert und Kundenbindung, in: Albers, S./Clement, M./Peters, K. (Hrsg.): Marketing mit interaktiven Medien, 2., erw. Aufl., Frankfurt am Main 1999, S. 165 – 192.

Kramar, M. (2000): Der schnellste Doktor der Welt, in: Net investor, 02/2000, S. 43.

Krause, J./Somm, F. (1998): Online-Marketing, München/Wien 1998.

Krause, J. (1998): Electronic Commerce – Geschäftsfelder der Zukunft heute nutzen, München/Wien 1998.

Kreikebaum, H. (1999): Unternehmensethik und strategische Planung, in: Hahn, D./Taylor, B. (Hrsg.): Strategische Unternehmensplanung – strategische Unternehmensführung: Stand und Entwicklungstendenzen, 8., aktualisierte Aufl., Heidelberg 1999, S. 209 – 222.

Kröher, M. (2000): Digitale Medizin, in: Manager Magazin, 01/00, S. 154 – 155.

Krüger, W. (1996): Implementierung als Kernaufgabe des Wandlungsmanagements, in: Hahn, D./Taylor, B. (Hrsg.): Strategische Unternehmensplanung – strategische Unternehmensführung: Stand und Entwicklungstendenzen, 8., aktualisierte Aufl., Heidelberg 1999, S. 863 – 890.

Krüger, W./Schwarz, G. (1999): Strategische Stimmigkeit von Erfolgsfaktoren und Erfolgspotentialen, in: Hahn, D./Taylor, B. (Hrsg.): Strategische Unternehmensplanung – strategische Unternehmensführung: Stand und Entwicklungstendenzen, 8., aktualisierte Aufl., Heidelberg 1999, S. 75 – 103.

Krüger, W. (1998): Management des permanenten Wandels, in: Glaser, H. (Hrsg.): Organisation im Wandel der Märkte, Wiesbaden 1998, S. 227 – 249.

Kruse, C./Rumpf, K. (1999): Das Shop-In-Shop Konzept im Rahmen der Efficient Promotion, in: van der Heydt, A. (Hrsg.): Handbuch Efficient Consumer Response – Konzepte, Erfahrungen, Herausforderungen, München 1999, S. 194 – 204.

Kuhnert, B./Ramme, I. (1998): So managen Sie Ihre Servicequalität – Messung und Umsetzung für erfolgreiche Dienstleister, Frankfurt 1998.

Kuß, A./Tomczak, T. (1998): Marketingplanung: Einführung in die marktorientierte Unternehmens- und Geschäftsfeldplanung, Wiesbaden 1998.

Lehmann, A. (1998): Dienstleistungsbeziehungen zwischen Kunde und Unternehmen, in: Bruhn, M./Meffert, H. (Hrsg.): Handbuch Dienstleistungsmanagement – Von der strategischen Konzeption zur praktischen Umsetzung, Wiesbaden 1998, S. 827 - 842.

Licking, E. (2000): Health Care, in: Business Week, European Edition, January 10, 2000, S. 73.

Lifeline: www.lifeline.de, Stand 24.01.2000.

Linxweiler, R. (1999): Marken-Design: Marken entwickeln, Markenstrategien erfolgreich umsetzen, Wiesbaden 1999.

Madauss, B. (1990): Projektmanagement – ein Handbuch für Industriebetriebslehre, Stuttgart 1990.

Martin, R. (1993): Changing the Mind of the Corporation, in: Harvard Business Review (Hrsg.): Harvard Business Review on Change, Boston 1998, S. 113 - 138.

Meffert, H./Bruhn, M. (1997): Dienstleistungsmarketing: Grundlagen – Konzepte – Methoden, 2., überarb. u. erw. Aufl., Wiesbaden 1997.

Mei, S. (1999): Efficient Product Introduction (EPI) – Der klassische Category Management Ansatz greift zu kurz, in: van der Heydt, A. (Hrsg.): Handbuch Efficient Consumer Response – Konzepte, Erfahrungen, Herausforderungen, München 1999, S. 141 – 147.

Meredith, J. R. (1989): Project Management – A Managerial Approach, 2nd edition, Singapur 1989.

Meyer, A./Blümelhuber, C. (1998): Wettbewerbsorientierte Strategien im Dienstleistungsbereich, in: Bruhn, M./Meffert, H. (Hrsg.): Handbuch Dienstleistungsmanagement – Von der strategischen Konzeption zur praktischen Umsetzung, Wiesbaden 1998, S. 375 – 447.

Meyer, J. (1994): Zeit als neuer Erfolgsfaktor? Empirische Forschungsergebnisse zu lean management, in: Riekhof, H.-C. (Hrsg.): Praxis der Strategieentwicklung, Konzepte – Erfahrungen – Fallstudien, 2. überarb. Aufl., Stuttgart 1994, S. 73 - 88.

Michael, B. M. (1999): Die Marke als „Added, Value" – Ein wirksames Additiv für ECR, in: van der Heydt, A. (Hrsg.): Handbuch Efficient Consumer Response – Konzepte, Erfahrungen, Herausforderungen, München 1999, S. 419 – 433.

Mintzberg, H./Ahlstrand, B./Lampel, J. (1997): Strategy Safari: Eine Reise durch die Wildnis des strategischen Managements, Wien 1999.

Mori Research (2000): E-Business bei mittelständischen Firmen, in: Computerwoche, 01/2000, S. 17 - 18.

Mougayr, W. (1998): Opening Digital Markets – Battle Plans and Business StrategiesFor Internet Commerce, 2nd edition, Fairfield 1998.

Müller, M. (1999): Die größten Herausforderungen beim Aufbau einer CRM-Systemlandschaft, in: Computerwoche 49/99, S. 52 – 53.

Mütze, S. (1999 I): Servicemitarbeiter, in: Luczak, H. (Hrsg.): Servicemanagement mit System – Erfolgreiche Methoden für die Investitionsgüterindustrie, Berlin et al. 1999, S. 104 – 144.

Mütze, S. (1999 II): Servicekultur, in: Luczak, H. (Hrsg.): Servicemanagement mit System – Erfolgreiche Methoden für die Investitionsgüterindustrie, Berlin et al. 1999, S. 45 – 61.

Netdoktor: www.netdoktor.de, Stand 28.02.2000.

Niedereichholz, C. (1993): Papierlose Managementberatung in Sokratischen Dialogen, in: Information Management 1/93, S. 28 – 34.

Niedereichholz, C. (1997 I): Unternehmensberatung – Beratungsmarketing und Auftragsakquisition, 2., überarbeitete Auflage, München/Wien 1997.

Niedereichholz, C. (1997 II): Unternehmensberatung – Auftragsdurchführung und Qualitätssicherung, München/Wien 1997.

Niedereichholz, J. (2000): Einführung zu Data Mining, in: Alpar, P./Niedereichholz, J. (Hrsg.): Data Mining im praktischen Einsatz, Braunschweig/Wiesbaden 2000, S. 3 - 27.

Niemann, F. (1999): Indirekter Vertrieb klappt auch im Internet Business, in: Computerwoche 23/99, S. 27 –28.

Nilsson, R. (1999): Electronic Commerce – Multimediale Ansätze und erste Erfahrungen im Karstadt-Konzern, in: van der Heydt, A. (Hrsg.): Handbuch Efficient Consumer Response – Konzepte, Erfahrungen, Herausforderungen, München 1999, S. 405 – 418.

OECD (Comittee For Information, Computer and Communications Policy): Measuring Electronic Commerce, in: OECD/GD(97)185, S. 3.

Paul, C./Runte, M. (1999): Virtuelle Communities, in: Albers, S./Clement, M./Peters, K. (Hrsg.): Marketing mit interaktiven Medien, 2., erw. Aufl., Frankfurt am Main 1999, S. 151 – 192.

Paul, C./Runte, M. (1999): Wie ziehe ich den Kunden an?- Virtuelle Communities, in: Albers, S./Clement, M. et al. (Hrsg.): eCommerce, Frankfurt 1999.

Pepels, W. (1998): Marketing: Lehr- und Handbuch mit Praxisbeispielen, 2., bearb. u. erw. Aufl. München/Wien 1998.

Peters, K./Clement, M. (1999): Online-Dienste, in: Albers, S./Clement, M./Peters, K. (Hrsg.): Marketing mit interaktiven Medien, 2., erw. Aufl., Frankfurt am Main 1999, S. 19 – 48.

Peters, K./Kabel, P. (1999): Wie muß mein Auftritt aussehen? – Online Präsentation, in: Albers, S./Clement, M./Peters, K./Skiera, B. (Hrsg.): eCommerce – Einstieg, Strategie und Umsetzung im Unternehmen, Frankfurt 1999, S. 49 – 62.

Peters, K./Karck, N. (1999): Messung der Werbewirkung, in: Albers, S./Clement, M./Peters, K. (Hrsg.): Marketing mit interaktiven Medien, 2., erw. Aufl., Frankfurt am Main 1999, S. 237 – 252.

Peters, M./Bona, C. (1999): Marktforschung und Marketing-Planung; in: Albers, S./Clement, M./Peters, K. (Hrsg.): Marketing mit interaktiven Medien, 2., erw. Aufl., Frankfurt am Main 1999, S. 253 – 266.

Picot, A./Zerdick, A./u.a. (1999): Die Internet-Ökonomie – Strategien für die digitale Wirtschaft, Berlin/et al. 1999.

Picot, A./Freudenberg, H./Gassner, W. (1999): Die neue Organisation ganz nach Maß geschneidert, in: Harvard Business manager, 5/1999, S. 46 – 58.

Porter, M. E. (1999 I): Wettbewerbsvorteile – Spitzenleistungen erreichen und behaupten, Frankfurt/New York 1999.

Porter, M. E. (1999 II): Creating Tomorrow's Advantages, in: Hahn, D./Taylor, B. (Hrsg.): Strategische Unternehmensplanung – strategische Unternehmensführung: Stand und Entwicklungstendenzen, 8., aktualisierte Aufl., Heidelberg 1999, S. 945 – 952.

Prahalad, C.K./Krishan, M. S. (2000): So läßt sich Qualität bei Software bewerten, in: Harvard Business manager 2/2000, S. 48 – 57.

Puhlmann, M./Heinemann, G. (1999): Relationship-Management, in: van der Heydt, A. (Hrsg.): Handbuch Efficient Consumer Response – Konzepte, Erfahrungen, Herausforderungen, München 1999, S. 312 - 328.

Rahlenbeck, E. (2000): Der Kampf der Portale, in: Lebensmittelzeitung Spezial, 1/2000, S. 44 – 47.

Reimer, H. (2000): Die Besten Herausfinden, in: Wirtschaftswoche 3/2000, 13.01.2000, S. 116 - 127.

Reinhardt, A. (2000): the new Intel, in: Business Week, European Edition, 13.03.2000, S. 56 – 63.

Reiß, M. (1997 I): Change Management als Herausforderung, in: Reiß, M. (Hrsg.): Change Management: Programme, Projekte und Prozesse, Stuttgart 1997, S. 5 – 29.

Reiß, M. (1997 II): Instrumente der Implementierung, in: Reiß, M. (Hrsg.): Change Management: Programme, Projekte und Prozesse, Stuttgart 1997, S. 91 – 108.

Reiß, M. (1997 III): Chancen- und Risikenmanagement im Change Management, in: Reiß, M. (Hrsg.): Change Management: Programme, Projekte und Prozesse, Stuttgart 1997, S. 109 – 121.

Reiß, M. (1997 IV): Optimierung des Wandels, in: Reiß, M. (Hrsg.): Change Management: Programme, Projekte und Prozesse, Stuttgart 1997, S. 123 – 144.

Reiß, M. (1997 V): Aktuelle Konzepte des Wandels, in: Reiß, M. (Hrsg.): Change Management: Programme, Projekte und Prozesse, Stuttgart 1997, S. 31 – 90.

Riedl, J. (1999): Rahmenbedingungen für die Online Kommunikation, in: Bliemel, F./Fassot, G./Theobald, A. (Hrsg.): Electronic commerce: Herausforderungen – Anwendungen – Perspektiven, 2., überarb. u. erw. Auflage, Wiesbaden 1999, S. 261 – 280.

Riekhof, H.-C. (1994 I): Das Management des Innovationsprozesses, in: Riekhof, H.-C. (Hrsg.): Praxis der Strategieentwicklung, Konzepte – Erfahrungen – Fallstudien, 2., überarb. Aufl., Stuttgart 1994, S. 195 - 210.

Riekhof, H.-C. (1994 II): Fallstudie: Marktchancen nutzen durch die Verkürzung von Entwicklungszeiten, in: Riekhof, H.-C. (Hrsg.): Praxis der Strategieentwicklung, Konzepte – Erfahrungen – Fallstudien, 2. Überarb. Aufl., Stuttgart 1994, S. 89 - 102.

Rodens-Friedrich, B. (1999): ECR – Unser Weg in die wertschöpfungspartnerschaft, in: van der Heydt, A. (Hrsg.): Handbuch Efficient Consumer Response – Konzepte, Erfahrungen, Herausforderungen, München 1999, S. 205 – 221.

Röder, H. (1999): Electronic Commerce und One to One-Marketing, in: Bliemel, F./Fassot, G./Theobald, A. (Hrsg.): Electronic commerce: Herausforderungen – Anwendungen – Perspektiven, 2., überarb. u. erw. Auflage, Wiesbaden 1999, S. 233 – 245.

Rösch, M. (2000): Ist jetzt Fehlerfreiheit möglich?, in: CLIENT/SERVER magazin 3/2000, S. 20 – 21.

Rühli, E./Schmidt, S. L. (1999): Der angloamerikanische „Strategy Process Research", in: Die Unternehmung, Basel 4/99, S. 267 – 285.

Rühli, E. (1988/1991): Das Corporate-Culture-Konzept als Herausforderung für die Führungslehre, in: Wunderer, R. (Hrsg.): Betriebswirtschaftslehre als Management- und Führungslehre, 2. Aufl., Stuttgart 1991, S. 293 – 306.

Rust, R./Zahorik, A./Keiningham, T. (1998): Determining the Return on Quality (ROQ), in: Bruhn, M./Meffert, H. (Hrsg.): Handbuch Dienstleistungsmanagement – Von der strategischen Konzeption zur praktischen Umsetzung, Wiesbaden 1998, S. 865 – 890.

Salmon, B./Rosenblatt, N. (1995): The Complete Book of Consulting, Ridgefield 1995.

Schaffer, R. H./Thompson, H. A. (1992): Successfull Change Programs Begin with Results, in: Harvard Business Review (Hrsg.): Harvard Business Review on Change, Boston 1999, S. 189 – 213.

Schick, H. (1999): Wie komme ich ins Internet? – Going online, in: Albers, S./Clement, M./u.a. (Hrsg.): eCommerce, Frankfurt 1999.

Schleith, U./Wagner, H. (1999): Wie wird mein Online-Angebot bekannt?- Maßnahmen zur Steigerung des Bekanntheitsgrades, in: Albers, S./Clement, M./Peters, K./Skiera, B. (Hrsg.): eCommerce –Einstieg, Strategie und Umsetzung im Unternehmen, Frankfurt 1999, S. 63 – 77.

Schmitz, G. (1999 I): Strategien und Ziele im Service, in: Luczak, H. (Hrsg.): Servicemanagement mit System – Erfolgreiche Methoden für die Investitionsgüterindustrie, Berlin et al. 1999, S. 13 – 44.

Schmitz, G. (1999 II): Serviceleistungen, in: Luczak, H. (Hrsg.): Servicemanagement mit System – Erfolgreiche Methoden für die Investitionsgüterindustrie, Berlin et al. 1999, S. 63 – 84.

Scholz, C. (2000): Personalmanagement: informationsorientierte und verhaltenstheoretische Grundlagen, 5., neubearb. und erw. Aufl., München 2000.

Schönpflug, U./Schönpflug, W. (1997): Psychologie, 4. Auflage, Weinheim 1997.

Schulte, U. G./Hoppe, T. (1999): Ausrichtung der Versorgungskette auf den Konsumenten, in: van der Heydt, A. (Hrsg.): Handbuch Efficient Consumer Response – Konzepte, Erfahrungen, Herausforderungen, München 1999, S. 65 – 96.

Schwartz (1997): WEBONOMICS – Nine essential principles for growing your business on the world wide web, New York 1997.

Shapiro, C./Varian, H. R. (1999): Versioning: The smart way to sell information, in: Harvard Business Review, 11-12/99, S.106 – 114.

Shenson, H./Nicholas, T./Franklin, P. (1997): The Complete Guide To Consulting Success, Third Edition, 1997.

Sieber, P. (1999): Virtualität als Kernkompetenz von Unternehmen, in: Die Unternehmung, Basel 4/99, S. 243 – 266.

Simon, H. (1994): Die Zeit als strategischer Erfolgsfaktor, in: Riekhof, H.-C. (Hrsg.): Praxis der Strategieentwicklung, Konzepte – Erfahrungen – Fallstudien, 2. überarb. Aufl., Stuttgart 1994, S. 47 - 71.

Skiera, B.(1999): Wie teuer sollen die Produkte sein? – Preispolitik, in: Albers, S./Clement, M./Peters, K./Skiera, B. (Hrsg.): eCommerce – Einstieg, Strategie und Umsetzung im Unternehmen, Frankfurt 1999, S. 95 – 108.

Spalink, H. (1999): ECR implementieren heißt Change managen, in: van der Heydt, A. (Hrsg.): Handbuch Efficient Consumer Response – Konzepte, Erfahrungen, Herausforderungen, München 1999, S. 293 - 311.

Speer, F. (1999): Category Management: Organisatorische Ansätze eines integrierten Marketing- und Vertriebskonzeptes, in: van der Heydt, A. (Hrsg.): Handbuch Efficient Consumer Response – Konzepte, Erfahrungen, Herausforderungen, München 1999, S. 222 – 234.

Staehle, W. H. (1990): Management: eine verhaltenswissenschaftlich Perspektive, 5., überarb. Aufl., München 1990.

Stefanescu, M. (1999): Prozeßoptimierung und Category Management, in: van der Heydt, A. (Hrsg.): Handbuch Efficient Consumer Response – Konzepte, Erfahrungen, Herausforderungen, München 1999, S. 255 - 267.

Sterne, J. (1996): Customer Service on the Internet – Building Relationships, Increasing Loyality, and Staying Competitive, New York/Chichester/et al. 1996.

Stetter, F./von den Hoff, K. (2000): Viele Firmen überschätzen die Chancen des Internets, in: Financial Times Deutschland, 23.02.2000. S. 39.

Stöger, W. (1996): Umsetzung des Dienstleistungsprinzips (Externe Beziehungen), in: Bullinger, H.-J./Warnecke, H. J. (Hrsg.): Neue Organisationsformen im Unternehmen: ein Handbuch für das moderne Management, Berlin/et al. 1996, S. 379 - 393.

Strauß, R. (1999): Grundlage ist die E-Commerce Strategie, in: CLIENT SERVER COMPUTING, 9/99, S. 12 – 14.

Strauß, R. E./Schoder, D. (1999): Wie werden die Produkte den Kundenwünschen angepaßt, in: Albers, S./Clement, M./Peters, K./Skiera, B. (Hrsg.): eCommerce – Einstieg, Strategie und Umsetzung im Unternehmen, Frankfurt 1999, S. 109 – 120.

Strebel. P.(1996): Why do Employees resist Change?, in: Harvard Business Review on Change, Boston 1999, S. 139 – 157.

Strömer, T./Roßenhövel, U. (1999): Wie schließe ich Verträge?- Rechtliche Aspekte im Internet, in: Albers, S./Clement, M./u.a. (Hrsg.): eCommerce, Frankfurt 1999.

Sucharewicz, L. (1999): Viel Schein um wenig Sein: Fehler im Website-Design, in: Computerwoche 40/99, S. 37-38.

Terhörst, W. (1999 I): Branding setzt Firmen ins rechte Licht, in: Computerwoche 31/99, S. 23-24.

Terhörst, W. (1999 II): Strategien für den Kampf um den Internet Kunden, in: Computerwoche 46/99, S. 25-26.

Teufel, P. (1996): Der Prozeß der ständigen Verbesserung (Kaizen) und dessen Einführung, in: Bullinger, H.-J./Warnecke, H. J. (Hrsg.): Neue Organisationsformen im Unternehmen: ein Handbuch für das moderne Mangement, Berlin/et al. 1996, S. 526 – 548.

Ulrich, H. (1980): Management Philosophie in einer sich wandelnden Gesellschaft, in: Hahn, D./Taylor, B. (Hrsg.): Strategische Unternehmensplanung – strategische Unternehmensführung: Stand und Entwicklungstendenzen, 8., aktualisierte Aufl., Heidelberg 1999, S. 195 – 208.

van der Heydt, A. (1999): Efficient Consumer Response – So einfach und doch so schwer, in: van der Heydt, A. (Hrsg.): Handbuch Efficient Consumer Response – Konzepte, Erfahrungen, Herausforderungen, München 1999, S. 3 – 23.

von Rosenstiel, L. (1997 I): Verhaltenswissenschaftliche Grundlagen von Veränderungsprozessen, in: Reiß, M. (Hrsg.): Change Management: Programme, Projekte und Prozesse, Stuttgart 1997, S. 191 – 212.

von Rosenstil, L. (1997 II): Die Prozeßmoderation, in: Reiß, M. (Hrsg.): Change Management: Programme, Projekte und Prozesse, Stuttgart 1997, S. 224 - 235.

Voss, M. (1999): Die Besserwisser, in: Capital, 09/1999, S. 64 – 68.

Vranken, U. (1997): Führung durch Prozeßmanagement, in: Reiß, M. (Hrsg.): Change Management: Programme, Projekte und Prozesse, Stuttgart 1997, S. 213 – 221.

Vry, W. (1998): Beschaffung und Lagerhaltung, Materialwirtschaft für Handel und Industrie, 4., völlig neue Aufl., Ludwigshafen 1998.

Wagner, H./Schleith, U. (1999): Wie wird mein Online-Angebot bekannt? – Maßnahmen zur Steigerung des Bekanntheitsgrades, in: Albers, S./Clement, M./Peters, K./Skiera, B. (Hrsg.): eCommerce – Einstieg, Strategie und Umsetzung im Unternehmen, Frankfurt 1999, S. 63 - 94.

Weiber, R./Kollman, T. (1999): Wertschöpfungsprozesse und Wettbewerbsvorteile im Marketspace, in: Bliemel, F./Fassott, G./Theobald, A. (Hrsg.): Electronic Commerce – Herausforderungen – Anwendungen – Perspektiven, 2., überarb. und erweiterte Aufl., Wiesbaden 1999, S. 47 – 61.

Wetherbe, J. (1999): Wie man seinen Kunden perfekt bedient, in: Computerwoche 47/99, S. 47 – 48.

Wohlgemuth, A. (1998): Organisatorische Gestaltung von Dienstleistungsunternehmen, in: Bruhn, M./Meffert, H. (Hrsg.): Handbuch Dienstleistungsmanagement – Von der strategischen Konzeption zur praktischen Umsetzung, Wiesbaden 1998, S. 779 – 797.

Wolfrum, B./Riedl, J. (1999): Wettbewerbsanalyse, in: Herrmann, A./Homburg, C.: Marktforschung: Methoden, Anwendungen, Praxisbeispiele, Wiesbaden 1999, S. 687 – 708.

Wolfskeil, J. (2000): Das Ende alter Geschäftsmodelle, in: Lebensmittelzeitung Spezial, 1/2000, S. 15-16.

Woratschek, H. (1998): Preisbildung im Dienstleistungsbereich auf der Basis von Marktinformationen, in: Bruhn, M./Meffert, H. (Hrsg.): Handbuch Dienstleistungsmanagement – Von der strategischen Konzeption zur praktischen Umsetzung, Wiesbaden 1998, S. 613 – 631.

Yahoo! Inc. (1998): Annual report, Santa Clara 1998.

Zeff, R./Aronson, B. (1999): Advertsing on the Internet, 2nd edition, New York et al. 1999.

Zeiner, R./Ring, T. (1999): Efficient Consumer response – „Der Weg ist das Ziel", in: van der Heydt, A. (Hrsg.): Handbuch Efficient Consumer Response – Konzepte, Erfahrungen, Herausforderungen, München 1999, S. 237 - 254.

Zeithaml, V. A./Bitner, M. J. (1999): Services Marketing, Fairfield 1999.

Peter Lang · Europäischer Verlag der Wissenschaften

Kammel, Andreas

Strategischer Wandel und Management Development

Integriertes Konzept, theoretische Grundlagen und praktische Lösungsansätze

Frankfurt/M., Berlin, Bern, Bruxelles, New York, Oxford, Wien, 2000. 779 S.
Forum Personalmanagement. Bd. 3
Herausgegeben von Michel E. Domsch und Désirée H. Ladwig
ISBN 3-631-36809-7 br. DM 168.–*

Die Arbeit wurde mit dem Heinrich-Büssing-Preis 2000 der Stiftung zur Förderung der Wissenschaften an der Technischen Universität Carolo-Wilhelmina zu Braunschweig ausgezeichnet.

Strategische Managementkompetenzen sind zentrale Komponenten dauerhafter Wettbewerbsvorteile von Organisationen. Mit dieser Arbeit wird das Ziel verfolgt, einen theoriegestützten konzeptionellen Bezugsrahmen und ein problemspezifisches heuristisches Wissenspotential für die Lösung strategiebezogener Problemstellungen des Management Development zu schaffen. Der Ansatz erhebt den Anspruch, ein stärker in das Gesamtkonzept des Managements des strategischen Wandels integriertes Konzept zu repräsentieren, durch das eine Organisation sich unter fortlaufend veränderten Bedingungskonstellationen eher als bei der herkömmlichen Führungskräfteentwicklung in einer Position befindet, die ihr ausreichende Kompetenzen und Handlungsspielräume zu „richtigen" strategischen Problemlösungen bietet. Das theoretisch fundierte Gesamtkonzept dient dazu, den strategischen Gestaltungsabsichten zu einer tragfähigeren Ausgangsbasis zu verhelfen.

Aus dem Inhalt: Konzeptionelle Grundlagen des strategischen Managements und der Führungskräfteentwicklung – Ressourcen- und kompetenzenbezogene Betrachtung von Unternehmen – Lernen in und von Organisationen – Lerntheoretische Grundlagen und Personalentwicklung – Strategische Ausdifferenzierung von Management Development

Frankfurt/M · Berlin · Bern · Bruxelles · New York · Oxford · Wien
Auslieferung: Verlag Peter Lang AG
Jupiterstr. 15, CH-3000 Bern 15
Telefax (004131) 9402131
*inklusive Mehrwertsteuer
Preisänderungen vorbehalten